공무원
편입
토플
★ 공무원, 편입, 토플 중요 단어 5000여개 30일 완성 ★
공편토
필수
영단어
공략

공무원, 편입, 토플 중요 단어 5000여개 30일 완성

공편토 필수 영단어 공략

저 자 Steven Lee
발행인 고본화
발 행 반석출판사
2021년 4월 15일 초판 1쇄 인쇄
2021년 4월 20일 초판 1쇄 발행
반석출판사 | www.bansok.co.kr
이메일 | bansok@bansok.co.kr
블로그 | blog.naver.com/bansokbooks

07547 서울시 강서구 양천로 583. B동 1007호
(서울시 강서구 염창동 240-21 우림블루나인 비즈니스센터 B동 1007호)
대표전화 02) 2093-3399 팩 스 02) 2093-3393
출 판 부 02) 2093-3395 영업부 02) 2093-3396
등록번호 제315-2008-000033호

ISBN 978-89-7172-936-6 (13740)

반석출판사
Bansok

공 편 토 필 수
영 단 어 공 략

머리말

어휘 실력이 좋다는 것은 문장 속에서 어휘의 의미를 정확하게 이해하고 그 어휘와 관련된 동의어, 반의어, 관련어 등을 제대로 활용할 수 있다는 것을 의미합니다. 이런 맥락에서 보면 어휘를 공부할 때 영어시험에 출제되는 단어와 비슷한 의미를 가지고 있는 동의어와 반의어 등을 가능한 많이 익혀야 합니다.

하지만 무턱대고 영어 단어를 암기할 수는 없는 노릇입니다. 특히 상당히 많은 양의 고급 어휘를 요구하는 수험 영어시험에 효과적으로 대비하기 위해서는 시험에 대한 철저한 분석과 자주 출제되는 영어단어에 대한 정보를 많이 알고 있어야 합니다.

이 책은 그동안 각종 영어시험에 자주 출제되었던 단어를 엄선하여, 주제별, 상황별, 어원별로 분류한 30일 초단기 완성 영어 단어장입니다. 단어의 단순한 나열을 지양하고 보다 효과적인 암기를 위해 연관되는 단어들을 표제어로 묶었고 어휘의 정확한 의미 파악을 위해 동의어, 반의어는 물론 영영해설을 실었습니다.

영어는 학문이 아니라 생활입니다. 영어시험을 정복하기 위해서는 매일매일 목표를 정해서 꾸준히 공부하는 게 중요합니다. 매일 2시간 정도 시간을 할애하여 꾸준히 공부한다면 2개월 이내에 이 단어장을 마스터하게 될 것입니다. 이 책이 영어시험을 쥬비하는 분들에게 디딤돌이 되기를 바라며 독자 여러분의 건투를 빕니다.

PART 01 주제별

PART 02 상황별

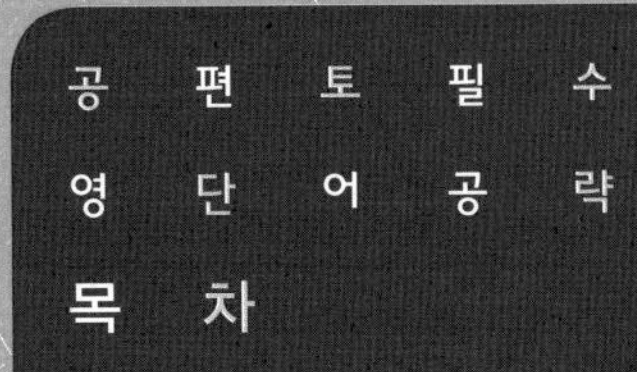

PART 03 어원별

PART 01 주제별

01 Day

교육, 학교

우리나라의 의무교육(compulsory education)이 지난 2002년부터 초등학교에서 중학교까지 확대 실시되었죠. 중학교를 졸업하면 3년간의 고등학교 시절을 보내게 되는데, 우리가 고 1, 고 2, 고 3이라고 부르는 학년을 미국에서는 10th grade, 11th grade, 12th grade라고 해요. 청소년(adolescent)으로 산다는 것은 누구나 겪는 과정이지만 쉽지는 않죠. 많은 청소년들은 경쟁과 같은 동료집단으로부터 받는 압력(peer pressure)으로 때로는 무척 힘들기도 해요.

하지만 그렇게 힘든 과정을 잘 이겨내고 나면 드디어 대학(college)에 진학하게 되는데, 대학생활이란 생각보다 훨씬 더 많은 자기훈련(self-discipline)을 요구하죠. 그래서 대학을 졸업(graduate)하고 대학졸업증명서(college diploma)를 받고 모교의 동창생(alumnus)이 된다는 것은 그 상징적인 의미가 꽤 크답니다. 4년간의 자기관리에 성공했음을 상징하는 것이니까요.

대학생이 되어 등록금(tuition)을 내고 수강해야 할 학점(credit)만큼의 과목들을 신청하고 첫 강의에 들어가면 교수님께서 강의요강(syllabus)을 나눠주실 거예요. 그 강의요강을 철저히 읽어보는 것을 잊지 마세요. 그 안에 학업평가(evaluation)가 어떻게 이루어질지에 대한 정보가 다 있답니다. 평균학점(grade point average)이 높은 학생들은 강의요강(syllabus)을 잘 읽어본 학생임에 틀림없겠죠.

- **adolescent** [ædəlésənt]

ⓝ 청소년, 젊은이 ⓐ 청소년기(의)

syn. **juvenile, teenager, teenaged**

n. a young person between the onset of puberty and maturity *a.* being of the age 13 through 19

puberty 사춘기

- **alumnus** [əlʌ́mnəs]

ⓝ 졸업생, 동창생

pl. **alumni**

alumni association 동창회 **alumnus** 남자졸업생
alumna 여자졸업생

- **college** [kɑ́lidʒ]

ⓝ 대학, 칼리지

the body of faculty and students of a college

go to [get into] **college** 대학에 들어가다

- **compulsory** [kəmpʌ́lsəri]

ⓐ 의무적인, 강제적인

syn. **mandatory, obligatory, required**

ant. **elective**

required by rule

compulsory education 의무교육

- **credit** [krédit]

ⓝ 이수 단위, 신용

syn. **unit course credit, trust, recognition**

No **credit**. 외상 사절.
do **credit** to = *sth*. does *sb*. **credit** ~의 명예가 되다
ex. Susan's kind heart does her **credit**.
수잔의 친절한 마음씨는 그녀에게 자랑거리이다.

- **degree** [digríː]

ⓝ 학위, 온도

syn. **temperature**

Water freezes at 0 **degrees** Centigrade(Celsius).
물은 섭씨 0도에서 언다.

a bachelor 학사

■ **diploma**
[diplóumə]

ⓝ 졸업 증명서, 대학 학위

syn. **sheepskin**

a document certifying the successful completion of a course of study

a high school **diploma** 고등학교 졸업 증서

■ **discipline**
[dísəplin]

ⓝ 훈육, 훈련 ⓥ 훈련하다

syn. **training, control, teach**

n. the practice of making people obey rules of standards of behaviour, and punishing them when they do not ***v.*** train by instruction and practice

■ **dormitory**
[dɔ́rmətɔ̀:ri]

ⓝ 기숙사, 휴식처

syn. **dorm, hall of residence(영국), residence hall**

a **dormitory** inspector 기숙사 사감

■ **education**
[èdʒukéiʃən]

ⓝ 교육, 양육

syn. **instruction, teaching**

the Ministry of **Education** 교육부
board of **education** 교육위원회

■ **enlighten**
[enláitn]

ⓥ 계몽하다, 교화하다

syn. **instruct, illuminate, edify, shed light on**

to make understand

the **Enlightenment** 계몽운동

■ **enrollment**
[enróulmənt]

ⓝ 입학, 등록

syn. **registration**

the act of enrolling at an institution or on a course

enroll 입학하다

evaluate
[ivǽljuèit]

evaluation ⓝ
evaluative ⓐ

ⓥ 평가하다, 추정하다

syn. **assess, estimate**

to judge the worth of something

criterion-referenced evaluation(=absolute evaluation) 절대평가
norm-referenced evaluation 상대평가

---

foster
[fɔ́(:)stər]

ⓥ 촉진하다, 육성하다

syn. **rear**

to promote the growth of

foster many social reforms 많은 사회개혁을 촉진하다
foster trade 무역을 육성하다

---

grade
[greid]

ⓝ 등급, 성적, 학년

syn. **mark, score**

have [gain] outstanding **grades** 우수한 성적을 받다
the first **grade** 1학년

---

graduate
[grǽdʒuèit]

ⓥ 졸업하다 ⓝ 졸업생

syn. **alumnus**

What are you going to do after you **graduate**?
졸업한 다음에는 뭐를 할 거니?

---

informative
[infɔ́:rmətiv]

informatively ad
informativeness ⓝ

ⓐ 유익한, 정보를 제공하는, 지식을 주는

syn. **educational**

providing or conveying information

That was a very **informative** and professional lecture.
강의가 아주 유익하고 전문적이었어요.

---

kindergarten
[kíndərgà:rtn]

ⓝ 유치원, 유아원

a preschool for children age 4 to 6 to prepare them for primary school

---

■ **peer**
[piər]

ⓝ 또래, 동료

a person who is of equal standing with another in a group

a colleague 동료 **a co-worker** (같이 일하는) 동료
a comrade 동지

■ **practice**
[prǽktis]

ⓝ 연습, 습관 ⓥ 연습하다

syn. **practise, drill, rehearse, exercise**

n. systematic training by multiple repetitions
v. to carry out

Practice makes perfect.
연습이 완벽을 만든다.

■ **president**
[prézədənt]

ⓝ 총장, 학장

syn. **chancellor** 영국의 명예 총장

the head administrative officer of a college or university

vice **president** 부학장

■ **principal**
[prínsəpəl]

ⓝ 교장, 지배자 ⓐ 주요한

syn. **head teacher, headmaster**

the educator who has executive authority for a school

■ **syllabus**
[síləbəs]

ⓝ 강의요강, (강의의) 교과과정, 시간표

syn. **curriculum** pl. **syllabi**

a well-rounded **curriculum** 균형 잡힌 교과과정

■ **tuition**
[tjuːíʃən]

ⓝ 학비, 교습

syn. **fees, instruction**

a fee paid for instruction; the training or instruction provided by a teacher or tutor

tuition exemption program 학비 면제 제도
have private **tuition** 개인 교습을 받다

Words you should know about Education

acoustic disturbance	청각장애
adept	숙달한, 명수 be adept at ~에 능숙한
admission procedure	입학절차 admission (입장 · 입학 · 입사) 허락
admission requirement	입학자격 satisfy the admission requirements of the university 대학입학 자격을 갖추다
adolescent	청소년기(의)
aging society	고령화 사회
alumni	졸업생 alumnus 남자 졸업생 alumna 여자 졸업생
ambivalent	서로 용납하지 않는, 양면적인 an ambivalent feeling toward religion 종교에 대한 감정적 모순
amentia	정신박약
aptitude	재능 a remarkable aptitude for language 뛰어난 언어능력
audit	청강하다
autistic	자폐증(의) autism 자폐증
boarding house	하숙 Room and Board 식사를 제공하는 하숙
browse	훑어보다, 띄엄띄엄 읽다
bully	괴롭히다, 곯리다 play the bully 마구 뻐기다

calligraphy	서예, 습자, 달필 ⇔ cacography 악필
certificate	증명서 a teacher's [teaching] certificate 교사자격증
cheating	부정행위 cheat 속이다 cheat in [on] the examination 시험에서 부정행위를 하다
coeducation	남녀공학
College of Liberal Arts	교양학부(여기서 college는 「학부」의 의미)
communication disorder	언어장애
commute	통근 [통학]하다 a commuter pass 통근자 정기권
compulsion	강박 feel a compulsion to steal 훔치고 싶은 충동을 느끼다
compulsory	의무적인, 강제적인
console	위로하다 console a person for(on) his misfortune ~의 불행을 위로하다
correspondence	통신, 통신문 correspondence course 통신교육과정
courtesy	예의, 정중한 행위 [말]
cram	벼락공부 (cramming) pass the exam by cram alone 벼락공부만으로 시험에 합격하다
credit	이수 단위 (unit); 신용
curriculum	교육과정

Dean of the faculty (department)	학부장 president 학장
degree	학위 He got [took] his master's degree in Comparative Literature. 그는 비교문학에서 석사학위를 받았다.
diploma	졸업증서, 대학학위
disinterestedness	무관심 (impartiality)
dissertation	(박사) 논문 write a dissertation for a Ph.D. 박사논문을 쓰다
doctor's degree	박사 (Ph.D.) take one's doctor's degree 박사학위를 받다
dormitory	기숙사
dropout	중퇴자
educational administration	교육행정
education-conscious society	학력사회
elective	선택과목(의)
elementary school	초등학교 (grade school)
eligibility for entrance	입학자격
eligible	적임의, 적합한

eliminate	제거하다, 삭제하다 eliminate slang words from one's writings 글에서 육두문자를 삭제하다
embody	구체적으로 표현하다 His opinions are embodied in this essay. 그의 생각이 그 글 속에 구체적으로 표현되어 있다.
emotional disorder	정서장애
engross	몰두시키다 engross oneself with ~에 빠져 있다
enlightenment	계발, 교화
enrollment	입학, 가입, 등록 Women's enrollment in engineering schools has risen(dropped). 공학부에 입학하는 여성의 수가 증가했다(감소했다).
entail	(노력, 비용 등을) 들게 하다 Writing a philosophy book entails a great deal of work. 철학책을 쓰는 데는 많은 양의 일이 필요하다.
entrance ceremony	입학식
equal opportunity	기회균등
evaluate	평가하다
extracurricular activity	과외활동 extracurricular 교과과정 이외의
faculty	교수진 the Faculty of Comparative Culture 비교문화학부
faculty meeting	교수회의
final oral defense	최종 구술시험
fine arts	미술

fire drill	소방훈련
forbear	자제하다 forebear one's anger 노여움을 참다
foster	육성하다
governess	여자 가정교사
GPA	평점 (Grade Point Average) If your grade point average is 3,0 or above, you are exempt from submitting test scores. 평점이 3,0 이상인 경우에는 각종 테스트 성적을 제출하지 않아도 된다.
grade	학년, 성적의 평가
graduate school	대학원
graduation	졸업, 졸업식 (graduation ceremony, commencement)
graduation thesis	졸업논문
handout	유인물, 인쇄물
higher education	고등교육
honor student	우등생
indebted	빚진
informative	정보를 제공하는, 지식을 주는
inquisitor	조사자, 심문자
intelligence test	지능검사 (IQ test)

intelligible	이해할 수 있는, 알기 쉬운
intermediate	중간의, 중급의 the intermediate level 중급수준
junior college	전문대학 (community college)
kindergarten	유치원
lull	달래다
master's degree	석사
medical checkup	건강검진 (medical examination)
mentally handicapped children education	정신장애아 교육
mentally retarded	정신지체(의) a mentally retarded pupil 지진아
multiple-choice	다지 (多肢) 선택식의
naughty	버릇없는, 도리에 어긋난
nursery school	탁아소 (day care center)
paper	과제, 보고서
peer group	또래 집단
persevere	굴하지 않고 해내다 persevere in one's efforts 끈기 있게 노력하다
physical education	체육
physical fitness test	체력검사

physically and mentally handicapped child	심신장애아
prerequisite	필요조건, 필수과목
preschool education	취학 전 교육
president	학장
principal	교장
probation	낙제 유예기간
puberty	사춘기
public school	공립학교
qualification	자격, 자격증명서
qualify	~에게 자격을 주다 be qualified for teaching music, be qualified as a teacher of music 음악 교사 자격이 있다
quarter	4학기
quiz	간단한 시험
requirements	필수과목 (required subject)
requisite	필요조건, 필요한 He lacks the requisite credentials for that job. 그는 그 일에 필요한 자격을 가지고 있지 않다.
resume	이력서
reunion	재회 a class reunion 동창회

school excursion	수학여행
school for deaf and dumb	농아학교
self evaluation	자기평가
self-discipline	자기수련
semester system	2학기제
seminar	세미나
statement of purpose	지원 이유서
syllabus	(강의의) 요강, 시간표
take-home exams	학생이 집에 가지고 가서 보는 시험
tease	놀리다 (mock), 괴롭히다 (bully)
toddler	유아용
transcript	성적증명서
transfer	편입학, 전학
tuition	수업료 (fees) be not charged tuition 수업료를 면제받다
tutorial mode	(대학의) 개별지도 교수양식
uniformity	획일성
unit	단위 (credit)

university entrance examination	대학입시
visual disturbance	시각장애
vocational education	직업교육
vocational school	직업훈련학교

02 Day

문학

오늘은 문학(literature) 이야기예요. '문학(literature)은 싫어!'하고 딱 잘라 말하는 친구들도 있겠지만 문학은 비전공자들에게도 꽤 중요하답니다. 왜냐하면 격식차린 글에서 뿐만 아니라 일상생활 속의 대화에서도, 산문(prose)이나 운문(verse) 작품 속의 인물이나 사건이 언급(reference)되는 경우가 많기 때문이죠. 어떤 경우는 언급(reference)이 너무 많이 되다보니 sour grape*처럼 진부한 표현(cliche)이 되어버리기도 합니다.

그렇다고 인터넷에서 슬쩍 남의 아이디어를 가져다 쓰는 것은 어떤가요? 물론 no! no! 그랬다간 표절(plagiarize) 위반에 대한 엄한 처벌을 받게 된답니다. 참신하고 알기 쉬운 은유(metaphor)나 풍유(allegory)를 여러분이 만들어 내는 것은 어떨까요? 상상해보세요. 세상 모든 사람들이 내가 만들어 낸 비유에 동감을 하며 그 비유를 쓰기 시작한다면? 어때요? 기분 좋아지지 않나요?

* sour grape란 원래 이솝 우화(Aesop's Fables)의 〈여우와 포도〉에서 나온 말로 '지기 싫어해서 오기를 부리며 자기 합리화하는 경우'를 암시(allude)하는 표현이랍니다.

- **allegory** [ǽləgɔ̀:ri]

ⓝ 우화, 풍자

a story, poem, or painting in which the characters and events are symbols of something else

- **allude** [əlú:d]

allusion ⓝ
allusive ⓐ

ⓥ 암시하다, 언급하다

to mention something in an indirect way

He **alluded** to the possibility of cooperation with the ruling party.
그는 여당과의 협력 가능성을 암시했다.

- **anecdote** [ǽnikdòut]

ⓝ 일화, 비화

short account of an incident (especially a biographical one)

An **anecdote** is a short tale narrating an interesting or amusing biographical incident.
일화란 흥미 있거나 재미있는 일대기적 사건을 기술한 짧은 이야기이다.

- **antagonist** [æntǽgənist]

ⓝ (연극, 문학 작품 등) 적대자, 상대

syn. **adversary, opponent** ant. **protagonist**

someone who offers opposition

- **archetype** [á:rkitàip]

archetypal, archetypical ⓐ

ⓝ 원형, 전형

syn. **prototype, original, pilot**

William Shakespeare is known for popularizing many **archetypes** that hold great social import.
윌리엄 셰익스피어는 큰 사회적 중요성을 지닌 많은 원형적 인물들을 대중화시킨 것으로 알려져 있다.

- **cliche** [kli(:)ʃéi]

ⓝ 진부한(판에 박힌) 표현, 상투적인 문구

syn. **banality, platitude**

a trite or obvious remark

criticism [krítəsìzm]

ⓝ 비평, 평론

a written evaluation of a work of literature

critic 비평가

deduction [didʌ́kʃən]

ⓝ 연역법, 공제

syn. **deductive reasoning**

reasoning from the general to the particular

cf. **induction** 귀납법

fable [féibl]

ⓝ 우화, 신화, 꾸며낸 이야기

syn. **allegory**

a short moral story

Aesop's **Fables** 이솝우화

induction [indʌ́kʃən]

ⓝ 귀납법, 유도

syn. **inductive reasoning, elicitation, generalization**

cf. deduction 연역법

inference [ínfərəns]

ⓝ 추론, 추측

a conclusion that one draws about something by using information that he/ she already has about it

inductive **inference** 귀납적 추리
deductive **inference** 연역적 추리

metaphor [métəfɔ̀:r]

metaphorical ⓐ
metaphorically ⓐⓓ

ⓝ 은유, 비유

cf. **simile** 직유

A metaphor describes a first subject as being or equal to a second subject in some way.
은유는 어떤 면에서 첫 번째 사물을 두 번째 사물이라고 하거나 비슷한 것으로 서술하는 것이다.

■ **ominous**
[ámənəs]

ominously ad
ominousness n
omen n

a 불길한, 험악한

syn. **inauspicious, forbidding, sinister**

that it worries you because it makes you think that something unpleasant is going to happen

an **ominous** sign 흉조 **ominous** presentiment 불길한 예감

■ **outline**
[áutlàin]

n 개요, 개략

syn. **frame, scheme, sketch, synopsis**

a line that marks the outer limits of an object or figure

■ **plagiarize**
[pléidʒəràiz]

plagiarism n

v 표절하다, 도용하다

syn. **piracy**

to commit literary theft

I think many students **plagiarize** using the Internet.
나는 많은 학생들이 인터넷을 이용하여 표절한다고 생각한다.

■ **playwright**
[pléiràit]

n 극작가, 각본작가

syn. **dramatist**

a person who writes plays

■ **prose**
[prouz]

n 산문, 평범

ordinary written language, in contrast to poetry

cf. **verse** 운문

■ **reference**
[réfərəns]

n 참고, 출전, 참고 문헌

syn. **citation, source**

consultation of sources of information

Do not remove **reference** books from the library, please.
도서관에서 참고 서적을 가져가지 마세요.

■ **rhetoric**
[rétərik]

rhetorical ⓐ
rhetorically ⓐⓓ

ⓝ 수사학, 웅변술, 미사, 과장

Rhetoric is understood to be the art or technique of persuasion through the use of spoken and written language.
수사학은 구어나 문어를 사용해 설득을 하는 기법으로 이해되고 있다.

rhetorician 수사학자　rhetorical question 수사의문

■ **rhyme**
[raim]

rhymed ⓐ

ⓝ 운율, 각운, 압운

syn. **rime**

a pattern of words which be similar in sound, mainly with respect to the last syllable

■ **satire**
[sǽtaiər]

ⓝ 풍자, 야유

witty language used to convey insults or scorn

His play was a cruel **satire** on life in the 90s.
그의 연극은 90년대의 삶에 관한 신랄한 풍자였다.

cf. sarcasm 일반 개인에 대한 빈정거림

■ **style**
[stail]

ⓝ 표현법, (예술의) 양식

a concise **style** 간결체　written(literary) **style** 문어체　spoken(colloquial) **style** 구어체　out of **style** 유행에 뒤떨어진

■ **verbal**
[və́:rbəl]

ⓐ 언어의, 구두의

syn. **oral, communicative, communicatory**

consisting of or using words only and not involving action

■ **verse**
[və:rs]

ⓝ 시, 운문

syn. **poetry**

a line of metrical writing

blank **verse** 무운시　free **verse** 자유시　lyrical **verse** 서정시
cf. **prose** 산문

Words you should know about Literature

adaptation	개작 This film is an adaptation of a novel. 이 영화는 소설을 영화화한 것이다.
adore	숭배하다 His readers adored him. 그의 독자들은 그를 숭배했다.
advocate	주장자, 지지자, 지지하다 advocate free speech 언론의 자유를 지지하다.
affront	모욕, 모욕하다 (insult)
allegory	우화, 풍유
alliteration	두운(법)
allude	암시하다
allusion	암시
anachronism	시대착오 Slavery is a sheer anachronism in the modern age. 노예제도는 현대시대에서 완전히 시대착오적이다.
anagram	철자 바꾸기, 철자를 바꾼 말 예) time → emit
analogous	유사한 (similar)
analogy	유사 an analogy between the computer and the brain 컴퓨터와 뇌 사이의 유사성
anecdote	비화
annotation	주석(을 달기)

antagonist	(연극, 문학 작품 등에서 주인공에 대립하는) 적(역) (adversary, opponent, enemy)
anthology	작품집, 선집
anti-hero	(문학 작품의) 주인공답지 않은 주인공
antithesis	정반대
appendix	부록, 부속물
appreciate	식별하다, 평가하다
archetype	원형 (prototype), 전형
articulation	명확한 발음 (표현), 분절
authoritative	권위 있는, 당국의 an authoritative book on Shakespeare 셰익스피어에 관한 권위 있는 책
authorize	권한(권위)을 부여하다, 인정하다
beast	야수, 짐승
beguile	속이다 be beguiled (cheated) of one's money ~의 돈에 현혹되다
behold	주시하다
beloved	사랑하는, 소중한, 연인 (sweetheart)
biography	전기 autobiography 자서전
bizarre	기묘한
blank verse	(보통 5보격 약강격의) 무운시

bowdlerize	(저작물이) 불온 [외설]한 부분을 삭제하다
cacophony	불협화음
carpe diem	현재를 즐겨라.
catharsis	카타르시스, 인위적 경험(특히 비극)에 의한 감정의 정화 (淨化)
chronicle	연대기
cliche	진부한(판에 박힌) 문구 An epigram will become a cliche soon. 경구는 곧 진부한 표현이 될 것이다.
clown	어릿광대 (jester)
comedy	희극
construe	해석하다, 설명하다
contradiction	모순 (incoherence, paradox, discrepancy) contradict 모순되다
courtship	(남성이 여성에게 하는) 구애, 구혼
critical	비판적인, 비평의 critical works 평론
criticism	비평 critic 비평가
depict	묘사하다, 서술하다 fairy tales depicted in pen-and-ink drawing 펜화로 그려진 동화
dialogue	대화
didactic	교훈적인, 설교적인

disillusion	환멸을 느끼게 하다
divine	신성한, 신의
drawback	장애
duel	결투 fight a duel with a person ~와 결투하다
dwarf	난쟁이 ⇔ giant 거인
elegy	비가
elusive	정의하기 어려운
embrace	포옹하다, 포함하다
endow	(재능, 특징 등을) 부여하다 be endowed with talent [resources, rights] 재능 [소질, 권리]을 타고 나다
enigma	수수께끼
ensure	보증하다, 확실히 하다
entrapment	함정
epic	서사시 an epic novel 서사적 소설
epigram	경구, 풍자시
epigraph	비문
epilogue	발문, 후기 ⇔ prologue 서문
epithet	별명, 통칭 The Lion-Hearted is an epithet for Richard. 사자왕은 리처드의 별명이다.

existentialism	실존주의 Existentialism had a great influence on Camus. 실존주의는 카뮈에게 큰 영향을 주었다.
exquisite	최고의, 우아한 exquisite manners 세련된 매너
extravagant	낭비하는, 사치스러운 (luxurious)
fable	우화 Aesop's Fables 이솝우화
fallacy	오류
flesh	육체, 살 They are of the same flesh as you and I. 그들은 당신과 나와 똑같은 인간이다.
folklore	민간 전승
genre	종류, 양식
ghastly	무시무시한, 소름끼치는
grotesque	기괴한
grudge	못마땅해 하다 grudging 싫어하는
haiku	하이쿠, 일본의 정형시
haunted	사로잡힌, 홀린
homely	매력 없는 ⇔ attractive 매력적인
horrify	소름끼치게 하다
hymn	찬가
icon	상, 우상

idyll	전원시, 목가 a prose idyll 산문 전원시
immortal	불멸의 immortal masterpieces 불멸의 명작
incongruous	어울리지 않는
indignation	분개 stir indignation 화나게 하다
infusion	주입, 고취
innate	타고난, 천부적인 (inborn, natural, inherent)
intuition	직감 by intuition 직감적으로
invective	비난, 독설
irony	반어, 아이러니 a dramatic irony 극적 아이러니(관객은 알고 있는데 등장인물은 모르고 행동함으로써 생기는 아이러니)
kingdom	왕국
languish	쇠약해지다
lyric	서정시 lyric prose 서정적 산문
medieval	중세의 medieval literature 중세문학
metaphor	은유 ⇔ simile 직유
mimic	모방하다 (imitate, copy)
miscellaneous	잡다한, 다방면의 a miscellaneous writer 다재다능한 작가
modernism	현대사상, 근대주의

modify	수정하다
monotonous	단조로운 in a monotonous tone 단조로운 어조로
myth	신화 ancient Greek myths 고대 그리스 신화
mythical	신화의, 상상의
mythology	신화, 신화학
naive	순진한, 단순한 (ingenuous, simple, childlike)
narrative	이야기 a historical narrative 역사적 설화
naturalism	자연주의
obliterate	흔적을 없애다 (erase, blot out)
ode	송시
odyssey	장기간의 모험 the Odyssey 오디세이(호머의 대서사시)
ominous	불길한 (inauspicious)
onomatopoeia	의성(어)
paradox	역설 (contradiction, discrepancy)
pastoralism	목가체 pastoral poetry 전원시
pathos	비애감
pedantic	현학적인
perplex	당황하게 하다 perplexing 당황하게 하는

persona	등장인물 (character)
perspective	관점, 견해
platitude	상투어 platitudinous 하찮은
plausible	그럴듯한 (likely, feasible)
play	극 (drama)
playwright	극작가 (dramatist)
poetry	시 (verse)
portray	묘사하다
preoccupation	선취, 열중
preposterous	부조리한 (absurd)
prod	(기억을) 불러일으키다
prose	산문
recount	이야기하다 (narrate)
reminiscence	추억 (retrospect, recollection, memory)
resentment	분개
retrospect	회상, 추억 in retrospect 되돌아보면
revamp	개정하다 (improve)
revenge	복수(하다) revenge oneself on one's enemy 적에게 복수하다

revision	개정
rhetoric	수사학
rhyme	운, 각운, 압운
ridicule	비웃다, 조소하다
rudimentary	기본의
saga	무용담
satire	풍자
scansion	운율
scribble	갈겨쓰다
semiology	기호학 (semiotics)
sensual	관능적인
sinister	불길한
sneer	비웃다, 냉소하다
spontaneous	자발적인
structuralism	구조주의
succinct	간결한 (brief), 간명한 (precise)
surpass	능가하다 Hemingway surpasses Faulkner in a short story. 단편소설은 헤밍웨이가 포크너보다 뛰어나다.

theater of the absurd	부조리극
throne	왕좌, 왕위 mount the throne 즉위하다
tragedy	비극
tragicomedy	희비극
treatise	논문
verbal	언어의
verse	운문
villain	악인, 악역 (wretch, rogue)
wording	표현, 용어
worldly	세속적인 (secular, earthly, material)

03 Day

예술(예술사, 음악)

우리 주위에는 음악소리가 항상 흘러나오고 있습니다. 그런데 여러분은 어떤 장르(genre)의 음악 작품들(music pieces)을 즐겨 듣나요? 재즈 피아니스트(jazz pianist)의 멋진 즉흥연주(improvisation)에 흠뻑 빠져보거나 모차르트 같은 신동(prodigy)이 작곡(compose)한 클래식(classical) 곡을 현대적인(modern) 감각으로 재해석한 클래식 각색곡(classical adaptation)에 매료된 적은 없었나요?

요즈음은 위대한 예술가(artist)들의 작품을 어렵지 않게 볼 수 있습니다. 과학기술이 발달되면서 복사, 복제술이 매우 정교해져 진품(authentic version)이라고 해도 손색없을 정도의 유명한 걸작(masterpiece)들을 곳곳에서 감상할 수 있습니다. 그렇다보니 우리는 어쩌면 심미적인 것에 대해 존중하는 마음(aesthetic appreciation)을 오히려 잃어버렸는지도 모르겠어요. 무심코 지나쳤던 주변의 예술품을 집중해서 한번 바라보세요. 가까이 보면 그저 다양한 색조(hue)의 점들에 불과한 것들이 조금 떨어져서 보면 우리 눈에 새롭게 보이며, '정말 매혹적(fascinating)이야!'라고 감탄사를 연발할지도 모를 일입니다.

혹은 우리 주변에 항상 존재하는 빛과 그림자와 같은 기본적인 요소(element)들이 전위예술가(avant-garde)의 손길에 의해 우리의 상상을 훨씬 뛰어넘는 위대한 작품들로 다시 태어나 여러분 마음속에 잠자고 있던 미적 감각(aesthetic sense)을 되살릴지도 모르잖아요.

■ **abstract**
[æbstrǽkt]

ⓐ 추상적인 ⓝ 추상화, 발췌, 요약

syn. **summary, conceptional, notional**
ant. **concrete**

■ **adaptation**
[æ̀dæptéiʃən]

ⓝ 개작, 적응

syn. **version**

a written work (as a novel) that has been recast in a new form

■ **aesthetic**
[esθétik]

ⓐ 미적인, 미적 감각이 있는

syn. **artistic, beautiful, esthetic**

concerning or characterized by an appreciation of beauty or good taste

aesthetics 미학 **an aesthetic value** 미적 가치
aesthetic point of view 심미적 견지

■ **authentic**
[ɔːθéntik]

ⓐ 원본의, 진정한, 진짜의

syn. **genuine, real**

not counterfeit or copied

There are three **authentic** versions of Bedroom in Arles by Vincent van Gogh.
빈센트 반 고흐가 그린 아를의 침실은 세 가지 원본이 있다.

■ **avant-garde**
[ɑvàːntgáːrd]

ⓝ 전위 예술가들, 전위 ⓐ 비정통적인, 대담한, 급진적인

n. artists or writers whose ideas are ahead of their time ***a.*** radically new or original

■ **carve**
[kɑːrv]

ⓥ 조각하다, (고기를) 저미다

syn. **sculpt**

to cut with care or precision

carve one's name on a tree 나무에 이름을 새기다
carver 조각가 **carving knife** 요리된 고기를 자르는 긴 칼

■ chord
[kɔːrd]

ⓝ 화음, 코드 ⓥ 음이 조화되다

n. combination of three or more notes that blend harmoniously when sounded together
v. bring into consonance, harmony, or accord while making music or singing

■ compose
[kəmpóuz]

ⓥ 작곡하다, 문학작품을 창작하다

write music; produce a literary work

compose a symphony 교향곡을 작곡하다

■ conspicuous
[kənspíkjuəs]

ⓐ 눈에 띄는, 두드러진

syn. **attention-getting** ant. **inconspicuous**

obvious to the eye or mind

conspicuously 눈에 띄게 **conspicuousness** 눈에 띔

■ depict
[dipíkt]

depiction ⓝ
depictive ⓐ

ⓥ 묘사하다, 서술하다

to show in, or as in, a picture; to give a description of

fairy tales depicted in pen-and-ink drawing 펜화로 그려진 동화

■ element
[éləmənt]

ⓝ 요소, 즐겁고 능률적인 상태

the elements 날씨 (특히 바람과 비)

■ exposition
[èkspəzíʃən]

ⓝ 박람회, 설명

syn. **exhibition**

expositional 박람회의
expository(=expositive) 설명적인, 해석적인

■ expressionism
[ikspréʃənìzm]

ⓝ (미술, 연극, 문학의) 표현주의, 표현파

abstract expressionism 추상표현주의
neo-expressionism 신표현주의

■ **fascinate**
[fǽsənèit]
fascination ⓝ

ⓥ 매혹하다, 황홀하게 하다
syn. **charm**
to hold spellbound by an irresistible power

■ **genre**
[ʒɑ́:nrə]

ⓝ (문학 · 예술 따위의) 장르, 부류, 종류, 양식
a class of art (or artistic endeavor) having a characteristic form or technique; a kind of literary or artistic work

■ **hue**
[hju:]

ⓝ 색조, 특색
syn. **tint**
a color or shade

The Balanced Ramp is created using an equal number of **hues** of red, green and blue.
밸런스 램프는 동일한 수의 빨강, 녹색 및 파랑의 색조를 사용하여 만들어진다.

cf. **color, tint**보다 문어적인 말

■ **improvisation**
[imprɑ̀vəzéiʃən]

ⓝ 즉흥, 즉석에서 하기
syn. **extemporization**
a performance given offhand without planning or preparation

improvise (시, 음악들을) 즉석에서 짓다

■ **index**
[índeks]

ⓝ 목록, 지수, 표시, 지표 ⓥ 색인을 달다
uncomfortable **index**, discomfort **index** (기상) 불쾌지수

■ **inspiration**
[ìnspəréiʃən]
inspire ⓥ

ⓝ 영감, 착상
arousing to a particular emotion or action

Genius is one percent **inspiration** and ninety-nine percent perspiration.
천재는 1퍼센트의 영감과 99퍼센트의 노력으로 이뤄진다

- **ornament**
  [ɔ́ːrnəmənt]

ⓝ 장식, 꾸밈 ⓥ 꾸미다

syn. **decoration, ornamentation**

n. something used to beautify ***v.*** to make more attractive by adding ornament, colour, etc.

This book was bought for use, not for **ornament**.
이 책은 쓰기 위해서 산 것이지 장식으로 산 것이 아니다.

personal **ornaments** 장신구

- **piece**
  [piːs]

ⓝ 작품, 조각

an artistic or literary composition; a separate part of a whole

publish a new **piece** of work 신작을 발표하다

- **prodigy**
  [prádədʒi]

ⓝ 신동, 천재

a highly talented child or youth

The 13-year-old **prodigy** artist won an art contest at age 5.
그 13세의 예술 신동은 5살에 미술 경연대회에서 수상했다.

- **symmetry**
  [símətri]

  symmetrical ⓐ

ⓝ (좌우) 대칭, 균형

syn. **balance, proportion**

balanced proportions

Perceptions and appreciation of **symmetries** are also dependent on cultural background.
대칭에 대한 인식과 평가는 문화적 배경에도 또한 좌우된다.

bisymmetry 좌우대칭

- **theatrical**
  [θiǽtrikəl]

ⓐ 연극의 ⓝ 연극

ant. **untheatrical**

a. of or relating to the theater or the presentation of plays ***n.*** a performance of a play

theatrical effect 극적 효과

Words you should know about Art History

abstract	추상(파)의, 추상화
adorn	장식하다 (decorate)
aesthetic	미적인, 미적 감각이 있는
array	정렬시키다, 배열하다, 배열
authentic	진정한, 진짜의 (genuine, real)
bead	구슬, 유리알
bestow	수여하다 The queen bestowed knighthood on the artist. 여왕은 그 예술가에게 기사 작위를 수여했다.
bronze	청동 cast bronze into a statue 청동을 주조해서 상을 만들다
carving	조각술, 조각 작품 (sculpture)
cast	주조하다, (상을) 뜨다 cast a torso in bronze 청동으로 토르소를 만들다
chisel	끌, 조각칼
collection	소장품
conspicuous	눈에 띄는, 두드러진 His works cut a conspicuous figure in artistic circles. 그의 작품이 예술계에서 두각을 나타낸다.
coterie	(공통의 목적 · 흥미를 갖는) 한패, 동아리, 동인 a literary coterie 문예동인

counterfeit	위조의, 가짜의 The "Picasso" turned out to be a counterfeit. 그 피카소 작품은 가짜로 판명되었다.
Cubism	입체파
delusion	환상, 망상 delusion of persecution 피해망상
disfigure	~의 외관을 손상하다, ~의 가치를 손상하다
duplicate	복제의, 중복의
easel	이젤
embedded	끼워 넣어진, 새겨진 a crown embedded with jewels 보석이 박힌 왕관
empathy	감정이입, 공감
emulate	경쟁하다, 우열을 다투다
enchant	매혹하다 enchanting 매혹적인
enhance	(가치 · 능력 · 매력 등을) 높이다, 고양시키다 The soft evening light enhanced her beauty. 부드러운 저녁 불빛이 그녀의 아름다움을 더 돋보이게 했다.
esthetic	미의, 미학의, 심미적인 (aesthetic)
execution	(예술작품의) 제작, 수법
fascinate	매혹하다 fascination 매혹
festive	축제의 the festive season 명절, 축제 계절
fiesta	축제

flawless	흠 없는 flawless work 완벽한 작품
fleeting	어느덧 지나가는, 잠깐 동안의 for a fleeting moment 아주 잠깐
glitter	반짝이다
hue	색, 색조 the hues of a rainbow 무지개 색
impressionism	인상파
ineffable	말로 표현할 수 없는 ineffable beauty 이루 말할 수 없는 아름다움
infatuate	(사람을) 호리다, 얼빠지게 하다, 얼빠진 사람
inspiration	영감, 착상
intricately	복잡하게
laureate	계관시인으로 임명하다, 계관시인, 수상자
legacy	유산 (heritage)
manner	양식, 방식
medium mediums / media	매체, 매개
mold	틀에 넣어 만들다, 본뜨다 (mould) mold the soft clay into a figure [mould] 부드러운 점토로 초상을 만들다
movement	(정치적 · 사회적인) 운동 (campaign)
mystic	신비한

ornamental	장식용의
patron	후원자
perspective	투시화법
plaster	석고
portrait	초상화
priceless	대단히 귀중한, 값을 매길 수 없는
prodigy	비범함, 신동
Realism	사실주의
Renaissance	르네상스
school	학파 painters of the Impressionist school 인상파 화가
sculpture	조각 (carving)
sizable	상당한 크기의
spectacular	장관의
stylize	양식화하다
symmetry	(좌우) 대칭, 균형 (balance, proportion, equilibrium)
weld	용접하다 weld metal sheets 얇은 금속판을 용접하다
workshop	작업장, 연수회

Words you should know about Music

book	예약하다, 미국에서는 make reservation
choreography	(발레의) 무도법, 안무
compose	작곡하다 (write) compose a symphony 교향곡을 작곡하다
improvisation	즉흥 improvise (시, 음악들을) 즉석에서 하(짓)다
lyre	수금, 리라
nocturne	야상곡
overture	서곡
piece	작품, 곡 play a few pieces by Bach 바흐의 소품을 2~3곡 연주하다
routine	기계적인 순서, 틀에 박힌 연기
sonata	소나타
suite	조곡
symphony	교향곡 concerto 협주곡
woodwind	목관악기 brass 금관악기 strings 현악기 percussion 타악기

04 Day

역사(미국학, 고고학)

여러분은 스티븐 스필버그와 조지 루카스가 손잡고 만든 모험영화 시리즈인 〈Indiana Jones〉를 본 적이 있나요? 1981년에 처음 제작되어 1989년까지 세 편의 영화가 출시되었고, 2008년에는 19년의 공백을 깨고 네 번째 시리즈가 개봉되었죠. 영화를 보고나서 '나도 인류학자(anthropologist)나 고고학자(archaeologist)가 되어 보는 것은 어떨까'라고 누구나 한 번쯤은 생각해봤을 거예요. 영화 속에서 고고학(archaeology) 교수이면서 때로는 현대판 기사도(chivalry) 정신을 발휘하는 로맨틱한 초영웅(romantic superhero)의 면모를 선보이는 모험가 존스 박사는 많은 예술(문학) 작품에 인용이 될 만큼 깊은 인상을 남겼어요.

저도 영화를 본 후 고고학(archaeology)과 인류학(anthropology)에 막연하게나마 관심을 가졌던 기억이 나네요. 고대문명(ancient civilization)이 남기고(bequeath)간 공예품들(artifacts)을 발굴하는(excavate) 모습이나 선사시대(prehistoric) 사람들의 의식(ritual)의 흔적을 발견하는 상상도 해봤어요. 때로는 도굴꾼의 모습을 보이기도 하는 존스박사처럼 소문만 무성하던 잃어버린 도시의 문화유산(cultural heritage)을 발견해 일확천금을 손에 넣는 저의 모습을 그려보았죠. 그렇다고 존스 박사의 나쁜 이미지만을 역할 모델로 상상한 것은 아니에요. 가끔은 포악한 추장의 통치(reign) 하에 고통 받고 있는 깊고 깊은 산중의 외딴 원시 왕조(dynasty)의 부족민들을 해방(emancipate)시키는 상상도 해봤답니다.

- **ancient** [éinʃənt]

  ⓐ 고대의, 옛날의, 고대인

  relating to a time early in history

  ancient civilization 고대 문명
  ancient history 고대 역사 (특히 그리스와 로마의)

- **bequeath** [bikwíːð]

  bequeathal / bequeathment ⓝ

  ⓥ 후세에 전하다, 유언을 남기다

  syn. **leave** ant. **disinherit, disown**

  to hand down

  bequeathable (후세에) 전할 수 있는, (재산을) 유증할 수 있는

- **bureaucracy** [bjuərákrəsi]

  ⓝ 관료주의, 공무원

  a system of administration marked by officialism, red tape, and proliferation

  The term **bureaucracy** came into use shortly before the French Revolution of 1789.
  관료주의라는 용어는 1789년의 프랑스 대혁명 직전에 사용되었다.

- **chivalry** [ʃívəlri]

  ⓝ 기사도, 정중함

  the spirit, or customs of medieval knighthood

  the Age of **Chivalry** 기사도 시대 (유럽 10–14세기)

- **dynasty** [dáinəsti]

  ⓝ 왕조, 명문

  a succession of rulers of the same line of descent

  overthrow a **dynasty** 왕조를 멸망시키다

- **emancipation** [imæ̀nsəpéiʃən]

  emancipate ⓥ

  ⓝ 해방, 벗어남

  freeing someone from restraint or the power of another

  Emancipation Proclamation (1862년 링컨) 노예해방선언
  political **emancipation** 정치적 해방
  the **emancipation** of women 여성 해방

feudalism [fjú:dəlìzm]
feudalistic ⓐ

ⓝ 봉건제도, 봉건주의
the social system that developed in Europe in the 8th C
feudal 봉건의, 봉건적인 **feudality** 봉건성, 봉건적 지배계급

heritage [héritidʒ]

ⓝ 유산, 세습
something transmitted by or acquired from a predecessor
cultural **heritage** 문화유산 a national **heritage** 국가유산 an ethnic **heritage** 민족 유산

oppression [əpréʃən]
oppress ⓥ
oppressive ⓐ

ⓝ 억압, 압박
syn. **subjugation, suppression, pressure**
unjust or cruel exercise of authority or power

outbreak [áutbrèik]

ⓝ 발발, 폭동
syn. **outburst, riot**
a sudden or violent increase in activity or currency
the **outbreak** of war 전쟁의 발발

outlook [áutlùk]

ⓝ 전망, 예측
syn. **view**
the prospect for the future
an **outlook** on the world 세계관

prevalent [prévələnt]
prevalence ⓝ

ⓐ 만연하는, 일반적으로 행해지는
syn. **current, prevailing**
generally or widely accepted, practiced, or favored
a **prevalent** belief 일반적인 세상의 통념

reign
[rein]

ⓝ 치세, 통치 ⓥ 군림하다

syn. **sovereignty**

n. the period during which a monarch is sovereign
v. to have sovereign power

Queen Victoria's **reign** 빅토리아 여왕의 치세

subdue
[səbdjúː]

ⓥ 정복하다, 복종시키다

syn. **repress, subjugate, subordinate, conquer**

to conquer and bring into subjection

trait
[treit]

ⓝ 특성, 특색

syn. **attribute, feature, character**

a distinguishing quality

Generosity is one of her most pleasing **traits.**
관대함은 가장 호감이 가는 그녀의 특성 가운데 하나이다.

American **traits** 미국인의 국민성

transition
[trænzíʃən]

ⓝ 과도기, 변천, 변화

be in **transition** 과도기에 있다 **transition** point 전이점 **transition** element 전이원소 **transitional** 변천의, 과도기의 **transitionary** 변천에 관한

trigger
[trígər]

ⓥ 유발하다 ⓝ 방아쇠

syn. **activate, set off**

v. to cause the explosion of ***n.*** lever that activates the firing mechanism of a gun

unify
[júːnəfài]

ⓥ 통일하다, 단일화하다

ant. **break apart, carve up, divide, split**

to make into a unit or a coherent whole

unify public opinion 국론을 통일하다

■ **anthropology**
[ǽnθrəpálədʒ]

ⓝ 인류학, 인간학

the science of human beings

cultural **anthropology** 문화인류학
paleoanthropology 고인류학

■ **artifact**
[á:rtəfæ̀kt]

ⓝ 공예품, 인공품

ant. **natural object, objects of craftwork**

a man-made object taken as a whole

■ **ethnic**
[éθnik]

ⓐ 인종의, 민족의, 민족적인

relating to different racial or cultural groups of people

ethnic minority 소수민족 **ethnic** music 민족음악
ethnicity 민족색, 민족적 배경

■ **excavate**
[ékskəvèit]

excavation ⓝ

ⓥ 발굴하다, 파다

syn. **dig, dig up, unearth**

to expose to view by or as if by digging away a covering

excavator 발굴자, 굴착기

■ **prehistoric**
[prì:histɔ́:rik]

ⓐ 선사시대의, 유사 이전의

of relating to, or existing in times antedating written history

prehistoric man 선사시대 인간 **prehistoric** life 고생물

■ **ritual**
[rítʃuəl]

ⓝ (종교) 의식, 풍습

syn. **ceremony**

the prescribed procedure for conducting religious ceremonies

A **ritual** may be performed at regular intervals, or on specific occasions.
의식은 주기적으로 또는 특별한 일이 있을 때 거행된다.

Words you should know about History

abscond	도망하다 The suspect absconded from the country. 그 용의자는 국외로 도망쳤다.
ally	동맹 the Allies (제1, 2차 세계대전에서) 연합국
artillery	대포
assassin	암살자 assassination 암살 assassinate 암살하다
assault	급습 make a violent assault on a fortress 요새를 맹렬히 급습하다
astrology	점성술
audacious	대담한
barter	물물교환하다
bequeath	후세에 남기다, 전하다 Numerous discoveries were bequeathed to us. 수많은 발견이 우리에게 전해져 내려왔다.
bounty	상금, 장려금 a bounty hunter 현상금 사냥꾼
brigade	여단, 단체, 대, 단 A fire brigade 소방대
brutal	잔인한, 야수적인, 난폭한 brute 짐승(같은)
bureau	국, 사무국 FBI(Federal Bureau of Investigation) 연방수사국 the Bureau of the Mint 조폐국
bureaucracy	관료주의

candor	솔직함 state a problem with candor 문제를 솔직하게 제시하다
capitulation	조건부 항복, 항복 문서
caprice	변덕, 제멋대로의 행동
captive	포로(의)
centennial	100년의 a centennial anniversary 100년 기념
chivalry	기사도 Chivalry was satirized by Cervantes. 기사도는 세르반테스에 의해 풍자되었다.
clement	온화한, 관대한
coincide	동시에 일어나다, 일치하다
commonwealth	연방 the Commonwealth of Australia 오스트레일리아 연방
concurrent	동시발생의 (coincident) a concurrent resolution (상 · 하원의) 동일 결의
confederation	동맹, 연합 the Confederation 아메리카 식민지동맹
covert	은밀한, 숨은 ⇔ overt 명백한
crucial	결정적인 (decisive) a crucial decision 최종 결정
dazzle	눈부시게 하다, 현혹시키다
debase	떨어뜨리다, 저하시키다 debase the currency 화폐의 가치를 떨어뜨리다
dictator	독재자

dynasty	왕조 the Tang dynasty 당왕조
elegant	품위 있는, 우아한
emancipation	해방
emblem	상징, 표상 The eagle is the emblem of the United States. 독수리는 미국의 상징이다.
embolden	용기를 북돋워주다 Her smile emboldened him to speak to her. 그는 그녀의 미소에 용기를 내어 그녀에게 말을 걸었다.
empower	권한을 부여하다 The police are empowered by the law to search private houses. 경찰에게는 법적으로 가택수사권이 있다.
enrage	몹시 화나게 하다
enshrine	사당에 모시다, 안치하다 enshrine the nation's ideals 국가의 이상을 가슴깊이 새기다
entrench	참호로 에워싸다 be entrenched in one's beliefs 자신의 신념을 굳히다
feudalism	봉건제도
foresee	예견하다 We cannot foresee what will happen in the next century. 우리는 다음 세기에 어떤 일이 일어날지 예견할 수 없다.
forewarn	미리 경계하다, 주의하다
fugitive	도망하는, 도망자, 망명자 fugitives from Hungary 헝가리 망명자들
futile	쓸데없는, 무익한 He made a futile attempt to resist. 그는 저항하려는 무익한 시도를 했다.

heritage	유산
holocaust	대학살
honorific	경의를 표하는, 경어 honorific title 존칭
humiliate	창피를 주다, 굴욕감을 주다
imperialism	제국주의 imperial 제국의
incessant	끊임없는
inscription	비문, 제사
invasion	침략, 침입 the Soviet invasion of Afghanistan 소련의 아프가니스탄 침공
invincible	무적의, 이길 수 없는 the Invincible Armada (스페인의) 무적함대
kinship	혈족(친척) 관계
knight	(중세의) 기사
lord	영주 the lord of the manor (장원의) 영주
maiden	처음의, 최초의 a maiden voyage 처녀항해
majesty	위엄, 주권
manor	영지, 장원
manufacturing	제조 (manufacture)
mercenary	(일정한 돈으로 외국 군대에) 고용된, 용병

millennium	천년
mutation	변화, 돌연변이 the mutations of life 속세의 유위전변(세상의 모든 것들이 인연에 의해 이루어지고 항상 변한다는 것)
notorious	악명 높은
oligarchy	과두정치, 소수 독재정치
oppression	억압, 압제, 탄압
ordain	(신, 운명 등이) 정하다
outbreak	발발, 폭동
outlook	예측, 전망 the outlook for a negotiated settlement of the war 전쟁의 협상에 대한 전망
pagan	다신교도, 이교도
parchment	양피지, 면허증
peasant	소작인, 농민
postulate	가정하다, 주장하다 The economist postulates that full employment is an impossible goal. 그 경제학자는 완전고용은 불가능한 이상이라고 주장한다.
precursor	선구자 (pioneer)
prevalent	일반적으로 행하여지는, 널리 퍼진
prominent	현저한, 두드러진 The case received prominent coverage in Time. 그 사건은 『타임』지에 대대적으로 보도되었다.

propaganda	선전
recurrent	재발하는, 순환하는
reign	통치, 지배, 치세
remnant	나머지, 유물
renounce	거절하다, 끊다 renounce one's claim to the throne 왕위 계승을 거절하다
renown	명성, 유명
repulse	격퇴하다, 물리치다 repulse the enemy 적을 물리치다
retribution	보복, 징벌 suffer terrible retribution 천벌을 받다
revere	존경하다, 숭배하다
revolt	반란, 폭동 rise in revolt 반란을 일으키다
scaffold	교수대, 처형대 die on the scaffold 교수형 당하다
scripture	경전 the Scripture(s) 성서
shipwreck	난파 (wreck), 난파선 suffer shipwreck 난파되다
subdue	진압하다, 예속시키다
subjugate	정복하다, 복종시키다, (감정 등)을 억누르다
summon	소환하다 be summoned into the President's office 대통령 관저로 호출되다
the Industrial Revolution	산업혁명

the Middle Ages	중세 medieval 중세의
thrall	노예
threshold	시초, 종점
throng	군중
trade	무역, 상업 foreign [free, protected] trade 외국 [자유, 보호] 무역
trade barrier	무역 장벽
trade deficit	무역 적자
trade friction	무역 마찰
trait	특성, 특색
transition	추이, 변화, 과도기
treacherous	배반하는, 불성실한 a treacherous deed 불성실한 행위
trigger	쏘다, 발사하다
tyranny	학정, 전제정치
tyrant	폭군, 전제군주
underdog	패배자, 희생자 ⇔ top dog 승자 side with the underdog 약한 편을 들다
unify	통일하다, 단일화하다 unify the factions of a political party 정당의 당파를 통합하다

unprecedented	전례가 없는, 새로운 an unprecedented victory 전례 없는 승리
unveil	공표하다, 밝히다 The new project was unveiled at the conference. 새로운 계획이 회의에서 발표되었다.
upheaval	대변동, 격변
uprising	반란, 폭동
vassal	가신
warrior	전사
witness	목격하다, (시대, 장소 등이) 사건의 무대가 되다
wreck	난파, 파멸

Words you should know about American studies

abolish	폐지하다 (do away with, abrogate) **abolish the death penalty** 사형을 폐지하다
abolition	폐지 **abolitionist** 노예제도 폐지론자
abolitionism	노예제도 폐지
act	법률, 조례 **the Act of Congress** 국회 제정법
adobe	어도비 벽돌 (진흙과 짚으로 만들어서 굽지 않고 태양광선에 건조시킨 벽돌)
alienate	따돌리다, (명의, 재산, 권리 등을) 양도하다
barrier	장애, 장벽 **a deep-rooted barrier between peoples** 민족 간의 뿌리 깊은 장벽
bison	아메리카 들소
Civil Rights Movement	시민권 운동
colonial	식민지의, 영국 식민지(시대)의
Congress	미국 국회
congress	의회 **congressional** 의회의, 국회의
consent	동의(하다), 승낙(하다)
cooperation	협력, 협동조합 (cooperative)
declaration	선언, 선포 **the Declaration of Independence** 독립선언

declare	선언하다, 선포하다 declare war on [upon, against] ~에게 선전포고하다
delegate	대표 the U.S. delegates to the conference 의회의 미국 대표
delegation	(집합적으로) 대표단, 파견단
Democrat	민주당원 ⇔ Republican 공화당원
depression	불경기 the Depression / Great Depression (1929년의) 세계대공황
desegregation	인종차별 폐지
disparity	상이, 불균형 a disparity in prestige 신분의 차이
diversity	다양성 diversify 다각화하다, 다양화하다 the diversity policy of American university 미국 대학의 다양화 정책
eradicate	~을 뿌리째 뽑다, 박멸하다, 근절하다
fort	요새, 상설 주둔지
halt	정지, 중단 The economic depression of 1930's brought the population expansion to a halt. 1930년대의 경기불황으로 인구 급증이 멈추었다.
hotbed	온상 a hotbed of crime 범죄의 온상
immigrant	(외국으로부터의) 이민, (입국) 이주자
inaugural address	취임 연설
inauguration	(대통령) 취임식
integrate	통합하다, 구성하다 (combine), 인종차별을 폐지하다

integration	통합, 인종차별의 폐지
legislation	입법 legislator 법률제정자, 국회의원
melting pot	인종 혼합지역, 인종 · 문화 등 여러 다른 요소가 융합 동화되어 있는 나라
mobility	(주소, 직업 등의) 유동성
mobilize	동원하다, 전시체제로 하다, 결집하다 In 1941 the US entered WWII and began to mobilize. 1941년 미국은 제2차 세계대전에 참전해 전시체제로 움직이기 시작했다.
nomadic	유목의
nomination	지명, 추천 nominee 지명 [임명, 추천]된 사람
nullify	무효화하다 nullify a treaty 조약을 파기하다
patriot	애국자
patriotism	애국심
plantation	대농원, 재배지, 식민지
poverty line	빈곤선, 빈곤의 여부를 구분하는 최저 수입
presidency	대통령의 지위 [임기]
proponent	제안자, 지지자
provision	조항, 규정, 식량
Pueblo	푸에블로족 (인디언 집단), 인디언의 집단주택 (소문자로 사용하여)

Puritan	청교도(의)
racial	인종의 racial prejudice 인종편견
racism	인종차별
racist	인종차별주의자
raid	급습, 습격 make a raid on an enemy's camp 적의 야영지를 급습하다
recession	(일시적인) 경기 후퇴
remedy	구제책, 치료법 find a remedy for air pollution 대기오염의 개선책을 찾다
repeal	(법률의) 폐지
Republican	공화당의, 공화당원
subterranean	지하의 subterranean room 지하실
surrender	항복하다 surrender the fort to the enemy 적에게 요새를 넘겨주다
tackle	(일 등에) 부딪치다, (문제를) 다루다
the New Deal	뉴딜정책 (1933년 루즈벨트 미국 대통령이 제창한 경제부흥과 사회보장의 증진정책)
the Senate	미국상원의원 ⇔ the House of Representative 미국하원의원
verge	가장자리, 경계, 축(軸) on the verge of bankruptcy 파산 직전에

Words you should know about Anthropology

aborigine	원주민
anthropologist	인류학자 anthropo- 인류, 인간
artifact	인공품, 인공유물, 공예품
burial	매장
cannibalism	식인풍습 (동족끼리 서로 잡아먹음) cannibal 식인종
coffin	관
connoisseur	감정가
conservation	보호, 관리, 보존 ⇔ destruction 파괴 conservation area 보호구역
conserve	보호하다, 보존하다 conserve energy 에너지를 아껴 쓰다
corpse	시체 corps 단체
date	(사건, 미술품 등에) 날짜 [연대]를 매기다 We date the custom from the colonial days. 우리는 그 의복을 식민지시대의 것으로 추정하고 있다.
demographic transition	인구통계상의 추이
demography	인구통계학
ethnic	민족의, 민족적인 ethnic minority 소수민족

ethnography	민족사
excavate	발굴하다 The archaeologist excavated a Stone-Age tomb. 그 고고학자가 석기시대의 무덤을 발굴했다.
extramarital	혼외의, 불륜의 extramarital relations 불륜관계
fabric	직물
heal	치유하다
horticulture	원예
imperative	긴급한
incise	베다, 절개하다
linear	직선의, 선과 같은
marital	결혼의
outcrop	노출, 출현, 표면화
pictograph	상형문자, 통계 그래프
Pleistocene	홍적세 (洪積世) 〈지질〉
prehistoric	선사시대의
primitive	원시적인, 원시인
provenience	출처, 기원 (provenance)
quartzite	규암

radiocarbon dating	방사성 탄소연대측정법
ritual	(종교적인) 의식 (ceremony, rite)
ruin	폐허, 유적, 파멸시키다 the ruins of Rome 로마 유적
sedentary	정착성의 ⇔ migratory 이주성의
subsistence	생존, 생활, 식량
weave	(직물을) 짜다

05 Day

언어(언어학)

두 개의 언어를 한꺼번에 습득하여(acquire) 이중언어를 사용(bilingual)하는 사람들을 보면 인간의 두뇌능력이 놀랍기만 해요. 언어를 습득한다(acquire)는 것은 우리의 생각보다 그 의미가 큰 두뇌활동이에요. 언어의 습득(acquisition)을 위해서 두뇌는 언어의 소리체계는 물론 구문(syntax)도 분석해야 하죠. 뿐만 아니라 언어사용자들 간의 관계와 상황에 따라 사용된 언어의 의미가 달라지는 화용론적 능력(pragmatic competence)도 갖춰야 하구요.

예를 들어, 엄마가 '몇 시지?'라고 하셨을 때 '9시 30분이요.'라는 답을 원할 수도 있지만 어쩌면 '이제 그만 들어가서 공부해야 하지 않니?'라는 뜻으로 말씀하셨을 수도 있죠. 엄마가 어떤 의미로 말씀하셨는지 대부분의 경우 우리는 알아듣고 응답을 합니다.

또한 언어란 자의적(arbitrary)이어서 지시대상(referent)과 지시어(reference) 간의 어떤 절대적인 연관성이 없거든요. 다시 말하면, 를 보면 저 그림에는 어떤 apple다움도 없거든요. 를 이리보고 저리봐도 'apple다움'도 '사과다움'도 'pome다움'도 존재하지 않습니다. 이는 단지 언어 사용자끼리 편의상 apple을 '사과' 또는 pome이라고 부르자고 약속한 것일 뿐이죠. 이와 관련하여 스위스 언어학자 소쉬르는 '언어란 자의적인 사회적 관습의 체계이다(Language is a system of arbitrary social conventions)'라고 주장했답니다.

■ abbreviation [əbrì:viéiʃən]

ⓝ 약어, 생략형, 단축

a shortened form of a word or phrase

cf. **acronym** 두문자어

■ acquisition [æ̀kwəzíʃən]

ⓝ 습득, 구입

the cognitive process of acquiring skill or knowledge

language **acquisition** 언어 습득
the **acquisition** of the franchise 참정권 획득
cf. learning 학습

■ ambiguous [æmbígjuəs]

ambiguity ⓝ

ⓐ 의미가 애매한, 두 가지 이상의 뜻이 있는, 모호한

ant. **unambiguous, unequivocal**

having more than one possible meaning

■ arbitrary [á:rbətrèri]

ⓐ 자의적인, 임의의

ant. **nonarbitrary, unarbitrary**

based on or subject to individual discretion or preference, not on any principle, plan or system

an **arbitrary** decision 임의의 결정 **arbitrary** rule 전제정치

■ bilingual [bailíŋgwəl]

bilingually ad

ⓐ 2개 국어의 ⓝ 2중언어 사용자

a. using or knowing two languages ***n.*** a person who speaks two languages fluently

monolingual 1개 국어의 **trilingual** 3개 국어의
multilingual 다중 국어의

■ cadence [kéidəns]

ⓝ 억양, (소리나 말의) 율동적 흐름, 리듬

the way one's voice gets higher and lower as he / she speaks

She recognized the Italian **cadences** in his voice.
그녀는 그의 목소리에 이태리 억양이 있음을 알아차렸다.

■ **conjugate**
[kándʒəgèit]
conjugation ⓝ

ⓥ (동사를) 활용시키다, 활용형을 말하다
to add inflections to a verb showing person, number, gender, tense, aspect, etc.

■ **creole**
[kreol]

ⓝ 혼성어 ⓐ 혼성어의
a mother tongue that originates from contact between two languages

As soon as they met, they began speaking in the Creole of Haiti.
그들은 만나자마자 하이티의 혼성어로 말하기 시작했다.

■ **derivative**
[dirívətiv]
derivation ⓝ

ⓝ 파생어 ⓐ 유래된, 파생된
n. a word that is derived from another word
a. resulting from or employing derivation

■ **dialect**
[dáiəlèkt]
dialectal ⓐ

ⓝ 사투리, 방언
syn. **non-standard speech**
a form of a language that is spoken in a particular area by a certain group of people

■ **dictate**
[díkteit]
dictation ⓝ

ⓥ 받아쓰게 하다, 지휘하다, 명령하다
to say out loud for the purpose of recording; to issue commands or orders for

at one's dictation ~의 지시에 따라 give dictation 받아쓰기를 시키다 take a dictation 구술을 받아쓰다 write from one's dictation 남의 구술을 받아쓰다

■ **grammar**
[grǽmər]
grammatical ⓐ

ⓝ 문법, 입문서
studies of the formation of basic linguistic units

transformational **grammar** 변형(생성)문법
comparative **grammar** 비교문법
descriptive **grammar** 기술문법 generative **grammar** 생성문법 prescriptive **grammar** 규범문법

■ inflection

[inflékʃən]

ⓝ 굴절, 억양

a change in the form of a word (usually by adding a suffix) to indicate a change in its grammatical function

case inflection 성(性) · 수(數) 등에 의한 격변화

■ interaction

[ìntərǽkʃən]

interactional ⓐ

ⓝ 상호작용, (컴퓨터) 대화

syn. **interchange, interplay**

a mutual or reciprocal action

Sociolinguistics is a social science that considers the **interactions** between linguistics and society as a whole.

사회언어학은 언어학과 사회 간의 상호작용을 하나로 간주하는 사회과학이다.

■ lexicon

[léksəkən]

ⓝ (언어 사용자의) 어휘, (특정 분야의) 어휘

syn. **mental lexicon**

a language user's knowledge of words; all terms associated with a particular subject

■ morphological

[mɔːrfálədʒikəl]

morphology ⓝ

ⓐ 형태론적, 형태학상의

the way words are constructed with stems, prefixes, and suffixes

morphology 형태론 **morpheme** 형태소 (뜻을 가지는 최소의 언어 요소)

■ phonetics

[fənétiks]

ⓝ 음성학, 발음학

the study of speech sounds

cf. **phonology** 음운론

■ pidgin

[pídʒən]

ⓝ 혼성어, 장사(일)

Pidgin is not anyone's first language.

혼성어를 모국어로 하는 사람은 없다.

- **pragmatics** [prægmǽtiks]
  ⓝ 어용론, 화용론
  the branch of linguistics that deals with the meanings and effects which come from the use of language in particular situations
  pragmatic competence 어용론적 능력

- **referent** [rèfərənt]
  ⓝ 낱말의 지시 대상 ⓐ 관계있는
  something referred to
  A **referent** is the concrete object or concept that is designated by a word or expression.
  낱말의 지시 대상은 실재하는 물체일 수도 있고 단어나 표현에 의해 뜻이 표현되는 개념일 수도 있다.

- **semantics** [simǽntiks]
  ⓝ 의미론, 어의(발달)론
  the study of language meaning
  In linguistics, **semantics** is the subfield that is devoted to the study of meaning.
  언어학에서 의미론은 의미를 연구하는 하위분야이다.

- **syllable** [síləbl]
  ⓝ 음절, 말 한 마디
  a unit of spoken language larger than a phoneme, which contains a single vowel sound and that is pronounced as a unit
  phoneme 음소

- **syntax** [síntæks]
  ⓝ 문장 구조, 구문론, 통사론
  the ways that words can be put together, or are put together, in order to make sentences

- **vowel** [váuəl]
  ⓝ 모음, 모음자
  a sound such as the ones represented in writing by the letters 'a', 'e', 'i', 'o' and 'u'
  semi-vowel 반모음
  cf. **consonant** 자음

Words you should know about Linguistics

abbreviation	약어
acquisition	습득
ambiguous	두 가지 뜻으로 해석할 수 있는, 다의의 예를 들어 The girl killed the old man with a knife.라는 문장은 「칼로 노인을 죽였다」와 「칼을 지니고 있는 노인을 죽였다」는 두 가지 의미로 해석이 가능하다.
arbitrary	임의의
bilingual	2개 국어의 She is bilingual in English and French. 그녀는 영어와 불어 2개 국어를 한다.
conjugation	동사변화, (동사의) 활용 declension (명사, 대명사, 형용사의) 변화
Creole	혼성어
cued speech	수화 (sign language)
dialect	방언 They were speaking in Southern dialect. 그들은 남부 사투리로 말하고 있었다.
dictate	받아쓰게 하다 The teacher dictated a short paragraph to us. 선생님은 우리에게 짧은 단락을 받아쓰게 했다.
grammar	문법
idiolect	개인 언어
inflection	어형변화

interaction	상호작용
intercultural	이(종)문화 간의
lexicon	사전, 어휘 목록
linguistic	언어의
morphology	형태론
phonetics	음성학 phonology 음운론
pidgin	혼성어
pitch	(음의) 고저
pragmatics	어용론
referent	지시대상
register	언어 형태, 언어의 사용역
semantics	의미론
sociolinguistic	사회언어학
subliminal perception	잠재의식
syllable	음절
syntax	구문론, 통사론 (의미론, 음운론과 함께 언어 연구의 주요 영역)
vowel	모음 ⇔ consonant 자음

06 Day

종교, 철학(심리)

우리나라 역사와 세계 역사를 살펴보면 어느 사회든 그 사회와 문화, 가치관의 형성에는 종교(religion)와 철학(philosophy)이 그 중심에 있었어요. 우리나라의 경우엔 삼국시대를 전후하여 전래된 유교(Confucianism)가 시대가 지남에 따라 우리 생활 속에 자리잡았고, 우리나라의 정치, 법률, 교육, 관습, 윤리(ethics) 등을 형성하는 원리(principle)가 되었어요.

어린 시절 신앙심이 깊은(pious) 친구들을 따라 장로교(presbyterian church), 침례교(baptist church), 감리교(methodist church) 등 여러 교회의 예배(worship service)에 참석해 목사님들께서 설교하시는 것(preach)을 보기도 했고 길에서 우연히 만난 선교사(missionary)의 말씀을 되새겨보기도 했고, 원래 가지고 있던 종교에서 다른 종교로 개종(convert)하는 친구를 보며 한동안 많은 생각에 잠기기도 했었어요.

한때는 각종 종교의 성지(holy place)로 순례를 떠나 절대자의 은총(blessing)을 간구해보는 꿈을 꾸기도 했어요. 중요한 것은 원리(principle)와 합리적인(rational) 판단을 근거로 종교를 갖든지 아니면 무신론자(atheist)로 남든지 선택은 어디까지나 여러분의 몫이겠죠.

■ atheism
[éiθiìzm]

ⓝ 무신론, 무신앙

a disbelief in the existence of deity

Most agnostics see their view as distinct from **atheism**.
대부분의 불가지론자들은 자신들의 견해를 무신론과는 거리가 있는 것으로 본다.

atheist 무신론자

■ bless
[bles]

blessing ⓝ
blessed ⓐ
blessedly ad

ⓥ ~에게 혜택을 주다, ~에게 은총을 내리다

ant. **curse**

to hallow or consecrate by religious rite or word

Bless you! 그대에게 신의 가호가 있기를!, 대단히 감사합니다!

■ convert
[kənvə́:rt]

ⓥ 개종시키다, 전환하다

syn. **proselytize**

make a **convert** of a person ~을 개종시키다

■ holy
[hóuli]

ⓐ 신성한, 성자 같은

syn. **divine**

having a divine quality

Holy Bible 성서, 성경 **Holy** bread 성찬식의 빵
Holy City (예루살렘, 메카와 같은) 성도 **Holy** Grail 성배

■ missionary
[míʃənèri]

ⓝ 선교사, 전도사

a person undertaking a mission

a **missionary** meeting 전도 집회

■ pious
[páiəs]

ⓐ 신앙심이 깊은, 경건한

syn. **devotional, devout, religious, god-fearing, prayful** ant. **impious**

marked by conspicuous religiosity

■ **preach** [priːtʃ]

ⓥ 설교하다, 훈계하다

to deliver a sermon

It is easier to **preach** than to practice.
설교하기는 쉽지만 실천하기는 어렵다.

preach on grace to people 사람들에게 (신의) 은총을 설교하다

■ **redemption** [ridémpʃən]

redeem ⓥ
redemptive ⓐ
redemptible (=redeemable) ⓐ

ⓝ 구원, 되찾기

syn. **salvation**

the act of freeing from sin or saving from evil

Redemption is common in many world religions.
구원은 세계의 여러 종교들에 공통된 것이다.

■ **sacred** [séikrid]

ⓐ 성스러운, 신성한

syn. **divine, holy, revered** ant. **profane**

worthy of religious veneration

In **sacred** oak groves they offered human sacrifice.
성스러운 참나무 숲에서는 인간을 제물로 제사를 지냈다.

■ **secular** [sékjulər]

ⓐ 세속의, 비종교적인

syn. **worldly**

of or relating to the worldly or temporal

The quintet played a mix of religious and **secular** music.
그 5중주 연주단은 종교음악과 세속의 음악을 혼합해서 연주했다.

secular affairs 세상사

■ **temple** [témpl]

ⓝ 사원, 신전

a building for religious practice

■ **theological** [θìːəládʒikəl]

ⓐ 신학의, 신학적인

relating to theology

theology 신학

■ **worship** [wə́ːrʃip]

worshipful ⓐ

ⓝ 제사, 숭배, 예배 ⓥ 예배하다

syn. **adoration**

n. an act of expressing such reverence ***v.*** to attend religious services

worshiper (worshipper) 숭배자, 예배자, 참배자

■ **Confucianism** [kənfjúːʃənìzəm]

ⓝ 유교, 유가, 유생

of or relating to the Chinese philosopher Confucius

Confucian 공자의 Confucius 공자
confucianist 유생

■ **empiricism** [empírəsìzm]

empirical ⓐ
empirically ⓐⓓ

ⓝ 경험주의, 경험론

a theory that all knowledge originates in experience

Mill's **empiricism** held that knowledge was an inductive inference from direct experience.
밀의 경험주의는 지식은 직접적인 경험으로부터의 귀납적 추론이라고 여겼다.

empiricist 경험론자 empirical formula 실험식

■ **ethics** [éθiks]

ⓝ 윤리, 윤리학

a theory or system of moral values

practical ethics 실천 윤리학 political ethics 정치 윤리

■ **introspection** [ìntrəspékʃən]

introspect ⓥ

ⓝ 자기성찰, 내성

syn. **self-contemplation, self-examination**

■ moral
[mɔ́(:)rəl]

ⓝ 도덕, 교훈 ⓐ 도덕상의

ant. **immoral, amoral**

Without an open-mind, people may seriously misunderstand the ideas and **morals** of minorities.
편견 없는 마음을 갖지 않으면, 소수 민족의 사상과 도덕을 심각하게 잘못 이해할 수도 있다.

■ pragmatism
[prǽgmətìzm]

ⓝ 실용주의, 현실주의

a practical approach to problems and affairs

Pragmatism sees no fundamental difference between practical and theoretical reason.
실용주의는 실천 이성과 이론 이성 사이에 근본적인 차이가 없다고 본다.

■ premise
[prémis]

ⓝ 전제 ⓥ 전제로 하다

syn. **assumption**

The illogical proof was based on a faulty **premise**.
그 비논리적 논증은 그릇된 전제를 바탕으로 했다.

the major **premise** (삼단논법의) 대전제
the minor **premise** 소전제

■ presume
[prizú:m]

presumption ⓝ

ⓥ 가정하다, 추정하다

syn. **assume**

to suppose to be true without proof

This theory presumes that people are telling the truth.
이 이론은 사람들이 진실을 말한다는 것을 가정한 것이다.

presumably 아마도

■ principle
[prínsəpl]

ⓝ 원리, 원칙, 행동 원리

syn. **theory**

in **principle** 원칙적으로, 대체로 on **principle** 원칙에 따라

Words you should know about Religious Studies

adherent	신자, 지지자 (follower)
Anglican Church	영국 국교회
atheism	무신론, 무신앙
atonement	보상, 죗값, 그리스도의 속죄
auspicious	길조의
Baptist	침례교도 baptize 세례를 베풀다
Buddhism	불교
cardinal	추기경
cathedral	대성당
Catholicism	가톨릭교
chaste	순결한 (pure)
christen	세례(명)를 주다 They christened him John. 그들은 그에게 요한이라는 세례명을 주었다.
Christian Fundamentalism	기독교 원리주의
Christianity	기독교
clergyman	성직자, 주교 (priest, pastor, parson, minister, reverend, rector)

Confucius	공자
congregation	신도, 집합
convert	전환하다, 개종시키다 He was converted to Islam. 그는 이슬람교로 개종했다.
crusade	십자군
cult	숭배자 집단, 사교, 이교 He belonged to a strange religious cult. 그는 이상한 사교 집단에 속했다.
deism	이신론, 자연신론
deity	신, 신성, 신격 the deities of ancient Greece 고대 그리스의 신들
demon	악마, 악령
denomination	교파, 종파 sect 분파, 종파 Protestant denominations 신교도파
devout	믿음이 깊은, 독실한 a devout Christian 독실한 기독교도
Ecumenical Movement	세계교회운동
faith	신앙, 신념
Fundamentalism	근본주의 (원리주의)
Gospel	복음서 evangelist 복음 전도자
heathen	이교도 (pagan)
hymn	찬미가

inflict	주다, 짊어지우다
Islam	이슬람교
Judaism	유대교
justice	정의 justification 정당화
Methodist	감리교도
missionary	선교사, 전도사
monastery	수도원
monotheism	일신교 polytheism 다신론, 다신교
mosque	회교사원
mundane	일상의, 세계의
mystify	신비화하다, 당혹시키다
nonconformist	비국교도, 비협력자
occult	신비스러운, 초자연적인
parochial	교구의
pious	독실한 (devout, religious), 경건한
Pope(the Pope)	로마 교황 papal 로마 교황의
preach	설교하다
Presbyterianism	장로제, 장로교회의 교리

Protestantism	신교
purify	정화하다
puritanical	청교도적인, 금욕적인
redemption	구원
resurrection	그리스도의 부활, 부활
revelation	계시, 묵시 the Revelation (성서) 요한계시록
revive	부활하다, 소생하다 revival 부활, 재생
sacred	신성한 sacred writings 성전
salvation	구제, 구원
sanctify	신성하게 하다
savior	구원자, 구세주
sect	분파, 종파
secular	세속의 (worldly)
separate	분리하다 Pilgrim Fathers separated from Anglican Church. 영국 청교도단은 영국 국교회로부터 분리했다.
sermon	설교
serpent	뱀 (snake)
service	예배 The church holds 2 services on Sundays. 그 교회에서는 일요일에 두 번 예배가 있다.

sin	죄, 죄악 the seven deadly sins 칠대 죄악
terminology	술어, 전문용어
theism	유신론, 일신론
theological	신학의
worship	경배하다

Words you should know about Philosophy

attest	증명하다 He attested the truth of her statement. 그는 그녀 진술의 진위를 증명했다.
brood	숙고하다 brood over [on] ~에 대해 골똘히 생각하다
Confucianism	유교
determinism	결정론
dualism	이원성, 이원론
empiricism	경험주의, 경험론
ethics	윤리학
exemplar	모범, 원형
expound	상세히 설명하다 expound a hypothesis to a person 가설을 ~에게 설명하다
fallibility	오류 가능성
inexorable	무정한, 냉혹한 inexorable doom 냉혹한 운명

introspection	내성 introspect 내성하다, 반성하다
momentum	계기, 요소
monism	일원론
normative	규범적인, 표준의 normative grammar 규범문법
paradigm	이론적 틀 (특정 영역 · 시대의 지배적인 과학적 대상파악의 방법)
paranormal	과학적으로 설명할 수 없는
pragmatism	실용주의
premise	전제 the major premise (삼단논법의) 대전제
presume	추정하다 presumably 아마도
rationalism	이성주의, 합리주의
reason	이성, 추리력
syllogism	삼단논법, 연역(법)

Words you should know about Psychology

affectation	허식, ~인 체함
agony	고통
antisocial	반사회적인
anxiety	불안, 열망 anxious 불안한

apprehension	걱정, 불안 (anxiety, fear, concern)
behaviorism	행동주의
bias	편견
cognitive development	인지발달
conditioned response	조건반사
couch	(정신 분석에서 쓰는) 베개 달린 침상 a couch doctor 정신과 의사(psychiatrist)
disdain	경멸하다 (scorn) disdain a man for his vulgarity 그의 무례한 언동에 대해 무시하다
dissociate	분리, 분열 a dissociated personality 분열인격
dissociative	분리적인, 분열성의
egoist	이기주의자
envision	(장래의 일 등을) 마음에 그리다, 상상하다 (envisage)
ESP	초감각지각 (extrasensory perception), 영감
evoke	(감정, 기억 등을) 일깨우다, 환기시키다 His sermon evoked the past. 그의 설교가 과거의 기억을 일깨웠다.
extrovert	외향적인 ⇔ introvert 내향적인
functionalism	기능심리학
hallucination	환각, 환상

hypnosis	최면상태 under hypnosis 최면술에 걸린
hypocrisy	위선 hysterics 히스테리 상태
illusion	환상
induce	유발하다 inducement 자극, 동기
indulgent	관대한, 엄하지 않은 indulge 빠지다, 탐닉하다
inferiority complex	열등감, 자신감 상실 ⇔ superiority complex 우월감
masochism	마조히즘, 자기학대, 피학적 경향 ⇔ sadism 병적인 잔혹성
mnemonic	기억의 mnemonics 기억술
narcissistic	자기도취의 narcissism 자기도취
neurosis	신경증 neuro- 신경의
obsession	강박관념, 망상 obsessional 강박관념 [망상]에 사로잡힌
paranoid	편집증의
parasympathetic	부교감신경의
perlpheral	말초의 peripheral nerves 말초신경
phobia	공포증, 병적인 공포 acrophobia 고소공포증
psychiatric	정신의학의
psychoanalysis	정신분석(학)

psychotherapy	정신요법
psychotic	정신병의, 정신병 환자
schizophrenia	정신분열증
sensation	감각
smug	자기만족의
somatic	체세포의
sympathetic	교감신경의
therapy	요법, 치료 speech therapy 언어(장애)치료
transcend	초월하다 transcendentalism 선험철학, 초월론
trauma	트라우마, (영구적인 정신 장애를 남기는) 충격

07 Day

경제, 경영 ❶

자본주의(capitalist) 사회에서 개인, 기업, 국가는 꽉 맞물려 있는 톱니바퀴 같아요. 만약 국가경제를 지탱하는 주춧돌인 기업(corporation)의 자본(capital) 운용이 원활하지 않아 적자(deficit)가 나면 그 기업의 가치평가를 기준으로 매겨지는 기업의 주식가격이 떨어질테고 그러면 그 주식에 투자한 개인들에게 돌아가는 배당금(dividend)이 적어지게 되지요. 투자자(개인)는 돈을 잃게 되고 기업(corporation)은 상황이 어려워진 만큼 고용인(employee)들의 임금을 삭감하는 등의 부정적인 조치를 취하게 되겠죠.

기본적인 일용품(commodity)에 대한 비용(cost), 교육비, 각종 수도요금, 전기요금 등 각종 공익설비 사용료(utility cost) 등의 지출(expenditure) 항목은 변함없는데 통장에 들어오는 돈이 줄어들어 개인은 최대한 지갑을 열지 않게 됩니다. 이런 소비자(consumer)의 소극적인 구매 활동은 기업(corporation)에 부정적인 영향을 미쳐 기업의 적자(deficit)는 더 커집니다. 적자를 감당하지 못하는 기업들이 직원들을 해고하게(dismiss) 되고 실업(unemploy) 상태가 된 사람들의 가계는 더욱 어려워지게 됩니다.

결국 기업의 활동이 위축되면 국가경제도 위기를 맞게 된답니다. 이 악순환(vicious circle)을 선순환(virtuous circle)으로 바꿔주실 경제전문가는 어디 안 계신가요?

MP3

■ **asset**

[ǽset]

ⓝ 지산, 재산

all the things that a company or a person owns

How much in **assets** does the business have?
이 기업의 자산은 얼마인가?

assets and liabilities 자산과 부채 fixed **asset** 고정자산

■ **bankrupt**

[bǽŋkrʌpt]

bankruptcy ⓝ

ⓐ 파산한 ⓝ 파산자

syn. **broken, insolvent**

a. financially ruined *n.* someone who has insufficient assets to cover their debts

go **bankrupt** 파산하다(=go broke)

■ **boost**

[bu:st]

ⓥ ~을 높이다, 경기를 부양하다 ⓝ 후원

boost sales 판매를 촉진하다 give a person a **boost** ~을 뒤에서 밀어주다

■ **borrow**

[bɔ́(:)rou]

ⓥ 빌리다, 차용하다

syn. **lend, loan**

to get money from someone or from a bank with an agreement to pay it back at some time in the future

■ **capital**

[kǽpətl]

ⓝ 자본, 수도

financial **capital** 금융자본
Capital and Labor 노사(勞使)
circulating(floating) **capital** 유동 자본

■ **client**

[kláiənt]

ⓝ 고객, 의뢰인

syn. **clientele**

someone who pays for goods or services; a person who seeks the advice of a lawyer

client state 종속국 **client** base 고객 집단

■ **commercial**
[kəmə́:rʃəl]

ⓐ 상업의, 영리적인 ⓝ 광고 방송
ant. **noncommercial**
a. involving or relating to the buying and selling of goods; concerned with making money or profits *n.* the broadcasting of advertisements

■ **commodity**
[kəmɑ́dəti]

ⓝ 상품, 산물, 일용품
syn. **goods**
something that is sold for money

The government increased prices on several basic commodities like bread and meat.
정부가 빵과 고기와 같은 몇몇 기초 상품의 가격을 인상하였다.

staple **commodities** 주요 상품

■ **consume**
[kənsú:m]

consumption ⓝ

■ 소비하다, 먹다, 마시다
to use up an amount of fuel, energy, or time
propensity to **consume** 소비성향

■ **corporation**
[kɔ̀:rpəréiʃən]

ⓝ 기업, 법인
a large business or company
the **corporation** profit tax 법인 이득세

■ **cost**
[kɔ:st]

ⓝ 비용, 가격, 소비 ⓥ ~의 비용이 들다, 걸리다
n. value measured by what must be given or done or undergone to obtain something *v.* to be priced at
at all costs 어떤 희생을 치루더라도

■ **creditor**
[kréditər]

ⓝ 돈을 빌려준 사람, 채권자
a person to whom money is owed by a debtor
cf. debtor 채무자

■ **currency**
[kə́:rənsi]

ⓝ 화폐, 통화

the money used in a particular country

foreign currency 외화

■ **deal**
[di:l]

ⓝ 거래, 매매 ⓥ 처리하다, 대처하다

syn. **treat**

n. a particular instance of buying or selling

v. to give attention to something or someone

deal with ~을 처리하다
make a **deal**(do a **deal**; cut a **deal**) 협상하다

■ **deficit**
[défəsit]

ⓝ 적자, 부족액

syn. **shortage, shortfall** ant. **surplus**

an excess of liabilities over assets

the **deficit** financing 적자재정

■ **dismiss**
[dismís]

ⓥ 해고하다, 해산시키다

syn. **discharge, fire**

terminate the employment of

New CEO **dismissed** half the employees.
새 CEO는 전체 종업원의 반을 해고했다.

■ **dividend**
[dívidènd]

ⓝ 배당금, 이익 배당금

that part of the earnings of a corporation that is distributed to its shareholders

pass a **dividend** 무배당으로 결정하다
dividend yield (주식의) 배당률

■ **employ**
[emplɔ́i]

ⓥ 고용하다, 쓰다 ⓝ 고용

v. to hire for work

I **employed** her because of her diligence.

나는 그녀의 근면함 때문에 그녀를 고용했다.

■ expenditure [ikspénditʃər]

ⓝ 지출, 소비량

the act of spending money for goods or services

annual **expenditure** 세출 ⇔ annual revenue 세입

■ financial [finǽnʃəl]

ⓐ 재정상의, 금융상의

relating to or involving money

He is **financial** consultant in the bank.
그는 은행에서 재정 상담가이다.

a **financial** year 회계연도(=a fiscal year)

■ fiscal [fískəl]

ⓐ 회계의, 재정상의

a **fiscal** year 회계연도

■ incentive [inséntiv]

ⓝ 성과급, 격려, 자극

syn. **bonus**

an additional payment to employees as a means of increasing output

The study of **incentive** structures is central to the study of all economic activity.
성과급 구조에 대한 연구는 모든 경제활동 연구에 있어서 중심을 이룬다.

■ liable [láiəbl]

ⓝ 법적 책임이 있는, 납입할 의무가 있는

held legally responsible

be liable to taxation 과세대상이 되다 **liability** 부채

■ regulation [règjuléiʃən]

regulate ⓥ

ⓝ 규제, 규칙

rules made by a government or other authority in order to control the way something is done or the way people behave

Words you should know about Economics & Business Administration 1

accounting	회계 bookkeeping 부기
affiliate	합병시키다
affiliation	가맹, 제휴 hospitals in affiliation with University of Washington 워싱턴대학 제휴병원
agency	기관, 대리점 the Central Intelligence Agency 미국중앙정보국
aggregate	총계의 aggregate demand 총수요
alliance	동맹, 연합 triple alliance 삼국동맹
allocate	배분하다 allocate $ 300,000 for the facilities of a library 도서관 시설에 3십만 달러를 할당하다
analysis	분석 logical analyses of human behavior 인간 행동의 논리적 분석
analyst	분석자
analytic	분석적인 ⇔ synthetic 통합적인
anti-trust law	독점 금지법
appreciation	통화 가치상승
arbitrage	차익거래
assessment	재산, 평가 environmental assessment 환경평가
asset	자산 He is a great asset to our company. 그는 우리 회사의 중요한 인재이다.

auditor	회계감사원 audit (회계를) 감사하다
balance	차액 a favorable [unfavorable] balance of trade 수출 [수입]초과
bankrupt	파산한, 파산자
bankruptcy	파산
bargain	매매계약 close [settle, arrange, strike, conclude, make] a bargain with a person over the price ~와 매매계약을 하다
blue chip	우량주, 우량기업
board of directors	중역회, 이사회 a board of trade 상공회의소 a board of education 교육위원회
bond	채권 corporate [government] bonds 사채 [국채]
book	장부
boost	밀어 올리다, 경기를 부양하다
break-even point	손익분기점
broker	중매인, 중개인
business transaction	업무처리 cash transaction 현금거래
capital	자본
capital gains	자본 이익
cash flow	현금 유출입 have cash flow problems 현금흐름에 문제가 생기다

checking account	당좌예금구좌
commission	위임, 위탁, 업무대리, 수수료
commodity	상품, 산물, 일용품
competition	경쟁 compete [with, against] 경쟁하다
consolidate	합병하다, 합병정리하다 consolidate one's debts 이익을 통합하여 처리하다
consume	소비하다 This machine consumes 10 percent of all the power we use. 이 기계가 우리가 사용하는 전력의 10%를 소비한다.
consumer goods	소비재
consumer price index	소비자 물가지수
consumption	소비 consumption tax 소비세
corporation	회사, 법인
creditor	채권자 ⇔ debtor 채무자 Creditors have better memories than debtors. 돈은 받을 사람이 빌린 사람보다 더 잘 기억한다.
curb	억제하다 curb one's spending 지출을 제한하다
currency	통화
curtailment	소멸, 단축
dealing	거래 have dealings with ~와 거래하다

deduction	공제, 삭감 income tax deduction 소득세 공제
deficit	적자 ⇔ surplus 흑자 the deficit financing 적자재정 His firm is in the red. 그의 회사는 적자이다.
denomination	(화폐의) 액면금액 Bonds were issued in denomination of $ 500. 액면가 5백 달러짜리 채권이 발행되었다.
depositor	예금자
depreciation	통화 가치하락 depreciation reserves 감가상각 충당금
devalue	가치를 낮추다, (화폐를) 평가절하하다
developing country	개발도상국 (emerging nation)
dismiss	해고하다 (discharge, fire) dismiss half the employees 전체 종업원의 반을 해고하다
distribution	분배, 배급 distribution curves 분포곡선
dividend	배당금, 이익배당금
employment	고용
entrepreneur	기업가, 사업가
equilibrium	균형, 평형 Supply and demand are in equilibrium. 수요와 공급은 평형상태이다.
equitable	공평한 distribute the money in an equitable manner 공평한 방법으로 돈을 나누다
equity	보통주식 equity capital 자기자본

exchange rate	환율
executive	〈경영〉 간부 He is an executive in the airlines. 그는 항공사의 중역이다.
expenditure	지출
expire	만기가 되다 expiration 만기 My license expires on the first day of March. 내 면허 만기일은 3월 1일이다.
finance	재무, 재정학 a finance bill 재정법안
financial market	금융시장
financial reform	재정개혁
firm	회사 a law firm 법률회사
fiscal	재정상의, 회계의
flier	광고 전단
foreign exchange market	외환시장
foreign exchange reserves	외화보유고
fund	자금 a reserve fund 예비금
high yield	고수익
high-interest rate	고금리

08 Day

경제, 경영 ❷

지난 2007년에 미국에서 발생한 서브프라임 모기지(subprime mortgage) 사태 이후, 현재 세계경제가 부진한(sluggish) 성장을 면치 못하고 있어요. 이로 인해 세계 경제가 장기 불황(recession)으로 가지는 않을까, 하는 우려의 목소리가 높죠. 소매업자(retailer)이든 도매업자(wholesaler)이든 계속되는 불경기(stagnation) 속에서 수지가 맞는(lucrative) 경제활동을 하는 사업자는 별로 없기에 모두들 긴축재정에 들어가 있는 상황이에요.

점점 높아지는 실업률(unemployment rate)과 통화팽창 속도(inflation rate)로 고통 받는 사람들이 늘어가서 걱정이지요. 모든 직업(profession)에 종사하는 사람들이 높은 생산성(productivity)을 가지고 경제활동을 하고 매달 가계부가 흑자(surplus)를 표시하던 경기의 정점(peak) 시절이 그리워지기도 하네요.

■ **inflation**
[infléiʃən]

ⓝ 물가 상승, 통화팽창

ant. **deflation**

a general and progressive increase in prices

Some level of **inflation** could be considered desirable in order to minimize unemployment.
어느 정도의 물가 상승은 실업률을 최소화하기 위해서는 바람직한 것이라 볼 수 있다.

■ **infrastructure**
[ínfrəstrʌ̀ktʃər]

ⓝ (교통 · 통신망, 수도, 전기 시설 따위의) 경제 기반 시설, 하부조직

the basic structure or features of a system or organization

■ **lucrative**
[lú:krətiv]

ⓐ 이익이 많은, 수지가 맞는

syn. **profitable**

producing a good profit

The business of selling luxury goods can be quite **lucrative** when the economy is strong.
고가의 사치품을 파는 장사는 경기가 좋을 때는 아주 이익이 많다.

■ **merger**
[mə́:rdʒər]

ⓝ 합병, 흡수

joining of business firms

Merger and Acquisition(M&A) 기업의 인수 합병

■ **monopoly**
[mənápəli]

ⓝ 독점, 전매

a market in which there are many buyers but only one seller

the **monopoly** prohibition law 독점금지법

■ **mortgage**
[mɔ́:rgidʒ]

ⓝ 저당, 저당권

a loan of money which one gets from a bank or building society in order to buy a house

place a **mortgage** on one's land 토지를 저당 잡다

■ **peak** [pi:k]

ⓝ 경제 정점, 최고조

the period of greatest prosperity or productivity

■ **productivity** [pròudʌktívəti]

ⓝ 생산성, 다산성

the rate at which goods are produced

high cost and low **productivity** 높은 비용과 낮은 생산성

■ **profession** [prəféʃən]

ⓝ 전문직, 직업

an occupation requiring special education

■ **purchase** [pə́:rtʃəs]

ⓥ 사다, 획득하다 ⓝ 구입품

v. to obtain by purchase *n.* the acquisition of something for payment

I **purchased** some erasers.
나는 지우개 몇 개를 샀다.

■ **recession** [riséʃən]

ⓝ 불황, 경기 후퇴

the state of the economy declines

The oil price increases sent Europe into deep **recession**.
오일 가격의 상승은 유럽을 깊은 불황에 빠뜨렸다.

■ **retail** [rí:teil]

ⓝ 소매, 소매상 ⓥ 소매하다

n. the selling of goods to consumers *v.* to sell on the retail market

cf. wholesale 도매

■ **revenue** [révənjù:]

ⓝ 세입, 수익

money that a company, organization, or government receives from people; government income due to taxation

revenue stamp 수입인지 internal **revenue** 내국세 수입

■ shareholder [ʃέərhòuldər]

ⓝ 주주

syn. stockholder

someone who holds shares of stock in a corporation

■ sluggish [slʌ́giʃ]

ⓐ 부진한, 불경기의

syn. **dull, inactive, slow**

not active or brisk

Europe's trade performance was **sluggish**.
유럽의 무역 실적이 부진했다.

a **sluggish** economy 경기 침체

■ stagnation [stægnéiʃən]

ⓝ 불경기, 침체

a state of inactivity (in business or art etc.)

The stock market is in a state of **stagnation**.
주식시장은 불경기 상태에 있다.

■ superfluous [supə́:rfluəs]

ⓐ 과잉의, 불필요한

syn. excess, extra, redundant

more than is needed, desired, or required

■ surplus [sə́:rplʌs]

ⓝ 흑자, 잉여

a quantity much larger than is needed

Japan's annual trade **surplus** is astronomical.
일본의 연간 무역 흑자는 천문학적인 수치이다.

surplus population 과잉 인구 trade deficit 무역 적자

■ tariff [tǽrif]

ⓝ 관세, 관세율

syn. **customs, duty**

a government tax on imports or exports

■ **task** [tæsk]

ⓝ 일, 임무

syn. **job**

a specific piece of work required to be done as a duty or for a specific fee

He should finish his **task** within a day.
그는 하루 안으로 그의 일을 끝내야 한다.

■ **transaction** [trænsǽkʃən]

ⓝ 거래, 처리, 집행

a piece of business, for example an act of buying or selling something

have business **transactions** with a person ~와 거래를 하다

■ **unemployment** [ʌ̀nimplɔ́imənt]

ⓝ 실업, 실업자 수

the fact that people who want jobs cannot get them

disguised **unemployment** 잠재 실업
unemployment benefit 실업 급여

■ **warehouse** [wɛ́ərhàus]

ⓝ 창고, 도매점

Some **warehouses** are completely automated, with no workers working inside.
어떤 창고들은 완전히 자동화 되어 내부에서 일하는 인부가 전혀 없다.

■ **wholesale** [hóulsèil]

ⓐ 도매의, 대량의

A **wholesale** car dealer is a car dealer that cannot sell vehicles to the general public, and can sell only to other car dealers.
자동차 도매상은 일반 대중에게는 차를 판매할 수 없고, 오직 다른 자동차 딜러에게만 팔 수 있다.

wholesaler 도매상인
cf. retail 소매

Words you should know about Economics & Business Administration 2

imbalance	불균형 (disproportion)
incentive	성과급
income	수입, 소득 gross [net] income 총 [실]수입
income tax	소득세
industrial countries	공업국
innovation	혁신 technical innovation 기술혁신
interest	이자, 동종업자 the shipbuilding interests 선박업자들
interest rate	금리, 이율
inventory	재고품, 목록
investment	투자
investment trust	신탁회사
joint	공동의 owners of a business 공동경영자
labor union	노동조합
lay off	임시해고하다 We were laid off(work) for three weeks. 우리는 3주 동안 임시 해고되었다.
leasing	임대차계약
ledger	(회계) 원장

leverage	차입자본 이용
liabilities	부채
liable	법적 책임이 있는
liquidity	유동성
list	상장하다
loan	대부, 대부금 raise [issue] a loan 공채를 모으다
logging	벌채 a logging railroad 삼림철도
manifold	다중의, 다방면의 a manifold operation 다방면의 계획
margin	차, 매매 차익금 margin transaction 신용거래
materialize	실현하다, 구체화하다 materialize one's dream 꿈을 실현하다
maturity	(어음) 만기일
merger	합병 Merger and Acquisition(M&A) 기업의 인수합병
monopoly	독점, 전매 the monopoly prohibition law 독점금지법
mortgage	저당 place a mortage on one's land 토지를 저당 잡다
multilateral	여러 국가가 참여하는 a multilateral agreement 다국간 협약
multinational	다국적인, 다국적기업 (multinational corporation)
multiple	복합적인, 다양한

nationalize	국유하하다
nonprofit	비영리의
official discount rate	공정 할인율 discount rate 어음 할인율, 재할인율
ordinance	조례, 규정 a cabinet [government] ordinance 조령
output	생산고
pension	연금 collect an old age pension 노후연금을 모으다
per capita	일인당의
personnel	전임원, 인사과 cutback in personnel 인원감축
premiums	보험료
principal	원금
productivity	생산성 high cost and low productivity 높은 비용과 낮은 생산성
proviso	단서, 조건
rate hike	요금 인상
register	등록하다
remit	보내다, 송금하다 remit the balance to him by money order 그에게 우편환으로 차액을 송금하다
retail	소매되다, 소매하다 These socks retail at(for) $ 5 a pair. 이 양말은 소매로 1켤레에 5달러이다.
retailer	소매상인

retirement	퇴직, 은퇴 take early retirement 조기퇴직하다
retirement benefits	퇴직금
return	이익, 수익
revenue	세입, 수익 internal revenue 내국세 수입
savings account	보통예금구좌
securities industry	증권업계
seniority system	연공 서열제
shareholder	주주
sluggish	부진한, 불경기의 a sluggish economy 경기침체
soar	폭등하다 The price of gold is soaring. 금값이 폭등하다.
spur	자극, 격려
stagnant	정체된, 불경기의 stagnation 부진, 불경기
stake	이해관계
stock	주식 stock market 주식시장 stock price index 주가지수 stockholder 주주
subcontractor	하청업자
subsidiary	보조의, 자회사
subsidize	보조금을 지급하다 The project is heavily subsidized by the government. 그 프로젝트에는 정부보조금이 많이 지급된다.

subsidy	보조금, 장려금
supply	공급 supply and demand 수요와 공급
surplus	흑자 ⇔ deficit 적자
tardiness	완만, 지체
tariff	관세 (custom, duty), 관세율
tax evasion	탈세
tax return	납세신고서
trade-off	교환
transaction	처리, 집행
unemployment	실업 disguised unemployment 잠재실업
unemployment benefits	실업수당
venture	모험적 사업
vicious	악의가 있는 vicious circle 악순환
warehouse	창고
wholesale	도매 ⇔ retail 소매 wholesaler 도매상인
withholding tax	원천 징수세
World Bank	세계은행

09 Day

정치(사회)

미국은 하나의 연방정부와 50개의 주정부로 구성된 '독립된 주권을 가진 주들의 연합(a federation of sovereign states)'이에요. 1789에 제정(enact)된 미국 헌법(constitution)은 일부 선택적인 권한만 연방정부(federal government)에 위임하고 나머지는 주정부(state government)의 권한으로 귀속시켰기 때문에 주정부(state government)는 상당한 자치권(autonomy)을 가지고 있어요.

미국의 주지사(governor)는 각 주의 최고 행정관(chief executive)을 말하는데 주에 따라 주정부 예산을 통제하고, 많은 공무원(officials)을 임명할 수 있는 권한을 가지고 있어요. 주의 법안(state bills)을 거부할(veto) 수도 있고 법률제정(legislation)에도 꽤 큰 영향력을 가지며, 선거(election)에 의한 선출직으로 4년의 임기가 주어진답니다. 아놀드 슈왈츠제너거가 2003년에 주지사 소환선거(recall election)의 후보자(candidate)로 출마했을 때 큰 뉴스거리가 되었었죠. 그 당시 언론에서 그에게 주지사(governor)란 단어와 그가 주연한 영화 Terminator를 조합하여 만든 Governator라는 별명을 붙여주었고, 그 주지사 소환선거(recall election)를 역시 그가 주연한 영화의 제목을 따서 〈Total Recall〉이라고 불렀답니다.

■ **aristocracy**
[æ̀rəstákrəsi]

ⓝ 귀족 사회, 귀족 정치

government by a small privileged class

the **aristocracy** 귀족 (=the nobility)

■ **autonomy**
[ɔ:tánəmi]

ⓝ 자치, 자치권

the right of self-government

Autonomy means freedom from external authority.
자치는 외부 권력으로부터의 자유를 의미한다.

university **autonomy** 대학 자치

■ **cabinet**
[kǽbənit]

ⓝ 내각, 장식장

The president announced a new **cabinet** lineup.
대통령은 새로운 내각 명단을 발표했다.

a **cabinet** reshuffle 내각 개조 a coalition **cabinet** 연립내각 the shadow **cabinet** 재야 내각

■ **candidate**
[kǽndidèit]

ⓝ 후보자, 지원자, 희망자

someone who is running in an election or applying for a job

a presidential **candidate** 대통령 후보
nominate a **candidate** 후보자를 공천하다

■ **coalition**
[kòuəlíʃən]

coalitional ⓐ
coalitioner ⓝ

ⓝ 연립, 연합

syn. **union**

a **coalition** cabinet 연립내각
a **coalition** government 연립정부

■ **coerce**
[kouə́:rs]

coercion ⓝ

ⓥ 강압하다, 구속하다

syn. **force**

to restrain or dominate by force

coercionist 강압 정치론자 external **coercion** 외압

■ constitution
[kὰnstətjú:ʃən]

ⓝ 헌법, 구성

the basic principles and laws of a government; the act of forming something

a written **constitution** 성문헌법
an unwritten **constitution** 불문헌법
unconstitutional 헌법위반의

■ delegate
[déligit]

ⓝ 대표, 사절 ⓥ 권한을 위임하다

n. a representative to a convention or conference *v.* to transfer power to someone

Delegates are currently visiting several European nations.
대표단이 현재 유럽 여러 나라를 순방하고 있다.

delegation 대표단

■ elect
[ilékt]

election ⓝ
elective ⓐ

ⓥ 선출하다, 선거하다

syn. **choose**

to select by a vote for an office or membership

■ enact
[enǽkt]

ⓥ (법률을) 제정하다, 규정하다

enact (make) a law 법률을 제정하다(=legislate)

■ executive
[igzékjutiv]

ⓝ 중역, 임원 ⓐ 실행의, 행정상의

n. one that exercises administrative or managerial control *v.* having the function of carrying out plans or orders etc.

executive power 집행력 **executive** authority 집행권

■ govern
[gʌ́vərn]

government ⓝ

ⓥ 지배하다, 통치하다

to exercise sovereign authority over

■ **intrigue**
[intrí:g]

ⓝ 음모, 책략
a secret scheme

He is notorious for political **intrigue**.
그는 정치적 음모로 악명이 높다.

■ **neutral**
[njú:trəl]

neutrally ⓐⓓ
neutralness ⓝ

ⓐ 중립의 ⓝ 중립국
not engaged on either side

neutral party 중립당 a **neutral** state 중립국
neutral waters 중립 수역 **neutralize** 중립지대로 하다

■ **official**
[əfíʃəl]

ⓝ 공무원 ⓐ 공식의, 직무상의
n. one who holds or is invested with an office
a. having official authority or sanction

a police **official** 경찰관
government(public) **officials** 공무원, 관(공)리

■ **public**
[pʌ́blik]

ⓐ 공적의, 공공의 ⓝ 공중, 국민
ant. **private**
a. of or relating to people in general ***n.*** people in general

make **public** 공표(발표)하다

■ **ratify**
[rǽtəfài]

ratification ⓝ

ⓥ 승인하다, 비준하다
to approve and sanction formally

The **ratified** bill will become effective from the first of the next month.
승인을 받은 그 법안은 다음달 1일부터 발효될 것이다.

■ **regulation**
[règjuléiʃən]

ⓝ 규제, 법규, 규정
under the control of law or constituted authority

traffic **regulation** 교통법규 the existing **regulation** 현행 규정 the **regulation** of prices 물가조절

■ **sovereign** [sávərən]

ⓝ 군주, 주권국 ⓐ 독립의, 주권을 가진

n. one possessing or held to possess sovereignty *a.* greatest in status, authority or power

Who was the **sovereign** of Great Britain then?
당시 영국의 군주가 누구였나?

sovereign authority 주권 (=sovereignty)
a **sovereign** state 독립국

■ **uphold** [ʌphóuld]

ⓥ 지지하다, 질서를 유지하다

to give support to

He has publicly sworn to **uphold** democratic principles.
그는 민수수의의 원칙들을 지지하겠다고 공약했다.

uphold a district court's decision 지방법원의 결정을 지지하다

■ **veto** [ví:tou]

ⓥ 거부하다 ⓝ 거부권

syn. **interdiction**

v. to vote against *n.* an authoritative prohibition

Most U.S. states have a provision by which legislative decisions can be **vetoed** by the governor.
미국의 주 대부분이 주지사가 입법부의 결정들을 거부할 수 있는 법 조항을 가지고 있다.

exercise the **veto** over a bill 법안에 대해 거부권을 행사하다

■ **vote** [vout]

ⓝ 투표, 투표권 ⓥ 투표하다

syn. **ballot**

n. an expression of opinion *v.* to cast a vote

To **vote** is the citizen's duty.
투표하는 것은 시민의 의무이다.

Words you should know about Sociology

abate	줄이다, 완화시키다 abate a person's pain 사람의 고통을 완화시키다
abortion	낙태
access	접근 (방법), 이용할 권리 have access to ~에게 접근(출입)할 수 있다
acculturation	(상이한 문화 간의 접촉으로 인한) 문화변용 (變容)
adverse	반대의, 적의를 가진 adverse criticism 논란
affect	영향을 주다 (have an effect on)
allowance	지급액, 수당
aloofness	무관심
apathy	무감동, 냉담 apathetic 무관심한
appall	오싹하게 하다, 질리게 하다 be appalled at ~에 간담이 서늘해지다
appease	달래다, 진정시키다 Management tried to appease labor by offering them a bonus. 경영자는 보너스를 제공하여 노동자들을 달래려고 했다.
assimilate	동화하다, 소화하다 The immigrants were assimilated with the natives. 그 이민자들은 원주민에게 동화되어갔다.
bias	편견 (prejudice) political bias 정치적 편견
birth control	산아 제한

boom	급증, 급등 a baby boomer 베이비붐 시대에 태어난 사람
bourgeois	중산계급의 시민, 자본가
burgeon	갑자기 출현 (발전)하다 the burgeoning suburbs 갑자기 발전하는 교외
caste	인도의 세습계급, 특권계급
cater	먹을 것을 마련하다, 요구에 응하다 We cater to the needs of the disabled. 우리는 신체장애자의 필요에 응한다.
celebrity	유명인
chaperon	(사교계에 나가는 젊은 여성의) 여성 보호자
charity	자선, 자선사업 live on charity 자선에 의존해서 살다
civic	시민의, 시의 a civic duty 시민의 의무
civility	예의바름, 정중, 공손
coin	주조하다, 만들어내다 Do you know who coined the New Deal? 누가 뉴딜정책을 만들어 냈는지 아십니까?
communal	공동사회의, 공동의
compensation	보상, 배상
compliment	찬사 (praise, tribute)
comprehensive	포괄적인, 종합적인 CTBT (Comprehensive Test Ban Treaty) 포괄적 핵실험 금지조약

conform	따르다 Students were supposed to conform to the school dress code. 학생들은 학교 복장규정에 따르도록 되어 있다.
congest	혼잡하게 하다, 정체시키다 congestion 혼잡, 밀집 urban congestion 도시 혼잡
contraception	피임
convention	인습, 집회, 협정, 대표자회의 break social conventions 사회적 관습을 깨다
corps	(같은 일, 활동을 하는) 단체, 단 (團), 군단 the press corps 기자단 the Marine Corps 미 해병대
counterculture	반체제문화
crash	충돌, 추락, 붕괴 Two cars crashed [collided] head on. 두 대의 차가 정면충돌했다.
crusade	십자군, 성전, 개혁운동 a crusade against crime 범죄개혁운동
custom	관습 (convention), 관세 Bathing in River Ganges is a religious custom among the Hindus. 갠지스강에서 목욕하는 것은 힌두교도들 사이의 종교적 관습이다.
day-care	미취학 아동 보육(의) a day-care center 보육소, 탁아소
depopulate	인구가 줄다, 주민을 없애다 depopulation 인구감소
deportation	국외 추방 a deportation order 퇴거 명령
destitution	결핍, 빈곤, 궁핍
deviate	빗나가다, 벗어나다 deviate from social norm 사회적 기준에서 벗어나다

discern	식별하다 We could discern from his appearance that he was upset. 우리는 그가 당황했다는 것을 그의 겉모습에서 알 수 있었다.
discredit	의심하다, 불신 cast discredit on a theory 이론에 대한 불신을 버리다
discriminate against	차별하다 discriminate against a minority group 소수민족을 차별하다
discrimination	차별 racial discrimination 인종차별
dislocate	혼란시키다, ~을 뒤죽박죽으로 만들다 dislocate the operations of a factory 공장의 운영을 뒤죽박죽으로 만들다
dismay	당황케 하다, 놀라게 하다
dispense	분배하다, 면제하다 The linotype dispensed with hand setting of type. 라이노타이프 덕택에 손으로 활자를 맞추지 않게 되었다.
displace	바꾸어 놓다, ~에 대신 들어서다 (substitute, replace) Oil has dis-placed [replaced] coal. 석유가 석탄을 대체했다.
distribution	분포 population distribution 인구분포
divorce	이혼하다 The couple asked to be divorced. 그 부부는 이혼했다.
donate	기부하다 donate $ 10,000 to a charity 자선단체에 1만 달러를 기부하다
donor	기증자 a kidney donor 신장기증자
egalitarianism	평등주의

elderly	연배의 the elderly 노인
endogamy	동족 결혼
estate	토지, 사유지, 재산, 부동산
exasperate	성나게 하다, 격분시키다 be exasperated at [by] a person's behavior ~의 행동에 성나다
exile	국외추방, 망명(하다) He has been an exile from his native for many years. 그는 수년간 모국으로부터 망명 중이다.
exogamy	이족 결혼
exotic	외국산의, 이국적인
expansion	확대, 확장 a rapid expansion of population 인구의 급격한 증가
expulsion	제명, 추방 an expulsion order 국외 추방명령
extended family	대가족 nuclear family 핵가족
fad	일시적 유행
fake	위조, 모조품 (counterfeit, imitation)
falsify	위조하다, 속이다
feminist	여권운동가
fertility rate	출생률
fervor	열정 religious fervor 종교적 열정

folly	어리석은 행동 the folly of speaking without notes 메모를 준비하지 않고 강연하는 어리석은 행동
formidable	만만치 않은, 얕잡을 수 없는 a formidable barrier between peoples 민족 간의 만만치 않은 장벽
frenzy	열광
gender	성, 성별 the feminine gender 여성
generation gap	세대차이
haphazard	우연한, 아무렇게나 하는
harass	괴롭히다, 귀찮게 굴다
harassment	괴롭힘 sexual harassment 성희롱
haven	피난처, 안식처 (shelter)
heed	주의
heterosexuality	이성애
highbrow	지식인
hinge	관점, 요점, ~여하에 달려 있다, ~에 따라 정해지다 Everything hinges on what we do next. 모든 것은 우리가 다음에 무엇을 할 것인지에 달려 있다.
homosexuality	동성애
household	세대, 온 집안 식구
huddle	뒤죽박죽 주워 모으다, 되는대로 쑤셔 넣다

impetus	힘, 기동력, 운동량
impoverish	가난하게 하다
incorporate	합병하다, 편입하다, 짜 넣다 incorporate changes into the plan 변화를 계획에 추가하다
in-depth	면밀한, 상세한 an in-depth analysis of an American city 미국 도시의 면밀한 분석
industrialized	공업화하다 industrialized nations 공업국
influx	유입 the influx of immigrants 이민자들의 유입
inhabitant	주민 (resident, dweller, citizen)
inherent	본래의, 고유의, 타고난 (innate, inborn, natural) inherent rights 생득권
instigate	선동하다 instigate the students to resort to violence 학생들을 선동하여 폭력에 호소하다
insurgent	폭동의
intensify	세게 하다, 증대하다 The incident intensified his feeling of inferiority. 그 사고로 그의 열등감은 더 강해졌다.
invidious	불쾌한 (insulting), 모욕적인 (offensive)
irritate	초조하게 하다 irritability 성미가 급함 irritation 안달, 초조
jostle	(난폭하게) 밀다, 밀치다 jostle a person away ~를 밀어제치다

junk	쓰레기, 잡동사니
latent	잠재적인 (potential)
leave	허가, 휴가 sick leave 병가
locomotive	기관차
lottery	복권 뽑기, 추첨 a lottery ticket 복권
materialism	물질주의 materialist 물질주의자
metropolitan	대도시의
mill	공장 (factory, plant)
mingle	섞다, 혼합하다
mockery	조롱, 웃음거리 (scorn, ridicule, taunt, jeer)
molestation	방해, 괴롭힘
monogamy	일부일처제
mores	관습, 도덕규범
mortality rate	사망률 (mortality, death rate)
national pension system	국민연금제도 pension 연금
norm	규범, 기준 (standard)
nuclear family	핵가족

nuisance	성가심, 성가신 것, 불법방해 a public nuisance 공적인 불법방해
objectify	객관화하다
obstruction	장애 (obstacle, hindrance, bar, block, barrier), 방해
old age pension	노령연금 Inflation has eroded an old age pension. 인플레이션은 노령연금을 점점 사라지게 했다.
onlooker	방관자
orphan	고아
outfit	의상 한 벌, 의장 a complete cowboy outfit 완전한 카우보이 복장
overall	전체의 an overall abolition 전면적 폐지
overwhelm	압도하다
palpable	명백한
parlor	가게 a beauty parlor 미용실
paternity	부성, 부계
patriarchy	부권제 ⇔ matriarchy 모권제
paucity	소수, 소량, 부족 a paucity of information 정보 부족
pedestrian	보행자 Right of Way for Pedestrians 보행자 우선
pernicious	유해한 an ideology pernicious to society 사회에 유해한 사상

polygamy	일부다처
populate	거주하다, 살다 a densely populated area 인구밀집 지역
population density	인구밀도
population explosion	급격한 인구증가, 인구폭발 (population boom)
precarious	불안정한 (unstable, unsteady, unsettled)
prejudice	성향, 편견, 편견을 갖게 하다
premarital	결혼 전의
proprletor	(상점, 호텔, 토지 등의) 소유자
pry	엿보다, 파고들다 pry open 비집어 열다
publicity	널리 알려짐, 명성 gain publicity 유명해지다
publicize	공표하다, 선언하다
pungent	자극적인 (sharp, strong) a pungent smell of gas 가스의 자극적인 냄새
questionnaire	앙케이트, 질문서에 의한 조사
queue	줄을 짓다, 줄지어 차례를 기다리다
ration	식량, 배급식량 (provision, food)
realm	영역, 범위 the realm of socially acceptable behavior 사회적으로 용인할 수 있는 행동의 영역

reception	환영, 연회 a wedding reception 결혼 피로연
recipient	수령자, 수취인 a heart transplant recipient 심장이식을 받은 사람
relinquish	양도하다, 포기하다
remonstrate	항의하다 (protest) Many consumer groups remonstrated with the government against high prices. 많은 소비자 단체는 높은 가격에 대해 정부에 항의했다.
repress	억제하다 (control) repressive 제지하는, 억압적인
residue	잔여, 나머지 (remainder)
revert	되돌아가다 revertible 복귀되어야 할
righteousness	정의
riot	폭동, 소요, 소동 (disturbance, uprising) Riots broke out in Los Angeles. 로스앤젤레스에서 폭동이 일어났다.
ruthless	무자비한 (cruel, merciless), 냉혹한
salient	현저한, 두드러진 (prominent)
sanity	제정신, 정신이 온전함 sane 제정신의
satiation	만족 satiate 만족시키다
scheme	계획, 책략
scrutinize	면밀히 조사하다 (examine)

seclusion	격리 (isolation)
segregation	인종차별 ⇔ desegregation 인종차별 폐지
sexism	성차별 (sex discrimination)
shrewd	빈틈없는 He is shrewd in business. 그는 사업에 빈틈이 없다.
single-parent	편부모가정
snobbery	속물 근성 snob 속물
sociable	사교적인, 붙임성 있는
socialism	사회주의 socialist party 사회주의 정당
sparse	(인구가) 희박한 ⇔ dense 밀집된 a sparse population 희박한
spouse	배우자 apply for a spouse visa 배우자의 사증을 신청하다
stepmother	계모 stepfather 계부
strand	좌초시키다, 오도가도 못 하게 하다 be stranded at the airport 공항에서 좌초되다
subculture	하위문화, (히피 등의) 신문화
suicide	자살
sustenance	음식, 양식, 생계수단
tamper	함부로 고치다, (부당하게) 변경하다 The document has been tampered with. 그 서류는 함부로 변경되었다.

thaw	해동하다, 녹다 thaw frozen food 냉동식품을 해동하다
the disabled	장애자
thrifty	아끼는, 검소한
thrust	밀다, 추진력
tourism	관광산업
transmit	보내다, 전하다, 유전시키다 (pass on)
travail	산고, 고통 (pains, trouble, hardship)
trifle	하찮은 것, 사소한 일 This matter should not be trifled with. 이 문제가 경시되어서는 안 된다.
upward mobility	경제적 (사회적) 상태의 상승
utilize	이용하다
vigilance	조심 (watch, caution, precaution)
vogue	유행 come into vogue 유행시키다
WASP	앵글로색슨계 백인 신교도 (White Anglo–Saxon Protestant)
widow	미망인
widower	홀아비
Women's Lib	여성해방운동 (Women's Liberation)
workforce	노동력 (labor force)

10 Day

법률, 법학

미국에서 범죄(crime)는 크게 중범죄(felony)와 경범죄(misdemeanor)로 나눌 수 있습니다. 살인(homicide), 강도(burglary) 등이 중범죄에 속하고, 경미한 절도(theft), 도로 무단횡단(jaywalking) 등이 경범죄에 해당하죠.

자세한 소송(lawsuit) 절차는 주마다 다르지만 형사소송 경우에는 배심원(jury) 제도에 의한 공판(trial)이 일반적이에요. 미국의 평범한 시민들이 법원(court)의 무작위 추출에 의해 소환을 받고서 배심원(jury) 역할을 하죠. 용의자(suspect)가 체포(arrest)되면 검사(prosecutor)가 피고인(defendant)을 고소(accuse)합니다. 아주 심각한 중범죄가 아니라면 피고는 일반적으로 보석금(bail)을 내고 자유로운 상태에서 재판을 받을 수 있습니다.

본격적인 재판의 시작은 배심원(jury) 선정부터입니다. 배심원 선정 후, 원고(plaintiff) 측인 검사(prosecutor)와 피고(defendant) 측의 변호사(attorney)가 서로의 주장을 담은 증거(evidence)를 법정에 제출하고 자신의 주장을 뒷받침할 증인(witness)의 증언(testimony)을 포함한 여러 증거를 토대로 치열한 공방을 펼칩니다. 이 절차를 변론(oral proceedings 또는 pleadings)이라고 합니다.

그리고 검사(prosecutor)와 피고(dependant) 측 변호사(attorney)가 유죄(guilty) 인정을 조건으로 형량을 협상하는 유죄답변 거래(plea bargain)가 있다는 것도 기억해두세요.

abide
[əbáid]

ⓥ (약속, 법률 등을) 지키다, 준수하다

syn. **stay faithful to, obey (a decision, rule, etc.)**

to put up with something

She did not **abide** by her promise.
그녀는 자신의 약속을 지키지 않았다.

abide by the rule 규칙을 지키다

---

accuse
[əkjú:z]

accusation ⓝ

ⓥ ~을 고발(고소)하다, ~을 비난하다

to level a charge against; to blame for, to make a claim of wrongdoing or misbehavior against law

He was **accused** of theft.
그는 절도죄로 고소당했다.

---

arrest
[ərést]

ⓥ 체포하다, (주의를) 끌다

to take into custody as of suspected criminals by the police

---

arson
[á:rsn]

ⓝ 방화(죄), 방화

the crime of deliberately setting fire to a building or vehicle

arsonist 방화범

---

attorney
[ətə́:rni]

ⓝ 변호사, 법정대리인

syn. **lawyer**

a professional person authorized to practice law

---

confiscate
[kánfəskèit]

confiscation ⓝ

ⓥ 압수하다, 몰수하다

syn. **appropriate**

to be taken without permission or consent especially by public authority

---

- **convict** [kənvíkt]
  conviction (n)

  (v) 유죄를 선고하다, 죄를 깨닫게 하다
  find or declare guilty
  There was insufficient evidence to **convict** him.
  그에게 유죄 선고를 내리기에는 증거가 불충분했다.
  a **convicted** prisoner 기결수

- **court** [kɔːrt]

  (n) 법원, 법정
  a place where legal matters are decided by a judge and jury or by a magistrate
  go to **court** 재판을 걸다 hold **court** 재판을 열다
  clear the **court** 방청인들은 퇴정시키다

- **defendant** [diféndənt]

  (n) 피고, 피고 측
  ant. **plaintiff**
  a person who has been accused of breaking the law and is being tried in court

- **detain** [ditéin]
  detention (n)

  (v) 유치하다, 구류하다
  to deprive of freedom or liberty; to take into confinement
  detainee (정치적 이유에 의하여 공적 재판을 받지 않은) 억류자, 정치범

- **evidence** [évədəns]

  (v) 증거, 흔적
  anything that you see, experience, read, or are told that causes you to believe that something is true or has really happened

- **fraud** [frɔːd]

  (n) 사기, 사기꾼
  the crime of gaining money or financial benefits by a trick or by lying
  practice **fraud** 사기를 치다 **fraud** squad 사기 전담반
  fraudulent 사기 치는, 속이는, 부정한

■ **guilty**
[gílti]

ⓐ ~의 죄를 범한, 유죄의

responsible for or chargeable with a reprehensible act

They were found **guilty** of murder.
그들은 살인의 죄를 범한 것으로 밝혀졌다.

■ **homicide**
[háməsàid]

ⓝ [법률 용어] 살인(죄), 살인자

unlawful premeditated killing of a human being

homicidal 살인의, 살인을 범하는 경향이 있는

■ **imprisonment**
[impríznmənt]

imprison ⓥ

ⓝ 투옥, 구금, 금고

the act of confining someone in a prison

■ **infringement**
[infríndʒmənt]

infringe ⓥ

ⓝ 위반, 위배

a crime less serious than a felony

The illegal use of text content is a form of copyright **infringement**.
문자 내용의 불법 사용은 저작권 위반의 한 형태이다

■ **investigate**
[invéstəgèit]

investigation ⓝ
investigative ⓐ

ⓥ 조사하다, 연구하다, 심사하다

syn. **enquire, inquire, look into**

to try to find out what happened or what is the truth

investigator 조사관, 연구자, 수사관

■ **jury**
[dʒúəri]

ⓝ 배심원단, 심사위원회

Serving on a jury is normally compulsory for those individuals who are qualified for **jury** service.
배심원단으로 일하는 것은 배심원 자격이 있는 개인들에게 있어 보통 강제적이다.

■ **lawsuit**
[lɔ́:sù:t]

ⓝ 소송, 고소

syn. **suit**

a case in a court of law which concerns a dispute between two people or organizations

■ **perpetrator**
[pə́:rpətrèitər]

perpetrate ⓥ
perpetration ⓝ

ⓝ 죄인, 가해자, 범인

someone who perpetrates wrongdoing

Condemn the offense and not its **perpetrator**.
죄는 미워하되 죄인을 미워해선 안 된다.

■ **plaintiff**
[pléintif]

ⓝ 원고, 고소인

a person who brings an action in a court of law

Case names are usually given with the **plaintiff** first, as in Plaintiff vs. Defendant.
판례의 명칭은 '원고 대 피고'의 형식으로 보통 원고가 앞에 온다.

■ **plead**
[pli:d]

ⓥ 주장하다, 탄원하다, 항변하다

to enter a plea as in courts of law; to appeal or request earnestly

plead not guilty 무죄를 주장하다 **plead** guilty 유죄를 인정하다 **plead** for mercy 자비를 간청하다 **plea** 탄원

■ **probation**
[proubéiʃən]

ⓝ 집행유예, 시험

a way of dealing with offenders without imprisoning them

probationer 집행유예 중인 죄인

■ **prohibit**
[prouhíbit]

prohibition ⓝ

ⓥ 금지하다, 방해하다

syn. **disallow, forbid**

to command against

The law **prohibits** child labor.
법적으로 아동의 노동은 금지되어 있다.

■ **prosecutor**
[prásikjù:tər]

ⓝ 검사, 검찰관

a lawyer or official who brings charges against someone or tries to prove in a trial that they are guilty

prosecution 기소, 고발 a malicious **prosecution** 무고 (誣告 사실이 아닌 일을 거짓으로 꾸며 고소 또는 고발하는 일)
extinctive prescription of **prosecution** 형의 소멸

■ **sentence**
[séntəns]

ⓝ 판결, 선고

pronounce a **sentence** 판결을 내리다
reduce(remit) a **sentence** 형벌을 감하다
a light **sentence** 가벼운 형 a life **sentence** 종신형
a death **sentence** 사형

■ **suspect**
[səspékt]

ⓝ 용의자 ⓥ 의심을 품다

a person who the police or authorities think may be guilty of a crime

The **suspect** is still at large.
용의자는 아직 체포되지 않았다.

■ **testimony**
[téstəmòuni]

ⓝ 증언, 증명

call a person in **testimony** ~을 증인으로 세우다
testify 증언하다

■ **trial**
[tráiəl]

ⓝ 공판, 심리

a formal meeting in a law court, at which a judge and jury listen to evidence and decide whether a person is guilty of a crime

---

■ **violation**
[vàiəléiʃən]

violate ⓥ

ⓝ 위반 행위, 침해

a traffic **violation** 교통 위반
violation(infringement) of one's rights 권리 침해
a border **violation** 국경 침범

Words you should know about Law

abide	감수하다, 치르다 abide by the rule 규칙을 지키다
acquit	무죄를 선고하다, 석방하다
allege	증언하다, 진술하다 allegedly 주장한 바에 의하면, 전해진 바에 의하면
apprehend	체포하다
armed	무장한 an armed robbery 무장 강도
arrest	체포하다 The policeman arrested the man for drunken driving. 경찰관은 그 남자를 음주운전으로 체포했다.
arrest warrant	체포영장
arson	방화 (죄)
attorney	법정대리인, 변호사 (lawyer)
bail	보석 (금) He was out on bail. 그는 보석으로 출옥되었다.
bribery	뇌물 행위 bribe 뇌물, 매수하다
capital punishment	사형
charge	고발하다, 고소하다 He was charged with assault and battery. 그는 폭행 구타로 고소되었다.
civil lawsuit	민사소송
clemency	온정적인 조치 clement 관용적인, 관대한

code	법전 the civil code 민법 the criminal code 형법
confess	자백하다 (break, own up)
confiscate	몰수하다
convict	유죄를 선고하다 convict the accused of murder 피고에게 살인죄로 유죄를 선고하다
conviction	유죄판결 a conviction for murder 살인죄로 유죄 판결
court	법정, 법원
crime	범죄 (crime, offense는 법률상의 죄이고 sin, vice는 도덕, 종교상의 죄이다) commit a crime 죄를 짓다
cross-examine	(증인에게) 반대심문하다
culprit	범인 (criminal), 범죄용의자 (suspect), 형사피고인 (defendant, accused)
death penalty	사형 (capital punishment) abolish the death penalty 사형을 폐지하다
defendant	피고
defense attorney	피고 측 변호사
delinquent	비행을 저지른 a delinquent boy 비행소년
deposition	선서증언
detain	유치하다, 구류하다 Three suspects were detained at the police station. 용의자 세 사람이 경찰서에 유치되었다.
enforce	집행하다 enforce the law 법을 집행하다

exonerate	무고함을 밝히다, 면제하다 He was exonerated from reason-ability for the accident. 그는 그 사고의 책임을 면제받았다.
extort	무리하게 강요하다 extort a confession from a person ~에게 자백을 강요하다
eyewitness	목격자 witness 현장 증인
file a suit	소송을 제기하다 file a suit for divorce against a person ~에게 이혼소송을 제기하다
fine	벌금, 벌금을 과하다 fine a person 30 dollars for speeding [fain] ~에게 속도위반으로 30달러의 벌금을 부과하다
fraud	사기
frown	눈살을 찌푸리다, 난색을 표하다 frown upon gambling 도박에 눈살을 찌푸리다
gallery	방청석 the press gallery 신문기자석
homicide	(법률용어) 살인 (죄)
identification	신원확인
imprisonment	금고형, 투옥
infringement	위반, 위배
inmate	입소자 (prisoner, convict)
intellectual property right	지적재산권
interrogatory	질문(의), 심문(의)

intimidate	협박하다
jury	배심원 (panel)
jury verdict	배심원 평결
juvenile	소년 (소녀)의 juvenile delinquency 청소년 비행 juvenile offender 미성년 범죄자
kidnap	유괴하다
lawsuit	소송, 고소 (suit)
lawyer	변호사 (attorney)
libel	명예훼손 (defamation)
life imprisonment	종신형 He was under life imprisonment. 그는 종신형에 처해졌다.
litigation	소송, 기소
looting	약탈
mandatory arbitration	강제적 조정 refer a wage dispute to mandatory arbitrations 임금문제를 강제적으로 조정하다
mediator	중개인 mediation 중재, 조정
misappropriation	남용, 부정유용
murder	살인
narcotic	마약중독자
oath	(법정에서의) 선서

offender	범죄자
penal code	형법
penalize	벌하다
perjury	위증 (죄)
perpetrator	가해자
piracy	저작권 침해
plaintiff	원고, 고소인
plead	주장하다, 변호하다
previous conviction	전과 ex-con 전과자
probation	집행유예
production of document	문서의 제출
prosecution	기소, 고발
prostitution	매춘 prostitute 매춘부
rape	강간 statutory rape 미성년자에 대한 강간
reformatory	소년원
retaliation	보복 (revenge, requital)
robbery	강도

sanction	허용, 제재, 처벌
search warrant	수색영장
sentence	판결, 선고 The sentence was a fine of $ 80. 판결은 80달러의 벌금이었다.
settle	해결하다, 결정하다 settle the claim with insurance company 보험회사와 보상 문제를 해결하다
smuggle	밀수하다
supreme court	최고법원
suspect	용의자 The suspect is still at large. 용의자는 아직 체포되지 않았다.
suspend	일시정지 시키다 suspend a license 면허를 일시정지 시키다
swindler	사기꾼
testify	증언하다
testimony	증언
theft	절도
tolerate	허용하다, 관대하게 다루다, 참다 (endure, bear, stand, swallow, put up with)
trial	공판, 심리 (case, justice)
verify	증명하다, 입증하다
violation	위반행위, 침해

11 Day

미디어(저널리즘)

인터넷의 영향으로 집에서 신문을 정기구독(subscribe)하는 가구 수가 많이 줄었다고 해요. 미국은 그에 비하면 아직도 신문 구독률(subscription rate)이 높은 편이에요. 그래서 아이들이 학교 가기 전에 자전거를 타고 동네에서 신문배달하는 아르바이트를 많이 한답니다. 신문배달원(paperboy)들이 배달하는 신문들은 우리가 흔히 들어본 New York Times나 Washington Post 등이 아니라 보도범위(coverage)가 좁은 지역신문(local newspaper)이 많아요.

예를 들어, 미국 캘리포니아 주의 주도인 새크라멘토(Sacramento)의 지역신문은 The Sacramento Bee예요. 물론 주요 국내외 뉴스도 다루긴 하지만 지역신문인 만큼 아무래도 그 지역에 관련된 기사(article)들과 지역 날씨예보(weather forecast) 등을 심층적으로 다루고, 지역 관련 광고(advertisement)도 상당한 지면을 차지해요.

New York Times나 Washington Post와 같이 그 배급(circulation) 범위가 넓은 신문들은 주로 신문가판대(newsstand)에서 판매해요. New York Times는 학술적으로 가장 권위 있는 일간지이고, Washington Post는 정치 관련 전문지이죠. 주요 일간지인 만큼 유명한 논평가(commentator)들의 특별칼럼(syndicated column)도 접할 수 있답니다.

■ advertise [ǽdvərtàiz]

ⓥ 광고하다, 선전하다

to make publicity for; to try to sell

advertisement ⓝ

The software company **advertised** their new operating system.
그 소프트웨어 회사는 자신들의 새 운영체제를 광고했다.

advertiser 광고주

■ article [á:rtikl]

ⓝ 기사, 논설

a piece of writing that is published in a newspaper or magazine

a newspaper **article** 신문 기사

■ circulation [sə̀:rkjəléiʃən]

ⓝ 발행부수, 배포

the dissemination of copies of periodicals (as newspapers or magazines)

out of **circulation** 유통되고 있지 않은

■ commentator [kámәntèitər]

ⓝ 해설자, 논평가

a broadcaster who gives a radio or television commentary on an event

■ correspondent [kɔ̀:rəspándəntt]

ⓝ 통신원, 통신기자

a newspaper or television journalist, especially one who specializes in a particular type of news

a special **correspondent** 특파원
a foreign **correspondent** 해외 통신원
a war **correspondent** 종군기자

■ coverage [kʌ́vəridʒ]

ⓝ 보도(범위), 취재(범위), 방송(범위)

the news as presented by reporters for newspapers or radio or television

exclusive **coverage** 독점 취재

■ **forecast** [fɔ́:rkæ̀st]

ⓥ 예상하다, 예보하다 ⓝ 예상

syn. **foretell, predict**

v. to predict in advance ***n.*** a statement of what is expected to happen in the future, especially in relation to a particular event or situation

weather **forecast** 날씨 예보

■ **jargon** [dʒɑ́:rgən]

ⓝ 전문용어, 은어, 특수용어

specialized technical terminology characteristic of a particular subject

official **jargon** 관청 용어

■ **multimedia** [mʌ̀ltimí:diə]

ⓝ 멀티미디어, 다중 매체

transmission that combines media of communication (text and graphics and sound etc.)

■ **newsstand** [njú:zstæ̀nd]

ⓝ 가판대 ⓐ 가판대의

a stall where newspapers and other periodicals are sold

newsstand edition (가판대에서 파는) 신문

■ **publicity** [pʌblísəti]

ⓝ 홍보, 광고, 공표

information or actions that are intended to attract the public's attention to someone or something

publicity agent 홍보 담당자, 광고 대리업자

■ **publish** [pʌbliʃ]

ⓥ 출판하다, 발표하다, 발행하다

to prepare and issue for public distribution or sale, to put into print

publisher 출판업자 publishing 출판, 출판업
publishable 출판할 수 있는

- **quote** [kwout]

  quotation ⓝ

  ⓥ 인용하다, 예를 들다

  to repeat the exact words from a book, poem, or play, which is repeated by someone else

  The foreign correspondent **quoted** an insider.
  그 외신 특파원은 소식통을 인용했다.

  quotation mark 따옴표

- **ratings** [réitiŋz]

  ⓝ 시청률, 순위

  According to a research, the prime-time TV **ratings** go up 11% when daylight saving time ends.
  한 조사에 따르면, 서머타임이 끝나면 황금 시청 시간대의 텔레비전 시청률이 11% 상승한다.

- **reporting** [ripɔ:rtiŋ]

  report ⓥ

  ⓝ 보도

  the presenting of news in newspapers, on radio, and on television

  biased **reporting**, unfair **reporting** 편파적 보도
  unbiased **reporting**, objective **reporting** 공정한 보도

- **sensationalism** [senséiʃənəlìzm]

  ⓝ 선정적 장면, 선정주의

  Public television stations do not broadcast violence and **sensationalism**.
  공영 방송국들은 폭력적이고 선정적인 장면을 방송하지 않는다.

- **spokesperson** [spóukspə̀:rsn]

  ⓝ 대변인, 대표자

  a person who speaks as the representative of a group or organization

- **staple** [stéipl]

  ⓝ 필수 요소, 주성분 ⓐ 주된, 주요한

  By 1915 comic strips became a **staple** of daily newspapers.
  1915년까지 만화는 일간신문의 필수적인 요소가 되었다.

■ **subscription** ⓝ 구독, 기부(금)

[səbskrípʃən]

subscribe ⓥ

an agreement to take consecutive issues of a newspaper or magazine for a given period of time

I renewed my **subscription** to the New Yorker.
나는'뉴욕커'의 구독을 연장하였다.

send **subscription** 구독 신청하다 **subscription** fee 구독료

■ **syndicate** ⓝ 신디케이트, 신문이나 잡지의 기사 배급 기업
ⓥ (신문이나 잡지에 기사를) 배급하다

[síndikət]

n. a news agency that sells features or articles or photographs etc. to newspapers for simultaneous publication ***v.*** to sell articles, television programs, or photos to several publications or independent broadcasting stations

This comic strip is **syndicated** in over 30 papers.
이 연재만화는 30개가 넘는 신문에 배급된다.

Words you should know about Journalism

agent	원인, 수단 The agent of trouble was his style. 문제의 원인은 그의 문체에 있었다.
article	기사
avid	욕심 많은, 열심인 Americans are avid readers of periodicals. 미국인들은 잡지나 신문을 열성으로 읽는다.
baffle	당황하게 하다, 난처하게 하다 (perplex)
broadcasting	방송 a broadcasting station 방송국
charismatic	카리스마적인 charisma 카리스마
circulation	발행, 배포, 부수
comic strip	만화 The modern comic strip started out as ammunition in a newspaper war. 근대만화는 신문전쟁의 탄약으로 출발했다.
conservative	보수적인, 보수주의의 a conservative attitude toward marriage 결혼에 대해 보수적인 태도
correspondent	통신기자, 통신원
coverage	취재(범위), 보도(범위), 방송(범위) This press gave her adequate coverage. 그녀는 이 신문의 보도 범위에 만족했다.
deadline	최종기한, 원고마감 시간 meet a deadline for submitting a paper 마감에 맞추어 보고서를 제출하다
deem	~라고 생각하다 The extinction of the alligators was deemed almost inevitable. 야생 악어의 멸종은 거의 피할 수 없는 것으로 여겨졌다.

digest	요약(하다) This book contains a digest of several articles on psychology. 이 책에는 심리학에 관한 논문 몇 편이 요약되어 있다.
disseminate	퍼뜨리다 disseminate information 정보를 퍼뜨리다
emerge	출현하다 The true fact began to emerge. 진실이 드러나기 시작했다.
foreshadow	예시하다 His advertising already foreshadowed that of the 20th century. 그의 광고는 20세기의 광고를 예견한 것이었다.
gazette	신문, 관보
handwriting	자필, 필적
illiterate	글자를 모르는, 읽기, 쓰기를 못하는
incorporate	통합시키다 The book incorporates his earlier essays. 그 책에는 그의 초기의 논문이 수록되어 있다.
jargon	은어, 특수용어, 전문어 (terminology)
liberal	진보적인, 자유주의의 (generous)
literacy	읽고 쓸 수 있는 능력 ⇔ illiteracy 문맹 the literacy rate 식자율
press conference	기자회견 the press corps 기자단
prototype	원형, 모범
restrict	규제하다 restrictive 제한적인 restrict freedom of speech 언론의 자유를 제한하다
sensational	선풍적인 인기의, 선정적인

speech balloon	말풍선 (만화에서 인물의 대사를 표시하는 풍선꼴 모양의 윤곽)
staple	주요소
supplement	부족, 보충
syndicate	신문이나 잡지의 기사배급기업
tabloid	타블로이드판 신문
tactics	전술, 전법 (strategy) strong-arm tactics 실력행사
televise	방영하다
the penny press	저렴한 대중신문

12 Day

컴퓨터(정보기술, 공학)

스티븐 스필버그감독의 〈A.I.〉를 기억하시나요? 최신 인공지능(artificial intelligence)을 가진 소년 로봇 데이비드의 이야기였는데요, 먼 미래의 이야기만은 아닌 듯해요. 혼다모터가 선보이고 있는 아시모(ASIMO)라는 로봇을 보면 데이비드를 떠올리기에 충분하지요.

또한 생활기기들이 컴퓨터화되는(computerized) 속도도 놀랄만해요. 각종 전자제품에는 제어명령(control instruction)이 인코드(encode)된 마이크로프로세서가 내장(embedded)되어 있어요. 이들은 와이파이(Wifi)나 블루투스(Bluetooth) 등 서로 다른 주파수(frequency) 대역폭(bandwidth)을 이용하여 제어되죠. 각각의 기기들은 그들만의 독특한 방식으로 암호화(encryption) 되었어요. 이러한 컴퓨터화된 기기 덕분에 우리는 공부방에 앉아서 거실의 에어컨을 가동시킬 수 있대요. 하지만, 제가 지금 작업하고 있는 컴퓨터는 새로 등장한 주변기기(peripheral)와 종종 호환(compatibility)이 되지 않는 시대에 뒤떨어진 컴퓨터이지요. 얼마 전엔 새로운 프로그램을 설치(installation)하려다 고장(breakdown)이 났고 부팅(booting)마저 실패하고 말았어요. 컴퓨터의 발달에 발맞춰 나가고 있지 못한 저는 과연 언제쯤 데이비드처럼 발달된 인공지능(A.I.)을 사용하게 될 날이 올까요?

■ **bandwidth**
[bǽndwìdθ]

ⓝ 대역폭(1초에 전송할 수 있는 정보의 양), 띠 너비

a data transmission rate; the maximum amount of informations (bits / second) that can be transmitted along a channel

Bandwidth is the range of frequencies used for radio transmission, or computer network.
대역폭은 라디오 전송 또는 컴퓨터 네트워크에서 사용되는 주파수의 범위이다.

■ **booting**
[bú:tiŋ]

ⓝ 부팅, 컴퓨터의 시동

the process of starting or restarting a computer

■ **encode**
[enkóud]

ⓥ 인코드하다, (보통 문장을) 암호로 쓰다, 기호화하다

to convert (a message) into code

cf. decode (암호문을) 해독하다

■ **resolution**
[rèzəlú:ʃən]

ⓝ 해상도, 선명도, 결의, 결정

a measure of the sharpness of an image; the act of determining

■ **retrieve**
[ritrí:v]

ⓥ (정보를) 검색하다, 되찾다

syn. **get back, recover, redeem, recoup**

to get and bring back

By using Microsoft Query to **retrieve** data, you can analyze it right in an Excel worksheet.
Microsoft Query를 이용해 자료를 검색하면, 바로 액셀 워크시트에서 그 자료를 분석할 수 있다.

■ **undo**
[ʌndú:]

ⓥ 원 상태로 돌리다 (방금 내린 명령을 취소하고 그 명령을 내리기 전의 상태로 되돌리다), (매듭 등)을 풀다

to make of no effect or as if not done

undoable 실행할 수 없는 undoer 취소하는 사람

■ computerize ⓥ 전산화하다, 컴퓨터화되다

[kəmpjú:təràiz] to arrange a system, process, or a type of work to be done by computer

computerization ⓝ

■ breakdown ⓝ 고장, 파손

[bréikdàun]

syn. **collapse**

failure to function

the **breakdown** of machine 기계의 고장
a nervous **breakdown** 신경 쇠약

■ charge ⓥ 충전하다, (지불) 부담시키다 ⓝ 금액, 요구

[tʃɑ:rdʒ]

v. to give an electric charge to demand payment
n. the price demanded for something

free of **charge** 무료로

■ install ⓥ 설치하다, 취임시키다

[instɔ́:l] to set up for use or service

installment ⓝ

have a telephone **installed** 전화를 설치하다

■ load ⓝ 하중(부하), 짐 ⓥ 짐을 싣다

[loud]

n. the amount of authorized work to be performed by a machine a group, a department, or a factory ***v.*** to fill or place a load on

Adding clients will increase the potential **load** the test can generate.
클라이언트를 추가하면 테스트로 인해 발생하는 잠재 하중이 증가합니다.

dead **load** 고정하중, 자체 중량

■ malfunction ⓝ 고장, 기능 불량

[mæ̀lfʌ́ŋkʃən] failure to operate normally

■ **patent** [pǽtənt]

ⓝ 특허권, 특허 ⓥ 특허를 얻다

n. a document granting an inventor sole rights to an invention ***v.*** to obtain a patent for

file a **patent** for laser 레이저의 특허를 신청하다

■ **compatibility** [kəmpæ̀təbíləti]

compatible ⓐ

ⓝ 호환성, 양립성

ant. **incompatibility**

The **compatibility** of the computer programs has been reinforced over the years.

컴퓨터 프로그램들의 호환성이 해를 거듭하며 강화되어 왔다.

■ **configuration** [kənfìgjuréiʃən]

configure ⓥ

ⓝ 설정, 배열, 배치

the way a computer's operation system is set up

Be advised not to make too much changes in the **configuration** in order to keep the interoperability between devices.

장치들의 상호 운영성 유지를 위하여 설정을 지나치게 조작하지 않도록 주의하십시오.

■ **frequency** [frí:kwənsi]

ⓝ 빈도수, 진동수, 주파수

the number of complete oscillations per second of energy

frequency modulation 주파수 변조 high **frequency** 고주파 low **frequency** 저주파

■ **authorization** [ɔ:θərizéiʃən]

auhorize ⓥ

ⓝ 승인

You must have a digital certificate issued before you get an **authorization** of transaction.

거래 승인을 받기 전에 반드시 공인 인증서를 발급받아야 한다.

■ **compression** [kəmpréʃən]

compress ⓥ

ⓝ 압축, 압착

syn. **condensation**

a method for storing text, data, or images in fewer bits

■ **AI (artificial intelligence)**
[à:rtəfíʃəl-intélədʒəns]

ⓝ 인공지능

computer hardware and software packages that try to emulate human intelligence, using reasoning and learning to solve problems

Artificial intelligence executes basic human activities for people.
인공지능은 사람들을 위해 기본적인 인간 활동을 대신해 준다.

■ **distribute**
[distríbju:t]

distribution ⓝ

ⓥ 보급하다

to spread out widely

PCs are widely **distributed** in Korea.
한국은 PC 보급률이 높다.

distributor 분배자, 배포자, 유통업자

■ **peripheral**
[pərífərəl]

ⓝ 주변기기 ⓐ 지엽적인

any device connected to, any part of a computer

Peripheral provides high-tech solutions for complex automotive systems.
주변기기들은 복잡한 자동화 시스템에 첨단 기술적인 해결책을 제공한다.

periphery 주변, 교외

■ **embedded**
[imbéd]

embed ⓥ

ⓝ 내장형

inserted as an integral part of a surrounding whole

embedded function 내장 기능

■ **encryption**
[enkrípʃən]

encrypt ⓥ

ⓝ 암호화

Encryption can protect the confidentiality of messages.
암호화로 메시지의 기밀을 보호할 수 있다.

Words you should know about Computer & Information Technology

access	액세스 (회선이나 인터넷을 이용하여 다른 컴퓨터에 접속하는 것)
account	계정 (네트워크에 접속할 수 있게 해주는 것, ID와 비밀번호를 통칭하는 말)
algorithm	알고리즘 (문제를 해결하기 위해 정해진 일련의 절차)
applet	애플릿 (Java 언어로 구성된 작은 응용 프로그램)
artificial intelligence	인공지능 (AI)
ASP	응용 프로그램 서비스 제공자 (Application Service Provider의 약어)
authentication	인증
bandwidth	대역폭 (1초에 전송할 수 있는 정보의 양)
binary	2진법의 binary digits 2진 숫자 (0과 1의 두 가지)
bit	비트 (정보의 기본 단위)
boot	(컴퓨터를) 기억장치로 시동 걸다
browser	브라우저 (인터넷의 웹서버에 접근하기 위한 검색도구)
byte	바이트 (정보량을 나타내는 단위 1 byte = 8 bit)
cash memory	캐시 기억장치
CG	Computer graphics의 약어 (컴퓨터에 의한 도형처리)

CGI	Common Gateway Interface의 약어 (웹서버에서 외부 프로그램을 이용하기 위한 인터페이스)
cognitive science	인지과학
command	명령
configuration	(시스템의) 구성
cookie	쿠키 (웹서버가 이용자를 식별하기 위해 웹브라우저에 보내는 정보)
CPU	중앙처리장치 (Central Processing Unit)
cursor	커서 (문자를 수정하거나 입력시킬 위치를 표시할 때 사용하는 기호)
cybernetics	인공두뇌학
delete	삭제하다
directory	디렉터리 (외부 기억장치에 들어있는 파일 목록)
display	데이터를 시각적으로 화면에 출력하는 표시장치
domain name	도메인 이름
dragging	끌기 (마우스의 버튼을 누른 상태에서 마우스를 끌고 다니는 것)
drive	구동장치
encode	(보통 문장을) 암호로 쓰다, 기호화하다
FAQ	Frequently Asked Questions의 약어, 자주 물어오는 질문집

feed	입력하다 (input, enter) **feed the data into a computer** 컴퓨터에 데이터를 입력하다
file	파일, (한 단위로 다루어지는) 관련 기록
file compression	파일압축
firewall	침입차단 (시스템)
floppy disk	플로피 디스크
folder	폴더 (프로그램이나 파일을 저장하는 곳)
function key	기능키, 키보드 상단에 있는 F1, F2 같은 특수키
fuzzy logic	퍼지 이론, 애매모호한 논리
GIF	Graphic Interchange Format의 약어, 그래픽데이터의 보존형식의 하나
hacker	해커, 컴퓨터 침해자
hard disk	하드 디스크
hardware	하드웨어 (컴퓨터의 기계적, 전기적, 전자 회로적 특성에 관한 총칭)
heuristic	발견적인 (배우는 사람으로 하여금 스스로 발견하게 하는) **heuristic approach** 발견적 접근법
HTML	www서버의 도큐먼트를 기술하기 위한 언어
incompatible	호환성이 없는
infiltration	침입

information retrieval	정보검색
insert	삽입하다
interactive	대화식의, 쌍방향의
ISDN	종합정보통신망
Java	자바 (컴퓨터 프로그램언어 소프트웨어)
keyboard	자판 (건반)
log off	로그오프 (로그온의 반대말로 접근 가능한 상태를 종료하는 것)
log on	로그온 (컴퓨터의 리소스에 접근가능한 상태가 되는 것, log in과 같은 의미)
login	넷서버나 FTP서버에 접속하는 것
modem	모뎀 (전화나 통신 회선을 통하여 컴퓨터 상호의 정보 전송을 가능하게 하는 장치)
mouse	마우스
NIC	네트워크 정보센터 (Network Information Center의 약어)
offline	오프라인 (online의 상대적인 개념으로 네트워크에 연결되지 않은 상태)
online	온라인 (네트워크에 접속해 있는 상태)
operating system	운영체계

password	비밀번호
process	(정보, 데이터를) 처리하다
protocol	통신규약 (컴퓨터 시스템 사이의 정보 교환을 관리하는 규칙 또는 규약의 집합)
resolution	해상도, 선명도
retrieval	정보검색
retrieve	(정보를) 검색하다
save	저장하다 (컴퓨터에 입력한 문자나 그림을 보존하다)
server	서버 (네트워크 내에서 지정된 작업을 제공해주는 장치)
site	사이트 (인터넷에서 서버가 있는 장소를 가리키는 말)
slot	가늘고 긴 구멍
software	소프트웨어 (컴퓨터 시스템을 작동시키는 데 관련된 모든 프로그램, 절차, 관련서류 등의 집합)
software virus	컴퓨터 바이러스 (computer virus)
sophisticated	복잡한, 정교한
store	기억장치, 기억장치에 기억시키다
streaming	스트리밍 (인터넷상에서 음성이나 영상, 애니메이션 등을 실시간으로 재생하는 기법)
TCP, IP	컴퓨터의 인터넷 연결 시스템 (transmission control protocol, Internet protocol; 컴퓨터 간의 통신을 위해 미국 국방부에서 개발한 통신 프로토콜로 TCP와 IP를 조합한 것)

the assembly line	흐름 작업
the Internet	전 세계에 산재해 있는 무수한 수의 서버의 집합체
undo	원상태로 돌리다 (방금 내린 명령을 취소하고 그 명령을 내리기 전의 상태로 되돌리다)
unzip	압축파일을 열다
upgrade	업그레이드, 개선하다
URL	Uniform Resource Location의 약어 (인터넷에서 파일, 뉴스 그룹과 같은 각종 자원을 표시하기 위한 표준화된 논리 주소)
world wide web	월드 와이드 웹 (세계적인 규모의 거미집 또는 거미집 모양의 망이라는 뜻, 대개 인터넷과 같은 의미로 쓰인다.)

Words you should know about Engineering

absorber	흡수장치, 흡수재 (shock absorber)
absorption coefficient	흡수계수
air mass	기단
alternating current	교류 (AC)
ampere	암페어 (전류 세기의 실용단위)
antireflection	반사 방지

aviation	항공, 비행
battery	전지 a dry [storage] battery 건 [충]전지
blur	흐리게 하다 Static blurred the television screen. 전파장애로 TV 화면이 흐려졌다.
boron	붕소
breakdown	고장, 파손
cadmium	카드뮴
cell	전지
charging	충전
chlorofluorocarbon	염화불화탄소 (CFC)
cog	(톱니바퀴의) 이
combustion	연소, (유기체의) 산화 spontaneous combustion 자연발화
compact	조밀한, 소형의
conduction band	전도대 (傳導帶)
conversion	전환, 변환 a conversion table (도량형 등의) 환산표
dashboard	계기판
dendrite	수지상 결정
diffusion	확산

diode	다이오드, 2극 진공관
direct current	직류 (DC)
discharge	방전 (하다)
donor	도너 (반도체에 혼입하여 자유전자를 증가시키는 불순물)
dopant	도핑을 위해 반도체에 첨가하는 불순물
doping	도핑 (반도체에 불순물을 첨가하여 전기적 특성을 얻는 과정)
electric charge	전하
electric circuit	전기회로
electric current	전류
electrodeposition	전착
electrolyte	전해물 an electrolyte solution 전해질 용액
fiber	섬유 synthetic fiber 합성섬유
fuel cell	연료전지
gallium	갈륨
giga-	10억, 「무수」의 뜻
glaze	유약칠, 투명한 웃칠
grid	(전자관의) 그리드

hetero-	「타(他), 이(異)」의 뜻 heterogeneous strain 불균실한 변형
homo-	「동일(the same)한, 같은」의 뜻 homogeneous reaction 균일 반응
indium	인듐
insolation	일조, 일사
install	설치하다
insulation	절연체
interchangeable	호환성이 있는
intrinsic semiconductor	진성반도체
inverter	인버터, 변환장치
junction	접합
load	하중, 짐
malfunction	기능 불량
maneuver	조종하다
manipulation	조작 manipulative 조작의
mechanization	기계화
modulate	조절하다

module	측정기준
monolithic	단일체의 ⇔ hybrid 혼성의
nuclear energy	핵에너지
parallel connection	병렬연결
patent	특허(를 얻다)
photovoltaic cell	광전지
polycrystalline	다결정체의
radioactive waste	방사성 폐기물
rectifier	정류기
semiconductor	반도체
shaft	축, 기둥
silicon	실리콘
solar cell	태양전지
solar constant	태양정수
solar energy	태양에너지
specify	상술하다, 설계서에 기입하다 Tile roofing was specified. 지붕에 기와 얹기에 대해 자세히 설명되어 있다.
transmission lines	전송선

ultraviolet radiation	자외선방사
ultraviolet ray	자외선 infrared(ray) 적외선
ventilate	환기하다, 통기설비를 하다
voltage	전압
watt	와트, 전력의 단위

13 Day
지리, 지구과학

제가 잊지 못하는 자연 그대로의 경이로운 광경(natural wonders)이 몇 개 있어요. 그중에서 서반구(Western Hemisphere)에서 고도(altitude)가 가장 낮고 현재 사막화(desertification)가 진행되고 있는 데스밸리(Death Valley)와 넋을 잃고 바라볼 수밖에 없었던 그랜드캐니언(Grand Canyon)이 가장 인상에 남아요.

오랜 세월 동안 퇴적(deposition), 지각(crust)의 융기, 침식을 거쳐서 형성된 아름다운 줄무늬를 가진 그랜드 캐넌은 콜로라도(Colorado) 강 유역에 속하는 대협곡(great chasm)의 거대한 고원(plateau)이죠. 지질학자들은 콜로라도 강의 유역(basin)은 4000만 년 전에 형성되었다고 추정하고 있으며 그랜드캐니언의 나이는 1700만년으로 추정하고 있어요.

그렇지만 그랜드 캐넌의 형성과정에 대한 새로운 가설은 아직도 끊임없이 나오고 있어요. 그중 하나는 그랜드 캐넌이 콜로라도 강과 화산폭발(volcanic eruption)의 합작품이라는 주장과 또 다른 하나는 노아의 홍수가 만들어 냈다는 설이 있죠. 200년이 넘는 세월 동안 지질학자들이 밝혀내고자 고심하고 있는 그랜드캐니언은 과연 어떻게 형성된 것일까요?

■ **altitude**
[ǽltətjù:d]
altitudinal ⓐ

ⓝ 고도, 해발
syn. **height**
the vertical elevation of an object above a surface

■ **basin**
[béisn]

ⓝ (하천) 유역, 분지, 어항
an enclosed or partly enclosed water area

All of them had been wiped out in the Orinoco River **basin** of Venezuela and Colombia.
대부분이 베네수엘라와 콜롬비아의 오리노코 하천 유역에서 사라졌었습니다.

an ocean **basin** 대양저 the Mississippi **basin** 미시시피 강 유역

■ **chasm**
[kǽzm]

ⓝ 균열, 깊게 갈라진 넓은 틈
a very deep crack in rock, earth, or ice
bridge a **chasm** 골을 메우다

■ **collide**
[kəláid]
collision ⓝ

ⓥ 충돌하다, 부딪히다
to come together with solid or direct impact

Plates sometimes **collided** head-on.
암판은 가끔 정면충돌했다.

■ **contour**
[kántuər]

ⓝ 지형선, 윤곽 ⓥ 윤곽을 나타내다
syn. **outline**
n. an outline especially of a curving or irregular figure ***v.*** to form the contours of
a **contour** line 등고선

■ **crust**
[krʌst]

ⓝ 지각, 빵 껍질
a hard surface layer
the **crust** of the earth 지구의 표층
bread **crust** 빵 껍데기

■ **damp** [dæmp]
damply ⓐⓓ
dampness ⓝ

ⓝ 습기, 수증기 ⓐ 축축한 ⓥ 축축하게 하다
syn. **wet**
n. a slight wetness ***a.*** slightly or moderately wet
v. to make slightly wet

■ **deposition** [dèpəzíʃən]

ⓝ 퇴적, 침전(물)
the natural process of laying down a deposit of something
deposit 침전물 a coal deposit 석탄층
oil deposits 석유 매장량

■ **desertification** [dizə̀:rtəfikéiʃən]

ⓝ 사막화, 불모화
It is a common misconception that droughts cause **desertification**.
가뭄이 사막화를 가져온다는 것은 널리 퍼진 오해이다.

■ **eruption** [irʌ́pʃən]
erupt ⓥ

ⓝ (화산의) 폭발, 분화
the sudden occurrence of a violent discharge of steam and volcanic material

The **eruption** caused significant climatic changes in the eastern Mediterranean region.
그 화산 폭발은 동부 지중해 지역에 큰 기후 변화들을 가져왔다.

eruptions of ashes and lava 화산재와 용암의 분출

■ **hemisphere** [hémisfìər]

ⓝ 반구, 반구체
half of a spherical or roughly spherical body
the Northern **Hemisphere** 북반구
the Southern **Hemisphere** 남반구

■ **latitude** [lǽtətjù:d]

ⓝ 위도, 범위, 정도
south **latitude** 35 degrees (=**latitude** 35 degrees south) 남위 35도
cf. longitude 경도

■ peninsula
[pinínsjulə]

ⓝ 반도, 반도형의 돌기물

a portion of land nearly surrounded by water and connected with a larger body by an isthmus

The whole land mass encompassing North and South Korea is a **peninsula**.
남한과 북한을 포함한 땅덩어리 전체는 반도이다.

■ plateau
[plætóu]

ⓝ 고원, 정체 상태

a large area of high and fairly flat land

a lava **plateau** 용암 대지

■ pole
[poul]

polar ⓐ

ⓝ 극, (자석의) 극, 막대기

one of the two opposite ends of the earth's axis, its most northern and southern points

the North **Pole** 북극 the South **Pole** 남극

■ ridge
[ridʒ]

ⓝ 산등성이, 산마루

a long, narrow piece of raised land

Ridges are usually termed hills or mountains as well, depending on size.
산등성이는 크기에 따라 보통 언덕이나 산으로도 불린다.

■ seismic
[sáizmik]

seismically ⓐⓓ
seismicity ⓝ

ⓐ 지진의, 지진성의

of, subject to, or caused by an earthquake or earth vibration

seismic wave 지진파

■ volcano
[valkéinou]

ⓝ 화산, 분화구

pl. **volcano(e)s**

a vent in the crust of the earth from which usually molten or hot rock and steam issue

an active **volcano** 활화산
a dormant **volcano** 휴화산
an extinct **volcano** 사화산

Words you should know about Earth Science

abyss	심연
alongshore	바닷가를 끼고
aquaculture	(해조류의) 양식
aquarium	수족관, 양어지
aquatic	물의, 물속에 사는
ballast	바닥짐, 돌모래 (배에 실은 짐이 적을 때 배의 안전을 위하여 바닥에 싣는 모래)
bathometer	수심측량기
brig	쌍돛대의 범선
buoy	부표 (浮標)
capelin	열빙어
clipper	쾌속선
cod	대구
coxswain	(보트) 키잡이
crabwise	게처럼, 신중히
craft	소형선박 a pleasure craft 유람선
crayfish	가재

crew	승무원 All the crew were saved. 모든 승무원은 구조되었다.
crude oil	원유 (crude petroleum)
crustacean	갑각류(의)
dash	충돌하다, 내던지다 The waves dashed against the rocks. 파도가 바위에 세차게 부딪친다.
ebb tide	썰물, 간조 The tide is now at the lowest ebb. 지금은 조수가 가장 많이 빠질 때이다.
eelgrass	거머리말
endangered	멸종 위기에 처한 endangered species 멸종 위기에 처한 종(種)
estuary	강어귀 the Hudson estuary 허드슨강 어귀
fathom	길, 수심을 측정하는 단위 (= 2yard = 1.8m)
fin	지느러미
fishery	어업, 어장
fishmonger	생선가게
flounder	도다리, 넙치류
flowing tide	밀물, 만조
forecastle	선루, 앞 간판
frigate	프리깃함, 소형구축함

haddock	해덕 (대구의 일종)
hook	갈고리
houseboat	(주거, 유람용) 집배, 숙박시설이 있는 요트
hydrofoil	수중익, 수중익선
inboard	배 안의
Indian Ocean	인도양
infrared	적외선의, 적외선에 민감한
infrared rays	적외선
inshore	해안에 가까운, 근해의
intertidal	조간대 (潮間帶) 해안에 서식하는
keel	(배의) 용골
lateen	큰 삼각돛을 단 배
leeward	바람 불어가는 쪽의
littoral	해안의, 연해의
longitude	경도 (經度) 20 degrees 15 minutes of east longitude 동경 20도 15분
longitudinal	경도의
magnitude	크기, 매그니튜드 (지진 규모의 단위) the magnitude of a swamp 습지의 크기

menhaden	청어의 일종
mercantile	상업의, 중상주의의
mercantile marine	(한 나라의) 전체 상선 수
mermaid	인어
meteorite	운석, 유성체
meteorological	기상의 a meteorological observatory 기상대
molt	털갈이, 탈피
narw(h)al	일각고래
navigation	항해
navy	해군
observatory	관측소, 천문대
oceanarium	해양수족관
Oceania	오세아니아, 대양주
oceanography	해양학
oyster bed	굴 양식장
pelagic	원양의
platypus	오리너구리 (cuckbill)
pod	(물개, 고래 등의) 작은 떼

punt	너벅선
quay	선착장, 부두
quintal	무게의 한 단위 (100kg)
raft	뗏목(배), 고무보트
red tide	적조 (赤潮)
refit	(배의) 수리, 개장
revolve	회전하다, 순환하다 The earth revolves on its axis. 지구는 지축을 중심으로 자전한다.
rigging	(돛, 돛대, 로프 등의 총칭) 의장 (艤裝)
schooner	스쿠너선
sea urchin	성게
sea wall	방파제
seaquake	해진 (海震)
seaweed	해초
seaworthy	항해에 적합한
sextant	6분의
shoal	물고기 떼
spring tide	(초승달과 보름달 때에 일어나는) 대조 (大潮)

summer solstice	하지 (夏至)
tentacle	촉수
tide	조수, 조류
tide rip	(조수의 충돌에 의한) 거센 파도, 격조 (激潮)
trawl	저인망
upriver	상류지역
upstream	상류
upwind	바람을 거슬러서, 맞바람의
vessel	배 an observation vessel 관측선
wale knot	두렁모양의 고
waterway	수로, 항로
watery grave	수장
wharf	선창, 부두
winter solstice	동지
xebec	지벡 (지중해의 돛대가 셋 달린 작은 범선)
zoophyte	식충 (植蟲)류 (말미잘, 불가사리, 산호, 해면 등)
zooplankton	동물성 플랑크톤
zoospore	정포자 (精胞子)

Words you should know about Earth Geography

affluence	쇄도, 유입 an affluence of refugees 난민의 유입
Antarctic	남극의
Arctic	북극의
Atlantic	대서양(의) the Atlantic 대서양 a trans-Atlantic flight 대서양 횡단비행
basin	분지, (하천의) 유역
beacon	신호소, 봉화
boggy land	소택지 (swamp, moor, marsh, bog)
cave	동굴 (hollow보다 크고 cavern보다 작음)
cavern	(큰) 동굴, 땅굴
circumpolar	극지방의
cliff	절벽
colonialism	식민지주의
contour	윤곽, 지형선
county	군 (郡) Disneyland is in Orange county. 디즈니랜드는 오렌지카운티에 있다.
delta	삼각주
deposition	퇴적 deposition of topsoil from a river in flood 홍수로 인한 강표토의 퇴적

desertification	사막화
drought	가뭄
equator	적도
ethnocentrism	자민족중심주의
famine	식량부족, 기근, 기아 (starvation) a region ravaged by famine 기근에 휩싸인 지방
focal point	중심지, 중심부
folding	습곡
front	전선 a cold [warm] front 한랭 [온난]전선
glaciation	빙하작용
heterogeneity	이류혼교
hinterland	(강가, 해안 지대의) 후배지 (後背地)
Hot Spot	불안정지대
ice cap	빙원
infrastructure	기반시설
inland	내륙의
isotherm	등온선
life expectancy	평균 수명

malnutrition	영양실조
Mediterranean	지중해(의)
meridian	자오선 the celestial meridian 천체 자오선
mountainous	산이 많은, 산지의 mountainous districts 산악지대
mouth	하구
permafrost	영구 동토층
saturate	흠뻑 적시다, 담그다
savanna	사바나
social stratification	사회계층
soil erosion	토양 침식
soil exhaustion	토지 소모
sporadic	산발적인 sporadic earthquake 산발적으로 일어나는 지진
sprawl	불규칙하게 뻗어있다 The city sprawled(out) in all directions. 그 도시는 모든 방향으로 뻗어 있다.
steppe	스텝 the Steppes (유럽 남동부, 아시아 남서부 등의) 대초원지대
strait	해협 the Bering Strait 베링해협
subarctic	북극에 가까운
subtropical	아열대의

taiga	침엽수림지대
topsoil	표토
trade wind	무역풍
tribalism	부족주의
tundra	툰드라
weathering	풍화작용

Words you should know about Geology

altitude	(해발) 고도 We are cruising at an altitude of 10,000 feet. 우리는 해발 1만 피트를 순항 중이다.
archipelago	열도
channel	해협 (strait보다 큼) the English Channel 영국해협
chasm	깊게 갈라진 넓은 틈, 균열
clay	점토 clay soil 점토질의 흙
collide	충돌하다 collision 충돌
core	중심핵
crack	갈라진 금, 틈
crater	분화구 a crater lake 화구호

crush	분쇄하다 crush stone into gravel 돌을 부숴서 자갈로 만들다
crust	지각 The weight of the huge mass of ice depressed the crust of the Earth. 거대한 무게의 얼음덩어리가 지구의 지각을 눌렀다.
dale	골짜기 go over hills and dales 산을 넘고 골짜기를 지나
damp	습기, 수증기
debris	파편, 부스러기 a lot of debris after the eruption 분출 후의 다량의 파편
deposit	침전물, 퇴적물 a coal deposit 석탄층
depression	함몰, 침하
ditch	수로
drain	배수하다 drain water from a swamp 습지를 배수하다
drainage	배수
drench	흠뻑 물에 적시다, 액체에 담그다 (saturate, soak) get drenched 흠뻑 젖다
droplet	작은 물방울
elevation	고도 at an elevation of 3,000 meters 고도 3000미터에서
eruption	폭발, 분화
fault	단층 an active fault 활성단층
fragile	깨지기 쉬운 a fragile fossil 깨지기 쉬운 화석

glacier	빙하
glossy	광택이 나는
glow	빛나다, 빛을 내다, 백열하다
granite	화강암
gulf	만 the Gulf Stream 멕시코만류
gutter	도랑
hemisphere	반구
iceberg	빙산
immerse	담그다
jolt	갑자기 세게 흔들다, 심하게 흔들리다
lagoon	늪, 석호
latitude	위도
limestone	석회암
mantle	맨틀
marble	대리석
margin	가장자리 (edge) the margin of a glacier 빙하의 가장자리
marsh	습지 marsh fever 말라리아
moor	습지, 황무지

moraine	모레인, 빙퇴석
mountain range	산맥
opaque	불투명한
pass	좁은 길, 샛길, 산길
peak	산꼭대기, 봉우리 (summit)
pebble	조약돌, 자갈
peninsula	반도
pigment	색소
plate	플레이트 (지각을 구성하고 있는 암판)
plateau	고원
pole	극, 극지
precipitous	절벽의
ridge	산등성이, 산마루
seafloor	해저
sedimentary	침전물의, 침적의 sedimentary rocks 퇴적암
seism	지진 seismic 지진의 seismic sea waves 지진 해면파 tsunami 해일
seismology	지진학
shale	혈암, 이판암

shatter	분쇄하다
slab	석판, 널찍하고 두꺼운 조각 a stone slab 석판
soak	적시다, 흡수하다
strata	지층 [stratum의 복수형]
summit	정상, 최고점
terrain	지형
tilt	기울이다, 비스듬해지다 (slant)
trail	오솔길, 지나간 흔적 a deer trail 사슴이 다니는 길
undulate	굽이치다 the undulating landscape 기복이 심한 풍경
unleash	속박을 풀다, 자유롭게 하다
volcano	화산

14 Day

기상학(천문학)

비 오는 날, 어두운 하늘을 밝히는 번개(lightening)와 가랑비(drizzle)가 우박(hail)으로 변하는 등의 갑작스런 기상변화는 옛날부터 경외와 연구의 대상이었어요. 고대의 바다 상인(maritime merchant)들은 달의 이지러짐(wane)과 차오름(wax)에 따라 변하는 조류와 갑자기 발생하는 소용돌이(swirl)를 신들의 분노로 해석했답니다. 천체의(celestial) 현상을 신성시했던 마야인들은 일식(eclipse)을 매우 무섭고 두려운 일로 여겼죠. 현재는 하와이의 마우나키아 관측소와 같은 세계 각지의 관측소에서 각종 탐침(probe)을 이용하여 기상과 천문현상을 관측하고 있어요.

과학기술의 발전으로 우주의 신비를 하나씩 풀어가고 있는 우리는 칠흑 같은 밤하늘로 쏟아지는 유성(meteor)의 사진, 증가한 태양 흑점(sunspot)의 클로즈업 사진, 머나먼 우주의 성운(nebula)에서 신성(nova)이 탄생하는 장면 등을 사진으로 접하고 있어요. 머지않아 유인 우주여행(manned interstellar space travel)이 가능해지리라 생각되네요.

참, 우리가 계절의 변화를 경험하는 것은 적도면과 23.27도 기울어져 있는 황도(ecliptic) 때문이라는 것도 기억해 두세요.

■ arid

[ǽrid]

aridity ⓝ

ⓐ 건조한, 불모의

lacking sufficient water or rainfall

This new crop can withstand the **arid** condition.
이 새로운 작물은 건조한 조건을 견딜 수 있다.

■ Celsius

[sélsiəs]

ⓝ 섭씨 ⓐ 섭씨의

syn. **centigrade**

n. a scale for measuring temperature, in which water freezes at 0 degrees and boils at 100 degrees ***a.*** relating to the Celsius scale

cf. Fahrenheit 화씨, 화씨의

■ chilly

[tʃíli]

ⓐ 냉랭한, 차가운

uncomfortably cool

a **chilly** day 으스스한 날

■ drizzle

[drízl]

ⓝ 이슬비, 가랑비

very light rain

Owing to the small size of drizzle drops, under many circumstances **drizzle** largely evaporates before reaching the surface.
물방울이 작기 때문에, 많은 환경에서 이슬비는 표면에 도달하기 전에 대체로 증발된다.

■ Fahrenheit

[fǽrənhàit]

ⓝ 화씨 ⓐ 화씨의

90°F(90 degrees **Fahrenheit**) 화씨 90도
cf. Celsius 섭씨, 섭씨의

■ hail

[heil]

ⓝ 우박, 싸락눈

syn. **hailstone**

precipitation of ice pellets when there are strong rising air currents

■ **humidity** [hju:mídəti]

ⓝ 습도, 습기

the amount of water in the air

absolute humidity 절대습도
relative humidity 상대습도

■ **lightning** [láitniŋ]

ⓝ 번개, 전광

the very bright flashes of light in the sky that happen during thunderstorms

■ **maritime** [mǽrətàim]

ⓐ 해양의, 바다의

things relating to the sea and to ships

maritime climate 해양성 기후

■ **probe** [proub]

ⓥ 탐사하다 ⓝ 조사, 탐침

v. to examine physically with or as if with a probe *n.* an exploratory action or expedition; a flexible slender surgical instrument used to explore wounds or body cavities

a space probe 우주 탐색기 **lunar probe** 달 탐색기

■ **sleet** [sli:t]

ⓝ 진눈깨비 ⓥ 진눈깨비가 오다

partially melted snow

Sleet may bounce when it hits the ground, but generally does not freeze into a solid mass unless mixed with freezing rain.
진눈깨비는 땅에 떨어지면 튀어오를 수 있지만, 일반적으로 차가운 비와 섞이지 않는 한 딱딱한 덩어리로 얼지 않는다.

■ **swirl** [swə:rl]

ⓝ 소용돌이 ⓥ 소용돌이 치다

A dust devil resembles a tornado in that it is a vertical swirling column of air.
회오리바람은 수직으로 소용돌이치는 공기 기둥이라는 점에서 토네이도와 유사하다.

celestial [səléstʃəl]

ⓐ 천체의, 하늘의

of or relating to the sky

celestial body 천체
cf. terrestrial 지구(상)의

eclipse [iklíps]

ⓝ (태양 · 달의) 식 (蝕), 퇴색 (빛을 잃음)

one celestial body obscures another

a solar **eclipse** 일식 a lunar **eclipse** 월식
partial solar(lunar) **eclipse** 부분일(월)식

ecliptic [iklíptik]

ⓝ 황도 ⓐ 일식 (월식)의

the great circle representing the apparent annual path of the sun

interstellar [ìntərstélər]

ⓐ 별과 별 사이의, 성간의

between or among stars

interstellar space 성간 공간
interstellar dust 성간 먼지
interstellar medium 성간 물질

manned [mænd]

ⓐ 유인의, 사람을 태운

having a crew

manned flight 유인 비행
cf. an unmanned spacecraft 무인 우주선

meteor [mí:tiər]

ⓝ 유성, 운석

A **meteor** is the visible event that occurs when a meteoroid or asteroid enters the earth's atmosphere and becomes brightly visible.
유성은 유성체나 소행성이 지구의 대기로 들어와 밝게 보일 때 나타나는 현상이다.

meteor shower 유성우

■ **nebula** [nébjulə]

ⓝ 성운, 성무

pl. **nebulae**

a cloud of dust and gas in space

■ **nova** [nóuvə]

ⓝ 신성, 급변하는 변광성

pl. **novae**

Occasionally a **nova** is bright enough and close enough to be conspicuous to the unaided eye.
가끔씩 신성은 육안으로 잘 보일 정도로 밝거나 가깝다.

■ **opacity** [oupǽsəti]

ⓝ 불투명, 부전도

syn. **opaqueness**

the degree to which something reduces the passage of light

■ **orbit** [ɔ́:rbit]

orbital ⓐ

ⓝ 궤도, 세력권 (범위)

the curved path in space that is followed by an object going round and round a planet, moon, or star

The spaceship has been put in **orbit** round the earth.
우주선은 지구 주위의 궤도에 진입했다.

■ **spiral** [spáiərəl]

ⓝ 나선형, 소용돌이

a shape which winds round and round, with each curve above or outside the previous one

a **spiral** galaxy 나선은하

■ **sunspot** [sʌ́nspàt]

ⓝ 태양 흑점, 주근깨

dark cool patches that appear on the surface of the sun and last for about a week

wane
[wein]

ⓥ (달이) 이지러지다, 쇠퇴하다

to become gradually weaker or less, often so that it eventually disappears

waning moon 하현달
one's star is on the **wane** 남들에게 잊히기 시작하다
on the **wane** 이지러지기 시작하는, 쇠약해지기 시작하여

wax
[wæks]

ⓥ (달이) 차다, 커지다

to increase in phase

waxing moon 상현달
wax and **wane** 달이 찼다 이울었다 하다, 성쇠하다

Words you should know about Meteorology

albedo	알베도 (달, 행성이 반사하는 태양광선의 율)
arid	건조한, 불모의
barometric pressure	기압 (atmospheric pressure, air pressure)
breeze	미풍
Celsius	섭씨, 섭씨의
centigrade	섭씨의 (Celsius) 30°C (thirty degrees centigrade) 섭씨 30도
cirrus clouds	권운
cluster	무리, 떼
cold front	한랭전선

congregate	모이다, 군집하다
crystal	결정(체) crystals of snow 눈의 결정
cumulocirrus	적란운
cyclones	큰 회오리바람, (인도양 방면의) 폭풍우
devastating	파괴적인, 참화를 가져오는 a devastating flood 괴멸적인 홍수
dew	이슬 drops of dew 이슬방울
doldrums	열대 무풍대
drizzle	이슬비
El Nino	엘니뇨현상
Fahrenheit	화씨, 화씨의
fallout	방사성 낙진 (radioactive fallout), 죽음의 재
fog	안개 A heavy fog hinders planes from landing. 짙은 안개로 비행기가 착륙하지 못한다.
fraction	부분 crumble into fractions 산산이 부서지다
gale	강풍
gas composition	기체조성
hail	우박
humidity	습도

hurricane	폭풍
icicle	고드름
ionized particle	이온화된 분자
ionosphere	전리층
isobar	등압선
lightning	번개
maritime	바다의
melt	녹다
mesosphere	중간권
minuscule	아주 작은
minute	미세한 minute dust 미세한 먼지
mirage	신기루
mist	안개 a thick mist 짙은 안개
moisture	습기
myriad	무수한 myriads of particles 무수한 입자
northern hemisphere	북반구
parch	바짝 말리다, (목) 마르게 하다

phenomenon	현상
probe	조사(하다)
radio signal	무선신호
sleet	진눈깨비
snowstorm	눈보라
southern hemisphere	남반구
spin	회전하다
squall	돌풍
stationary front	정체전선
stratosphere	성층권
stratum	층 (layer)
swirl	소용돌이치다
terrain	지역 hilly terrain 구릉지
thermosphere	열권
thunderstorm	(강풍이 따르는) 뇌우
tornado	폭풍, 대선풍 (twister)
transparent	투명한 transparent substance 투명한 물질

troposphere	대류권
trough	기압골
vapor	증기
warm front	온난전선
weather map	기상도 (weather chart)

Words you should know about Astronomy

accretion	첨가
Alpha Centaurus	알파 켄타우루스 (지구에 가장 가까운 별)
angstrom	옹스트롬 (빛의 파장을 재는 단위)
apex	정점 the apex of a triangle 삼각형의 정점
aphelion	원일점 ⇔ perihelion 근일점
apogee	최고점, 극점
asteroid	소행성 (주로 화성과 목성의 궤도 사이 및 그 부근에 산재해 있는 작은 천체들)
astro-	「별」, 「하늘」, 「우주」를 뜻하는 연결형
astronaut	우주비행사
astrophysics	천체물리학

atmosphere	대기 pollute the earth's atmosphere 지구의 대기를 오염시키다
aurora	오로라, 극광
autumnal equinox	추분
axis	(회전체의) 축 the axis of the earth 지축
basalt	현무암
binary star	연성
black hole	블랙홀
bolide	화구
bow shock	충격파 (태양풍과 행성자장의 상호작용으로 행성 사이 공간에 일어나는 충격파)
breccia	각력암
calcium	칼슘
caldera	칼데라
calibration	눈금 측정
carbonate	탄산염, 탄화하다
celestial	천체의
chromosphere	채층
cinder	탄 재

cinder cone	분석구
coma	코마, 혜성 주위의 성운 (星雲) 모양의 물질
composite volcano	복식화산 (2개 이상의 단일화산이 모여 이루어진 화산)
configuration	별의 위치, (원자의) 배치 Twice each month, the Sun, Moon, and Earth lie at the apexes of triangular configuration. 한 달에 두 번, 태양과 달과 지구는 삼각형을 이루는 별의 위치의 정점에 놓인다.
corona	코로나 (태양 대기의 가장 바깥층을 구성하고 있는 부분) [coronae 복수]
cosmic ray	우주선 (지구 밖의 천체에서 발생된 고에너지 입자)
cosmology	우주론
cosmos	(질서와 조화를 이룬 체계로서의) 우주 ⇔ chaos 천지 창조 이전의 혼돈
craton	대륙괴 (지각의 안정부분)
cretaceous period	백악기 (약 1억 3천 5백만~6천 5백만 년 전)
declination	적위 (赤緯 천구상의 천체의 위치를 나타내는 적도 좌표에서의 위도)
detect	발견하다, 간파하다, 탐지하다 These satellite's instruments have detected frequent, small variations in the Sun's energy output. 이 위성의 기기는 태양의 에너지 방출량이 자주 미세하게 변화하는 것을 탐지하였다.
dielectric constant	유전율 (유전체의 성질을 나타내는 기본상수)
disk	평원형의 표면

Doppler Effect	도플러효과
Earth	지구
eccentricity	이심률 (2차곡선이 갖는 상수 중의 하나)
eclipse	(태양 · 달의) 식 (蝕)
ecliptic	황도 (태양이 1년간 운행하는 천구상의 길)
ellipse	타원
extragalactic	은하계 밖의
filament	필라멘트
fissure	갈라진 틈
flare	플레어, 태양면 폭발
flash	번쩍임, 섬광
galactic halo	은하무리 (나선은하의 원반 바깥쪽을 둘러싸고 있는 거대한 공 모양의 부분)
galaxy	은하계
gamma ray	감마선 (방사성 물질에서 방출되는 방사선)
globular cluster	구상성단
granulation	알갱이로 만듦, 과립
gravitation	인력, 낙하

gravitation collapse	중력붕괴 (천체가 자체 중력으로 아무런 방해도 받지 않고 급격하게 수축하는 것)
gravity	중력 zero gravity 무중력 상태
heliocentric	태양 중심의
Hubble's law	허블의 법칙 (외부 은하의 스펙트럼에서 나타나는 적색이동이 그 거리에 비례한다는 법칙)
hummock	작은 언덕, 빙구
hydrogen	수소 hydro- 물의, 수소의
igneous	불의 (불로 인하여 생긴)
implosion	(진공관의) 내파
inclination	경사
inferior planet	소혹성
interstellar	별과 별 사이의
ion	이온
Jupiter	목성
Kepler's law	케플러의 법칙 (J. 케플러가 T. 브라헤의 행성관측 결과로부터 경험적으로 얻은 행성운동에 관한 세 가지 법칙)
laser	레이저
launch	발진시키다 launch a spaceship into orbit 우주선을 발진시켜 궤도에 올리다

lava	용암
lee	바람 불어가는 쪽
levee	접견, 대통령의 접견회
light year	광년
luminosity	발광, 광도
lunar module	달 착륙선
lunar month	태음월, 음력달
magma	마그마
magnetic field	자장
magnetic pole	(자석의) 자극
magnetosphere	자기권
magnitude	(항성의) 광도, (광도의) 등급, (지진의) 매그니튜드, 진도
manned	사람을 태운, 유인의
Mars	화성
mass	질량
Mercury	수성
meteor	유성, 운석
microwave	극초단파

NASA	미국항공우주국 (National Aeronautics and Space Administration)
nebula	성운 [복수 nebulae]
Neptune	해왕성
neutrino	중성미자
Newtonian mechanics	뉴턴역학
nova	신성 [복수 novae]
nuclear fusion	핵융합
obliquity	경사(도)
opacity	불투명
orbit	궤도
ovoid	알 모양의 것
Paleozoic era	고생대
palimpsest	거듭 쓴 양피지의 사본
penumbra	반영 (명암의 경계부분)
perigee	근지점 (달, 인공위성이 지구에 가장 가까워지는 점)
perihelion	근일점 (近日點 태양계의 천체가 태양에 가장 가까워지는 위치)
perturb	교란하다, 섭동 (부차적인 힘으로 인해 교란되는 운동)을 일으키다

photoelectric effect	광자효과 (일반적으로 물질이 빛을 흡수하여 자유로이 움직일 수 있는 전자, 즉 광전자를 방출하는 현상)
photon	광자
photosphere	(태양, 항성 등의) 광구
planetary nebula	행성상 성운 (행성처럼 보이는 산광성운의 일종)
Plank's constant	플랑크상수 (양자역학에서 기본적인 상수)
plasma	원형질
Pluto	명왕성
Polaris	북극성
polarization	분극
positron	양전자
Precambrian era	선캄브리아시대
prominence	홍염 (태양의 가장자리에 보이는 불꽃 모양의 가스)
pulsar	맥동성
pumice	부석
pyroclastic flow	화쇄류
quarters of the Moon	상 [하]현달
quasar	퀘이사, 준항성

radial velocity	시선속도 (천체가 관측자의 시선 방향에 가까워지거나 멀어지는 속도)
radian	호도, 라디안
register	자동으로 기록하다 These instruments registered a 0.3 percent drop in the solar energy reaching the Earth. 이 기기는 지구에 도달하는 태양에너지가 0.3% 감소했음을 자동으로 기록하였다.
resolution	용해, 분해, 분석
retrograde	역행하다, 후퇴하다
rhyolite	유문암
rift	갈라진 틈, 균열, 열극
right ascension	시경, 적경
satellite	위성 The satellite was repaired in orbit by astronauts from the Space Shuttle in 1984. 그 위성은 1984년 스페이스 셔틀호의 우주비행사들이 궤도상에서 수리하였다.
Saturn	토성
scarp	급경사
shatter cone	파쇄원암 (분화, 운석충돌로 인한 원뿔꼴 암석편)
shield	순상지 (楯狀地 주로 선캄브리아기의 암석으로 된 평평하고 넓은 지대)
shield volcano	순상화산

sight	보다, 관측하다 (observe) **sight a new star** 새로운 별을 관측하다
silicate	규산염
singularity	특이, 괴상
sinus	공동, 구멍
spacecraft	우주선 (spaceship)
spectrometer	분광계
spectrum	스펙트럼 [복수 spectra]
sphere	구체, 구
spiral	나선형의
stellar	항성(의), 별(같은)
sunspot	태양 흑점
superior planet	외행성
supernova	초신성
tectonic	지질구조의, 건축의
terra	대지
tessera	각석
the big bang theory	빅뱅이론, 우주폭발 기원론

the solar system	태양계
tuff	응회암
umbra	그림자, 암영부
Uranus	천왕성
variable star	변광성
vent	배출구, 바람구멍
Venus	금성
vernal equinox	춘분
visible	명백한, 볼 수 있는 ⇔ invisible 보이지 않는
volatile	휘발성의, 변덕스러운, 불안정한, 위험한
wane	(달이) 이지러지다, 쇠퇴하다
wavelength	파장
wax	(달이) 차다, 커지다
whirl	빙빙 돌다
white dwarf	백색왜성

15 Day
화학(생태)

환경(environment)오염으로 인해 지구상에 수많은 문제가 발생한다는 것은 모두들 알고 있겠지요? 환경문제는 생각할수록 공포로 다가오는 문제 중 하나예요. 우리 주변의 환경문제들을 살펴볼까요? 공장에서 나온 유해(hazardous) 화학물질(chemical substances)이 공기 중으로 배출(emission)될 때 황(sulfur)과 질소(nitrogen)는 빗방울에 용해(dissolve)되어 산성비(acid rain)를 만듭니다. 산성비는 숲(forest)을 사막(desert)으로 변하게 한답니다. 숲이 없으니 홍수(flood)가 자주 발생하구요. 이로 인해 우리 주변에는 어마어마한 침전물(sediment)이 쌓이게 된답니다.

또 공기 중의 가스분자(molecule)들이 태양에서 오는 적외선(infrared)을 흡수해서 생기는 지구 온난화(global warming)도 큰 문제예요. 최근 연구에 따르면 지난 세기 동안 지구의 온도가 최고 0.9℃까지 상승했다고 하네요. 이러다 빙하(glacier)가 녹으면 해수면(sea level)에 가까이 위치한 도시들이 큰 위험에 빠지게 되겠지요? 지난 100년 동안 수많은 생물들이 멸종(extinction) 했는데 인간도 앞으로 그중 하나가 될까요?

■ **alloy**
[ǽlɔi]

ⓝ 합금 ⓥ 합금하다

n. a metal that is made by mixing two or more types of metal together ***v.*** to make an alloy of

Alloys are usually prepared to improve on the properties of their components.
합금은 대체로 원래 요소들의 특성을 향상시키도록 만들어진다.

alloy tin with copper 주석과 동을 섞다

■ **atom**
[ǽtəm]

ⓝ 원자, 미립자

Atoms are electrically neutral if they have an equal number of protons and electrons.
원자는 동일한 양자와 전자를 가지고 있을 경우 전기적으로 중성이다.

■ **carbohydrate**
[kà:rbouháidreit]

ⓝ 탄수화물, 함수탄소

a substance, found in certain kinds of food, that provide you with energy

---

■ **catalyst**
[kǽtəlist]

ⓝ 촉매, 촉진제

ant. **anticatalyst**

a substance that causes a chemical reaction to take place more quickly; a person or thing that causes a change or event to happen

a latent **catalyst** 잠복성 촉매
a negative **catalyst** 부촉매

■ **compound**
[kámpaund]

ⓝ 화합물, 합성어 ⓐ 합성 [복합]의

aromatic **compounds** 방향족 화합물
a **compound** of hydrogen and carbon 수소와 탄소의 화합물

■ **density**
[dénsəti]

ⓝ 밀도, 농도

the extent to which something is filled or covered with people or things

---

■ **dilute**
[dilú:t]

ⓐ 희석한 ⓥ 희석하다
syn. thin out **ant. undilute**
a. reduced in strength or concentration or quality or purity *v.* to make the strength of solution weaker by adding or mixing with water or another liquid

■ **dissolve**
[dizálv]
dissolvent ⓐ
dissolution ⓝ

ⓥ 용해하다, 분해하다
to pass into a solution
dissolve A into B A를 B로 분해하다
dissolve itself into 저절로 녹아서 ~이 되다
dissolver 용해기

■ **distill (=distil)**
[distíl]
distillation ⓝ

ⓥ 증류하다, 증류하여 불순물을 제거하다
to make a liquid pure, heat it until it changes into steam or vapour and then have it cooled until it becomes liquid again
distiller 증류기, 증류주 제조업자 **distillery** 증류소

■ **lead**
[li:d]

ⓝ 납, 연필심
a soft, heavy, bluish-grey, highly toxic metallic element that is resistant to corrosion
lead poisoning 납중독

■ **molecule**
[máləkjù:l]
molecular ⓐ

ⓝ 분자, 미립자, 미량
the simplest structural unit of an element or compound
molecular biology 분자 생물학
molecular structure 분자 구조

■ **nitrogen**
[náitrədʒən]

ⓝ 질소
a common nonmetallic element that is normally a colorless odorless tasteless inert diatomic gas
liquid nitrogen 액체 질소

solution
[səlúːʃən]

ⓝ 용액, 용해제

a liquid in which a solid substance has been dissolved

saline solution 생리식염수

sulfur (= sulphur)
[sʌ́lfər]

ⓝ 황, 유황

a yellow chemical which has a strong smell

sulfuric acid 황산

synthetic
[sinθétik]

ⓝ 합성의, 인조의

of a compound made artificially by chemical reactions

synthetic resin 합성수지

buoy
[búːi]

ⓝ 부표(浮標) ⓥ 띄우다

a floating object that is used to show ships and boats where they can go and to warn them of danger

Buoys are used as part of tsunami warning systems in the Pacific and Indian Oceans.
부표는 태평양과 인도양에서 해일 경보 시스템의 일부로서 사용된다.

buoyancy 부력 **buoyant** 뜨기 쉬운, 부력이 있는

deforestation
[diːfɔ̀ːristéiʃən]

deforest ⓥ

ⓝ 삼림 벌채, 삼림 개간, 남벌

the removal of trees

desert
[dezəːrt]

ⓝ 사막, 불모지

an arid region with little or no vegetation

desertification 사막화 **antidesertification** 사막화 방지

■ **ebb** [eb]

ⓝ 썰물, 간조

the outward flow of the tide

the ebb and flow (조수의) 간만, 성쇠

■ **emission** [imíʃən]

emit ⓥ

ⓝ 배출, 방출

syn. **discharge**

the release of something such as gas or radiation into the atmosphere

emission standard 오염물질 배출 허용기준
an **emission-free automobile** 배기가스 규제차량

■ **environment** [inváiərənmənt]

environmental ⓐ
environmentally ad

ⓝ 환경, 주위 상황

The book explained her belief that humankind should have moral respect for the **environment**.
그 책은 인류가 환경에 대해 도덕적 경외심을 가져야 한다는 그녀의 믿음을 설명했다.

home **environment** 가정환경
environmental engineering 환경공학

■ **erode** [iróud]

erosion ⓝ
erosive ⓐ

ⓥ 부식시키다, 침식하다

to remove soil or rock, as of wind or water; to become ground down or deteriorate

Acids **erode** certain metals.
산은 특정한 종류의 금속들을 부식시킨다.

■ **evaporate** [ivǽpərèit]

evaporation ⓝ

ⓥ 증발하다, 사라지다

to change into a vapor

evaporated milk 무가당 연유, 농축 우유

■ **extinct** [ikstíŋkt]

extinction ⓝ
extinctive ⓐ

ⓐ 멸종된, 소실된

no longer in existence

become **extinct** 멸종하다

- **flood**
  [flʌd]

  ⓝ 홍수, 밀물

  the rising of a body of water and its overflowing onto normally dry land

  a **flood** gate 수문   **flood** way 방수로

- **infrared**
  [ìnfrəréd]

  ⓝ 적외선 ⓐ 적외선의

  electromagnetic radiation with wavelengths longer than visible light but shorter than radio waves

  infrared radiation 적외선 방사
  cf. ultraviolet 자외선

- **longitude**
  [lɑ́ndʒətjù:d]

  longitudinal ⓐ

  ⓝ 경도(經度), 세로

  20 degrees 15 minutes of east **longitude**
  동경 20도 15분

  cf. latitude 위도

- **observatory**
  [əbzə́:rvətɔ̀:ri]

  ⓝ 관측소, 천문대

  a building with a large telescope from which scientists study things such as the planets by watching them

  Royal Greenwich **Observatory** 그리니치 천문대

- **permeate**
  [pə́:rmièit]

  ⓥ 퍼지다, 스며들다

  pass through

  The toxic gas **permeated** the entire area.
  유독 가스가 전 지역에 퍼지게 되었다.

  permeable 투과할 수 있는   permeability 투과성, 침투성

- **sediment**
  [sédəmənt]

  ⓝ 퇴적물, 침전물

  sedimentary rocks 퇴적암   sedimentology 퇴적학

■ **waste** [weist]

ⓝ 폐기물, 쓰레기

any materials unused and rejected as worthless or unwanted

toxic **waste** 유독성 폐기물 urban **waste** 도시 폐기물

Words you should know about Chemistry

alloy	합금(하다)
analyze	분석하다, 분해하다 ⇔ synthesize 결합하다 Water can be analyzed into oxygen and hydrogen. 물은 산소와 수소로 분해될 수 있다.
antimony	안티몬
atom	원자
atomic nucleus	원자핵
bauxite	보크사이트
brass	황동
brew	양조하다, 양조주 brewery 양조장
carbon	탄소
catalyst	촉매
catalyze	촉진시키다
charcoal	숯, 목탄
charge	전하 (electric charge 전기현상의 근본이 되는 실체)

chemical reaction	화학반응
chromite	아크롬산염
cobalt	코발트
component	성분, 구성요소
compound	화합물
compression	압축
copper	동
density	밀도
dilute	희석하다, 희석한
dissolve	용해하다, 분해하다 Water dissolves salt. 물은 소금을 녹인다.
distill	증류하다, 증류하여 불순물을 제거하다 distill the impurities out of water 증류하여 물에서 불순물을 제거하다
electron	전자 (원자, 분자의 구성요소의 하나)
element	원소
emanate	발산하다 a strong odor of sulfur emanated from the spring 온천에서 나는 유황의 강한 냄새
explosive	폭발성의
extract	추출하다

feasible	실행 가능한 (practicable) a feasible project 실행 가능한 계획
foil	박 (箔), 금속 박편 aluminum foil 알루미늄 호일
iron ore	철광석
lead	납
manganese	망간
molecule	분자
molybdenum	몰리브덴
neon	네온
neutron	중성자
nickel	니켈
nitric acid	질산
nitrogen	질소
nitrogen fixation	질소 고정 (대기 중의 질소를 원료로 질소 화합물을 만드는 것)
nylon	나일론 Nylon is a synthetic made from a combination of water, air, and a by-product of coal. 나일론은 물, 공기, 석탄의 부산물을 화합해서 만든 합성 섬유이다.
oxygen	산소
palladium	팔라듐

particle	입자 particle physics 소립자 물리학
platinum	백금
polyester	폴리에스테르
proton	양자
sodium	나트륨
solution	용액, 용해제
solvent	용제, 용매
sparkle	(불꽃을) 발하다, 불꽃을 튀기다
structural formula	구조식
substance	물질
sulfur	유황
sulfuric acid	황산
synthetic	합성의
synthetic fiber	합성섬유
tallow	짐승 기름, 수지 (獸脂)
tin	주석
titanium	티타늄
tungsten	텅스텐

uranium	우라늄
wick	양초심지
yeast	이스트, 효모 (균)
zinc	아연

Words you should know about Ecology

acid	산(성)의 ⇔ alkaline 알칼리성의 acid reaction 산성 반응
alkaline	알칼리성의
alluvium	충적층, 충적토
aqueduct	수로, 수도교
aquifer	대수층
artesian well	분수우물, 자분정
atmospheric pollution	대기오염, 공해
biosphere	생물권
capillary action	모세관 현상
coal	석탄
condensation	농축, 응축, 응결

condense	농축(압축)하다 condense steam into water 대기를 물로 압축하다
contaminant	오염물질
contamination	오염 (pollution) contaminate 더럽히다, 오염시키다
corrosion	부식, 침식
cubic feet per second(cfs)	1초 단위의 1입방피트
deforestation	삼림 벌채, 삼림 개간
desalinization	탈염
desert	사막
disaster	천재 (天災), 재앙 the Chernobyl nuclear plant disaster 체르노빌 원자력 발전소 재해
disposal	처분, 처리 the disposal of nuclear waste 방사성 폐기물의 처리
drawdown	삭감, 축소
effluent	유수, 유출
emission	배출, 방출
emission control	배기규제
encroach	침식하다
environmentalist	환경보존단체 contingent 대표단

erode	침식하다, 부식시키다
erosion	부식, 침식
evacuation	배설물, 배출
evaporate	증발하다
evaporation	증발작용
extinct	멸종된 exterminate 멸종시키다
extinction	멸종 extermination 근절
fertile	비옥한 land fertile in fruit and crops 과일이나 작물이 잘 자라는 토지
flood	홍수
food chain	먹이사슬, 먹이연쇄
garbage	쓰레기 (trash, rubbish, refuse, dust)
geyser	간헐천
global warming	지구온난화
ground water	지하수
hardness	단단함, (물의) 경도
headwater	상류, 원류
hydroelectric power	수력발전
impermeable layer	불투수층

insecticide	살충제, 농약
insectivore	식충동물
irrigation	관개
leaching	여과
levee	제방, 부두
osmosis	삼투
oxidization	산화
ozone	오존
ozone depletion	오존층 파괴
ozone layer	오존층
penetrate	꿰뚫다, 통과하다
percolation	여과 (filtration)
permeability	삼투성, 투과성
permeate	스며들다 (penetrate, soak)
petroleum	석유
pollution	오염, 공해 pollutant 오염물질, 오염원
precipitation	강설, 강수 (량)
radiation	방사, 방열, 방사선

radioactive	방사성의
radioactive substance	방사성물질
reclaimed wastewater	재생폐수
reservoir	저수지
rubbish	쓰레기
runoff	땅 위를 흐르는 빗물
saline water	염수
sediment	침전물, 퇴적물
seepage	누출
sewage	하수
sewer	하수도 sewerage 하수도, 하수처리
smog	스모그
subsidence	침전
surface tension	표면장력
thermal pollution	열오염
toxic	독성의
toxin	독소

transpiration	증발
tributary	지류의 tributary stream 지류
tropical rain forest	열대우림
turbidity	흐림, 탁도
unsaturated zone	불포화대
waste	폐기물
water cycle	물의 순환
water table	지하수면
watershed	분수선, 분수계

16 Day

수학(물리학)

수학을 싫어하는 친구들 참 많죠? 그러나 수학은 그 어떤 학문보다도 우리 생활과 밀접한 관련이 있어요. 일단, 신문을 펼쳐볼까요? 경제란을 보면 아마도 제일 위쪽에는 커다란 도표(diagram)가 있을 테고 많은 정수(integer)와 소수점(decimal)의 숫자(figure)들을 볼 수 있을 거예요. 학자들의 공식(formula)을 바탕으로 나온 경제전망도 있고, 아래쪽에는 대각선(diagonal) 길이가 50인치인 TV 광고도 보이겠죠.

그래도 숫자에 관심이 없다고요? 그럼 우리 친구들의 생활로 들어가서 용돈(pocket money)을 한번 봐요. 매달 받는 용돈에서 간식비와 교통비 등 지출(expenses) 금액(amount)을 뺄셈(subtraction)하고, 그 나머지(remainder)에 12를 곱하면(multiply) 일 년간 저축할 수 있는 금액이 나오네요. 여기다가 세뱃돈과 친척어른들께서 가끔 주시는 돈의 액수를 합(sum)하면 언제쯤 갖고 싶은 쿨!한 스마트폰을 살 수 있을지 계산(calculation)이 나오지요. 참, 일 년 후 가격이 5% 오를지도 모른다는 변수(variable)도 염두에 두어야 하겠지요? 이처럼 수학은 실생활에 꼭 필요한 학문이랍니다!

■ calculate

[kǽlkjulèit]

calculation ⓝ

ⓥ 계산하다, 산출하다

to make a mathematical calculation or computation

The population of this city is **calculated** at 1,000,000.

이 도시의 인구는 100만으로 계산된다.

miscalculate 잘못 계산하다

■ cone

[koun]

ⓝ 원뿔, 원추형

right circular **cone** 직원뿔

■ count

[kaunt]

ⓝ 계산, 총계 ⓥ 세다, 계산하다

n. the act of counting ***v.*** to determine the number or amount of

His **count** ability is so amazing to us.

그의 계산 능력은 우리에겐 놀랍다.

count for little 중요성이 거의 없다

■ cube

[kjuːb]

cubic ⓐ

ⓝ 정육면체, 입방체

a solid object with six square surfaces which are all the same size

cubicle 칸막이 한 좁은 장소, (도서관의) 개인 열람석

■ cylinder

[sílindər]

cylindrical ⓐ

ⓝ 원통, 원주

an object with flat circular ends and long straight sides

a right **cylinder** 직원주

■ decimal

[désəməl]

ⓐ 십진법의, 소수의

numbered or proceeding by tens

a **decimal** system 십진법 a **decimal** point 소수점

■ diagonal
[daiǽgənl]

ⓐ 대각선의, 비스듬한

having an oblique or slanted direction

If **diagonal** direction is substituted for horizontal and vertical direction the image will feel less stable.
만약에 대각선 방향이 수평이나 수직 방향을 대신한다면, 그 상은 덜 안정되어 보일 것이다.

diagonal line 대각선

■ diagram
[dáiəgræ̀m]

ⓝ 도형, 그림, 도표

a drawing intended to explain how something works

Venn **diagram** 벤다이어그램

■ diameter
[daiǽmətər]

ⓝ 지름, 직경

the length of a straight line passing through the center of a circle and connecting two points on the circumference

■ dimension
[diménʃən]

ⓝ 크기, 용적, 차원

the magnitude of something in a particular direction (especially length or width or height); one of three cartesian coordinates that determine a position in space

■ division
[divíʒən]

divide ⓥ

ⓝ 나눗셈, 분배

the arithmetical process of dividing one number into another number

divide 9 by 3 9를 3으로 나누다

■ formula
[fɔ́:rmjulə]

ⓝ 공식, 화학식

a standard procedure for solving a class of mathematical problems

a molecular **formula** 분자식
a structural **formula** 구조식

■ **function**
[fʌ́ŋkʃən]

ⓝ 함수, 상관적 요소

a trigonometrical **function** 삼각함수
an algebraic **function** 대수함수

■ **geometry**
[dʒiámətri]

ⓝ 기하학, 평면(입체) 도형

the branch of mathematics concerned with the properties and relationships of lines, angles, curves, and shapes

solid **geometry** 입체기하학
plane **geometry** 평면기하학
spherical **geometry** 구면기하학

■ **integer**
[íntidʒər]

integral ⓐ

ⓝ 정수, 완전체

any of the natural numbers (positive or negative) or zero

■ **multiply**
[mʌ́ltəplài]

multiplication ⓝ

ⓥ 곱하다, 승하다, 증대시키다

to combine by multiplication

In an elementary school, you will learn to add, subtract, **multiply** and divide.
초등학교에서 너는 더하기, 빼기, 곱하기, 그리고 나누기를 배울 것이다.

multiply 5 **by** 3 5에 3을 곱하다
multiplication sign 곱셈 기호
multiplication table 구구단

■ **oval**
[óuvəl]

ⓝ 타원형, 달걀모양

a shape that is like a circle but is wider in one direction than the other

■ **parabola**
[pərǽbələ]

parabolic ⓐ

ⓝ 포물선, 파라볼라 안테나 따위

a type of curve such as the path of something that is thrown up into the air and comes down in a different place

radius [réidiəs]

ⓝ 반경, 반지름

a straight line from the center to the perimeter of a circle

The **radius** is half the diameter.
반경은 직경의 절반이다.

rectangle [réktæ̀ŋgl]

rectangular ⓐ

ⓝ 직사각형, 장방형

a four-sided shape whose corners are all ninety degree angles

remainder [riméindər]

ⓝ 나머지, 잔여

the part of the dividend that is left over when the dividend is not evenly divisible by the divisor

square [skwεər]

ⓝ 정사각형, 정방형

A **square** is a polygon with four equal sides, four right angles, and parallel opposite sides.
정사각형은 네 개의 같은 길이의 변과 직각, 평행하게 마주보는 변을 지닌 다각형이다.

subtraction [səbtrǽkʃən]

subtract ⓥ

ⓝ 뺄셈, 삭감

an arithmetic operation in which the difference between two numbers is calculated

sum [sʌm]

ⓝ 합계, 총계

syn. **summation**

a quantity obtained by addition

variable [vέəriəbl]

ⓝ 변수, 변화하는 것

a symbol (like x or y) that is used in mathematical or logical expressions to represent a variable quantity

variable cost 가변비용

Words you should know about Mathematics

abacus	주판
addition	덧셈, 가법
approximation	근사치, 근삿값
area	면적
base	기수
billion	10억
bushel	부셸 (8갤런)
cardinal number	기수
circle	원 draw a circle with compasses 컴퍼스로 원을 그리다
circumference	원주 The circumference of the pond is almost 3 miles. 그 연못의 원주는 거의 3마일이다.
circumscribe	외접시키다
combination	조합
commensurate	같은 정도의
cone	원뿔, 원추형
cube	정육면체, 입방체
cubic equation	3차방정식

cylinder	원주, 원통
decimal	십진법의, 소수의
depth	깊이
development	전개
deviation value	편찻값
diagonal	대각선의
diagram	도형
diameter	직경 That circle is 10 inches in diameter. / That circle has a diameter of 10 inches. 그 원은 지름이 10인치이다.
diamond	마름모꼴
differential calculus	미분학
dimension	차원 A plain has two dimensions. 평면은 이차원적이다.
direct proportion	정비례 ⇔ inverse proportion 반비례
division	나눗셈 divide 나누다
equation	등식, 방정식 a liner equation 1차방정식
equilateral triangle	정삼각형
even number	짝수
factor	인수, 인자 a common factor 공약수

figure	숫자, 도형 a plane figure 평면도형
formula	공식
formulate	공식화하다 formulate a hypothesis 가설을 공식화하다
fraction	분수 a mixed fraction 대분수
function	함수
gallon	갤런 (4쿼트)
geometry	기하학
greatest common divisor	최대공약수
height	높이
hexagon	육각형
imaginary number	허수
integer	정수
integral calculus	적분학
length	길이
logarithm	대수
lowest common multiple	최소공배수
million	백만

minimal	최소한의
multiplication	곱셈 multiplication tables 구구단표
multiply	곱하다
octagon	팔각형
odd number	홀수
ordinal number	서수
ounce	온스 (약 28.3g)
oval	타원형
parabola	포물선
parallel line	평행선
parallelogram	평행사변형
pentagon	오각형 the Pentagon 미국 국방성
permutation	순열 (change)
perpendicular line	수직선
pint	파인트 (약 0.47리터)
polygon	다각형
prism	각주, 프리즘

probability	확률
proportion	비례 inverse proportion 반비례 ⇔ direct proportion 정비례
quadratic equation	2차방정식
quadruple	4 단위로 된
quart	쿼트 (2파인트)
radius	반경
ratio	비율 (proportion)
rectangle	직사각형
remainder	나머지
right angle	직각
root	근, 루트 3 is the square root of 9. 3은 9의 제곱근이다.
round down	우수리를 잘라버리다
round off	반올림하다 round 7.828 off two decimal places 7.828을 소수점 이하 2자리로 반올림하다
round up	우수리를 반올림하다
sector	부채꼴
set	집합 a negative integer set 음의 정수의 집합
square	정방형, 정사각형

statistics	통계 (학)
subtraction	뺄셈 subtract 빼다
surface area	표면적
theorem	정리 the Pythagorean theorem 피타고라스의 정리
trillion	1조
variable	변수
volume	체적, 용적
volume of a sphere	구의 부피
weight	무게
width	폭 a room 10 (feet) wide by 20 (feet) long 20피트 길이에 10피트 폭의 방

Words you should know about Physics

acoustics	음향학, 음향상태 (효과)
coil	똘똘 감다
concave lens	오목렌즈
conduct	전도하다 conduct electricity 전기가 통하다
conduction	전도, 전도 작용

congeal	응결(응고) 시키다 The fat congealed on the cold plates. 지방은 냉기구에서 응고 되었다.
constrict	압축하다, 수축시키다 The instrument is constricted in the middle. 그 기구는 중앙이 수축되어 있다.
coordinate	좌표(의)
demolish	(이론을) 뒤엎다, 파괴하다 That physicist demolished the homing theory. 그 물리학자는 귀소이론을 뒤집었다.
dynamo	발전기
elastic	탄성이 있는, 신축성 있는 an elastic bandage 신축성 있는 붕대
eyepiece	접안렌즈
fission	분열 nuclear fission 핵분열
friction	마찰 the coefficient of friction 마찰 계수
hydrostatic pressure	정수압
IC	집적회로 (integrated circuit)
inertia	관성 roll under its own inertia 관성으로 회전하다
inversion	전화 (轉化), 반전
kinematics	운동학
kinetic energy	운동에너지
laminar flow	층류 (층이 되어 흐르는 흩어짐이 없는 흐름)

magnify	확대하다 This lens magnifies objects 1,000 times. 이 렌즈는 물체를 1000배 확대하여 보여준다.
neural	신경(계)의
objective	대물렌즈
optics	광학
phase velocity	위상속도
potential energy	위치에너지
prism	분광 스펙트럼
quantum mechanics	양자역학
radio-	방사, 무선, 전파
reflect	반사하다
reflex	반사운동, 반사능력, 반사적인
refract	굴절시키다 refracting telescope 굴절망원경
refraction	굴절
relativity	상대성 Relativity 상대성이론
resistance	저항 overcome air resistance 공기저항을 극복하다
resonance	반향, 공명
retention	보유, 유지

simulation	모의실험
slant	경사진
static	정지된, 정적인 ⇔ dynamic 동적인 static electricity 정전기
streamline	유선형(의)
thermodynamics	열역학
torque	비트는 힘, 회전우력 (廻轉偶力)
turbulent flow	난류 (속도, 방향, 압력이 국소적으로 급변하여 유선이 흐트러진 흐름)
upright	직립의 stand in an upright position 똑바른 자세로 서다
vacuum	진공
vector	동경 (動徑), 방향량 (方向量)
velocity	속도
vibrate	진동하다

17 Day

생물(생물학)

포유류(哺乳類) 또는 젖먹이(suckling) 짐승은 포유강에 속하는 동물을 통틀어 부르는 말입니다. 암컷(female animal)에게는 젖을 만들어내는 유선(mammary gland)이 있어요. 대부분 몸에 털이 나 있고, 털이 변형된 비늘이나 가시가 있는 것들도 있답니다. 뇌에서 체온과 혈액 순환을 조절하는 온혈동물(warm-blooded animal)이랍니다. 우리나라에 서식하는 포유류는 약 80여 종이 있다고 하네요.

유전학(genetics)에 의하면 우리 인간은 하나의 세포에 46개의 염색체(chromosome)를 가진데 반해 고양이는 38개, 어떤 양치류(fern)는 1260개의 염색체(chromosome)를 가졌다고 해요. 하지만 염색체(chromosome) 안에 있는 DNA는 인간이나 초파리(drosophila)나 크게 다르지 않다고 하네요. 동물학(zoology)에 따르면 양서류(amphibian)인 도롱뇽은 북반구에서, 개구리는 남반구에서 진화했다(evolve)고 하는데요, 양서류(amphibian)란 진화(evolution) 과정 중 파충류(reptile)와 물고기 중간에 있는 냉혈 척추동물(vertebrate)이래요. 또, 놀랍게도 물 밖으로 나온 첫 번째 척추동물(vertebrate)로서 인간을 포함한 포유류(mammal)들의 조상이라고 하네요.

■ amphibian
[æmfíbiən]

ⓝ 양서류, 수륙양용 ⓐ 양서류의, 수륙양용의

n. animals such as frogs and toads that can live both on land and in water *a.* referring or relating to these kinds of animals or vehicles

■ botany
[bátəni]

botanical ⓐ

ⓝ 식물학, 식물의 형태

the branch of biology that studies plants

The scope of **botany** has increased to include the study of over 550,000 kinds or species of living organisms.
식물학의 범위는 55만 종 이상의 생명체에 대한 연구를 포함할 정도로 증가했다.

botanist 식물학자

■ camouflage
[kǽməflɑ̀:ʒ]

ⓝ 위장, 속임

the act of concealing the identity of something by modifying its appearance

■ chromosome
[króuməsòum]

ⓝ 염색체

a threadlike body in the cell nucleus that carries the genes in a linear order

■ endemic
[endémik]

ⓝ 풍토병 ⓐ 한 지방 특유의, 그 지방 특산의

n. a disease that is constantly present to a greater or lesser degree in people of a certain class or in people living in a particular location *a.* native to or confined to a certain region

endemic species 고유종 endemic disease 풍토병

■ evolution
[èvəlú:ʃən]

evolve ⓥ

ⓝ 진화, 발전

He is a believer of Darwin's theory of Human **Evolution**.
그는 다윈의 인류진화론을 믿는 사람이다.

the theory of **evolution** 진화론

■ **feed**
[fiːd]

ⓥ 먹이를 주다, 기르다

to give food to a person or an animal

Do not **feed** wild animals.
야생동물에게 먹이를 주지 마십시오.

■ **fern**
[fəːrn]

ⓝ 양치류, 양치식물(고사리과)

a plant that has long stems with feathery leaves and no flowers

fern seed 양치의 포자(胞子)

■ **fossil**
[fάsəl]

ⓝ 화석, 발굴물

the hard remains of a prehistoric animal or plant that are found inside a rock

Fossils are the remains of creatures which existed long ago.
화석은 오래 전에 존재했던 생물체들의 남아 있는 흔적이다.

a fossil shell 화석이 된 조개
fossil fuel 화석연료 (석유, 석탄, 천연가스 등)
fossilize 화석이 되다, 화석이 되게 하다

■ **genetics**
[dʒənétiks]

ⓝ 유전학, 유전적 특징

syn. **genetic science**

the branch of biology that studies heredity and variation in organisms

■ **habitat**
[hǽbitæ̀t]

ⓝ 서식지, 산지

syn. **environment, habitation**

the type of environment in which an organism or group normally lives or occurs

habitation 거주지, 거주, 살기

■ **hibernation**
[hàibərnéiʃən]

hibernate ⓥ

ⓝ 동면, 피한

the inactive or resting state in which some animals pass the winter

■ inherit

[inhérit]

inheritance ⓝ

ⓥ 물려받다, 유전하다

to receive from a predecessor; to receive by genetic transmission

Ron **inherited** his father's nose.
론은 자기 아버지의 코를 물려받았다.

maternal inheritance 모성유전

■ mammal

[mǽməl]

ⓝ 포유동물

any warm-blooded vertebrate having the skin more or less covered with hair

marine **mammals** 해수

■ metabolism

[mətǽbəlìzm]

ⓝ 신진대사, 대사작용

the organic processes (in a cell or organism) that are necessary for life

basal **metabolism** 기초대사

■ nocturnal

[nɑktə́:rnl]

ⓐ 야행성의, 야간의

ant. **diurnal**

belonging to or active during the night

nocturne 야상곡, 야경화

■ organic

[ɔ:rgǽnik]

organism ⓝ

ⓐ 유기체의, 생물의

of or relating to or derived from living organisms

Incorporating **organic** material into soils will reduce the alkalinity.
유기체 물질을 토양에 섞으면 알칼리성이 낮아진다.

organic remains 생물의 유해

■ parasite

[pǽrəsàit]

ⓝ 기생동물, 기생식물, 기생충

an animal or plant that lives in or on a host

■ **pesticide** [péstəsàid]

ⓝ 살충제, 농약

a chemical used to kill pests (as rodents or insects)

■ **photosynthesis** [fòutəsínθəsis]

ⓝ 광합성

synthesis of compounds with the aid of radiant energy (especially in plants)

■ **predator** [prédətər]

ⓝ 포식자, 포식동물

any animal that lives by preying on other animals

With camouflage of the dead leaf mantis makes itself less visible to both its **predators** and prey.
낙엽처럼 위장해서 사마귀는 자신을 포식자와 먹이 양측 모두에게 잘 안 보이게 한다.

predatory 포식성의, 육식성의

■ **prey** [prei]

ⓝ 먹이, 밥 ⓥ 먹이로 삼다, 포식하다

Many predators specialize in hunting only one species of **prey**.
많은 포식동물들이 오직 한 종의 먹이만을 사냥한다.

prey on the plant-eaters 초식동물을 먹이로 삼다

■ **reproduction** [rì:prədʌ́kʃən]

reproductive ⓐ
reproduce ⓥ

ⓝ 번식, 생식

the process of generating offspring

asexual **reproduction** 무성생식
sexual **reproduction** 유성생식
reproductivity 번식력 reproductive cell 생식세포

■ **reptile** [réptil]

reptilian ⓐ

ⓝ 파충류, 파행동물

Reptiles are thick-skinned; unlike amphibians, they do not need to absorb water.
파충류는 양서류와 달리 두꺼운 피부를 가지고 있는데, 파충류는 물을 흡수할 필요가 없다.

■ **species**
[spíːʃiːz]

ⓝ (분류상의) 종, 종류, 인종

The question of how best to define "**species**" is one that has occupied biologists for centuries.
종이라는 말을 어떻게 정의하는 것이 가장 좋은가는 수세기에 걸쳐 생물학자들을 괴롭힌 문제이다.

■ **specimen**
[spésəmən]

ⓝ 표본, 견본

a single plant or animal which is an example of a particular species or type and is examined by scientists

Fossil **specimens** from various forms of prehistoric life can be seen at the Museum of Natural History.
선사시대의 각종 생물체의 화석 표본들은 자연사 박물관에 가면 볼 수 있다.

specimens of rare insects 희귀한 곤충표본

■ **vertebrate**
[və́ːrtəbrèit]

ⓝ 척추동물 ⓐ 등뼈가 있는

ant. **invertebrate**

a creature which has a spine

Usually, the defining characteristic of a **vertebrate** is considered the backbone or spinal cord, a brain case, and an internal skeleton.
일반적으로 척추동물의 공통된 특성은 등뼈와 척추, 머리, 내부 골격으로 여겨진다.

■ **wildlife**
[wáildlàif]

ⓝ (집합적으로) 야생생물 ⓐ 야생생물의

all living things (except people) that are undomesticated

■ **zoology**
[zouɑ́lədʒi]

ⓝ 동물학, 동물의 생태

the branch of biology that studies animals

Words you should know about Biology

adapt	적응시키다 (adjust, accommodate), 적응하다
aerial	공중의, 공기의 aerial attacks 공중공격
algae	조류 (藻類) algae bloom 수화현상
amber	호박 (琥珀 지질시대의 수지(樹脂)가 석화한 것)
amino acid	아미노산
amoeba	아메바
amphibian	양서류(의), 수륙양용(의)
anatomy	해부학, 병리, 분석
annual ring	나이테
antenna	촉각, 더듬이 (feeler)
arthropod	절지동물
assemblage	집단, 집합
bacteria	박테리아 [단수 bacterium]
bark	나무껍질, 기나피
bill	(길고 편평한) 부리
biochemistry	생화학 biochemical 생화학의
biodiversity	생물의 다양성

biogeography	생물지리학
biotechnology	생명공학
biotic	생명에 관한, 생명의
bite	물다, 쏘다 He was bitten by mosquitoes several times. 그는 모기에게 여러 번 물렸다.
bloom	(꽃이) 피다, 꽃
botanist	식물학자
botany	식물학
breed	품종개량하다, (새끼를) 낳다
breeding	번식, 품종개량 the breeding grounds 번식지
broadleaf tree	활엽수
brood	한 배 병아리, 종족, 품종
burrow	굴, (굴을) 파다
capillary	모관의 capillary attraction 모세관인력
capillary vessel	모세혈관 (capillary tub)
carapace	(게, 새우 등의) 갑각 (甲殼)
carbon dioxide	이산화탄소 Absorption of carbon dioxide occurs mainly in areas of thick forests. 이산화탄소의 흡수는 주로 울창한 삼림에서 일어난다.
carnivorous	육식성의 carnivore 육식동물

caterpillar	모충
cell	세포
cellular	세포의, 세포질의
centipede	지네
chameleon	카멜레온
chick	병아리
chirp	지저귀다
chloroplast	엽록체
chromatin	염색질
chromosome	염색체
cicada	매미 [복수 cicadae]
clam	대합조개
claw	(고양이, 매 등의 날카롭고 굽은) 갈고리 발톱
climax community	안정군락
clone	복제
cloning	복제화 (미수정란의 핵을 체세포의 핵으로 바꿔 놓아 유전적으로 똑같은 생물을 얻는 기술)
cobweb	거미줄(집)
cocoon	누에고치

coexist	공생하다, (동일한 장소에) 존재하다
community	군락, 군집
coniferous tree	침엽수
conjugation	(생식 세포의) 접합
coral	산호, 산호충
cougar	아메리카 라이온
coyote	코요테
crane	학
crawl	기어가다 There is a lizard crawling on the window. 도마뱀 한 마리가 창문 위를 기어가고 있다.
cricket	귀뚜라미
cryogenics	저온학, 인공기상학 cryogenic 극저온을 필요로 하는
cub	(곰, 사자, 이리 같은) 동물의 새끼
cytology	세포학
deciduous tree	낙엽수 deciduous teeth 젖니
decomposition	분해, 분산
defoliation	낙엽
deft	솜씨 있는 A cross bill is deft at removing the seeds. 교배조의 부리는 씨를 잘 골라낸다.
demise	사망

dinosaur	공룡
DNA	디오시리보핵산 (deoxyribonucleic acid 생물의 유전자의 본체를 이루는 고분자물질)
early stage	초기 단계
earthworm	지렁이
ecosystem	생태계
ecotype	생태형, ecospecies (생태종)의 하위 개념
eel	뱀장어
embryo's structure	태아 구조
endemic	한 지방 특유의, 그 지방 특산의
enzyme	효소 enzyme engineering 효소공학
evergreen tree	상록수
evolution	진화
extant	현존하는 the only species extant 현존하는 유일한 종
fang	송곳니, (뱀의) 독아 (毒牙)
fauna	(한 지역 또는 한 시대의) 동물상, 동물지 (誌)
feed	먹이를 주다
ferment	발효시키다 natural ferment [fermentation] of food 식품의 발효
fermentation	발효

fern	양치류
fertilization	수정
flap	덮개, (날개를) 퍼덕이다
flock	(양, 염소, 집오리, 새 등의) 무리 herd (소, 돼지의) 무리 pack (사냥개, 이리 등의) 무리 school, shoal (물고기의) 무리 drove (가축의) 떼 지어 가는 무리
flora	(한 지방 또는 한 시대에 특유한) 식물상 (相), 식물지 (誌)
foliage	(집합적으로 초목 한 그루 전체의) 잎
forage	식량을 구하다 animal foraging for food 먹을 것을 찾으러 다니는 동물
fossil	화석(의)
fungus	진균류, 효모균 [복수 fungi]
gene	유전자
gene bank	유전자 은행
genesis	기원, 발생 the genesis of life 생명의 기원
genetic engineering	유전공학
genetic manipulation	유전자 조작
genetics	유전학
genotype	유전자형

genus	(생물학 분류상의) 속 (屬): 과 (科 family)와 종 (種 species)의 중간
germinate	발아하다 (sprout, bud)
gill	(버섯의) 주름, (닭, 칠면조 등의) 턱 밑의 처진 살
goat	염소
gourd	호리병박, 조롱박
graze	풀을 뜯어먹다, (가축에게) 풀을 뜯어먹게 하다
grizzly bear	회색곰 (북미 · 러시아 일부 지역에 사는)
habitat	서식지
hardy	단련된, 강건한
hatch	부화하다 The duck hatched five ducklings. 그 오리는 새끼를 다섯 마리 부화시켰다.
heath	히스, 황야에 자생하는 관목
hemophilia B	B형 혈우병
herbivore	초식동물
herd	(동물의) 무리 A herd of antelopes was grazing in the field. 영양 떼가 들판에서 풀을 뜯어먹고 있었다.
hibernation	동면
hippopotamus	하마

hoof	발굽
hornet	호박벌
host	숙주
hybridization	(이종) 교배 hybrid 잡종
hyena	하이에나
inbreeding	동종번식, 근친교배
incubate	인공부화하다 Hummingbirds need six weeks to build a nest, incubate their eggs, and raise the chicks. 벌새는 둥지를 짓고 알을 품고, 새끼를 키우는 데 6주가 걸린다.
inherit	유전하다, 물려받다
inheritance	유전
insect	곤충 an insect net 포충망
invertebrate	척추가 없는, 무척추동물의
ivory	상아
jellyfish	해파리
larva	유충
locust	메뚜기
lush	청청한, 싱싱한
mammal	포유동물

mate	짝
mature	성숙한
meiosis	감수분열 (reduction division)
metabolism	신진대사
metamorphosis	변태
microbe	미생물, 병원균
microorganism	미생물
migrant	철새, 이주성의 (migrating)
migration	이주 the migration of birds 새들의 이동
mineral	광물, 광물(성)의, 광물을 함유한 a mineral vein 광맥
mole	두더지
mollusk	연체동물
moss	이끼
mutant	돌연변이체, 변종 mutation 돌연변이
nectar	과즙, 꽃 속의 꿀
nesting	보금자리를 짓는 것
nocturnal	야행성의 ⇔ diurnal 주간의
nostril	콧구멍

nucleus	세포핵
nutrition	영양
occur	서식하다 Bats occur almost everywhere. 박쥐는 거의 모든 곳에 서식한다.
offspring	자손
omnivore	잡식동물
omnivorous	잡식성의
organic	유기체의, 생물의
otter	수달
oviparity	난생 oviparous 난생의
owl	부엉이
ox	수소 [복수 oxen]
paleontology	고생물학
parasite	기생동물 [식물], 기생충
parasitic	기생의
parasitism	기생
pathogen	병원균, 병원체
paw	(동물의) 발
perch	~에 앉다, 횃대 take one's perch (새 등이) 횃대에 앉다

pest	해충
pesticide	살충제, 농약
petal	꽃잎
pheasant	꿩
photosynthesis	광합성
phylogenetic tree	계통수 (genealogical tree) 동물이나 식물의 진화과정을 수목의 줄기와 가지의 관계로 나타낸 것
phylum	(동물 분류상의) 문, 식물은 division
physiology	생리학
plume	(큰 새의) 깃털 (작은 새의 깃털은 feather)
pollen	꽃가루 pollen count (일정한 장소의 공기 속에 들어 있는) 꽃가루의 수
pollinate	(꽃에) 수분(가루받이) 시키다
population	개체군, 집단 the elephant population of Kenya 케냐의 코끼리의 수
poultry	(집합적으로 복수 취급하여) 가금 (닭, 칠면조, 집오리, 거위, 때로는 비둘기, 꿩 등)
prairie dog	프레리도그 (북미 대초원 지대에 사는 다람쥐과 동물)
predator	포식동물
prey	먹이로 삼다, 포식(하다)
primate	영장류의 동물

progeny	자손 (offspring)
protective coloring	보호색 (protective coloration)
protein	단백질
protozoa	원생동물문
prowl	(동물이 먹이를 찾아) 헤매다
proximity	근접 proximity of blood 근친
pupa	번데기
rat	쥐 mouse 생쥐
rattle	덜걱덜걱 소리 나다 a rattle snake 방울뱀
recombination	(유전자의) 재조합
replication	재생, 복제 replicate 복제하다
reproduce	번식시키다
reproduction	번식, 생식
reptile	파충류
rhinoceros	코뿔소
RNA	리보핵산 (ribonucletic acid)
roost	잠자리에 들다
ruminant	(소, 염소 등의) 반추동물 (소화 형태상 되새김질 하는 동물)

scale	비늘, 껍질
school	(물고기, 고래 등의) 떼, 무리 a school of whales 고래 떼
skeleton	골격
skylark	종달새
snail	달팽이
species	(분류상의) 종
species diversity	종의 다양성
specimen	표본, 견본
sperm	정자
sponge	해면동물
squirrel	다람쥐
starfish	불가사리
stem	줄기
stump	(나무, 식물의) 그루터기
subspecies	아종, 변종 (생물 분류학상 종의 하위단계)
succession	연속, 승계, 상속
survival	생존 the survival of the fittest 적자생존
swarm	(벌이나 개미 등의) 무리, 떼 a swarm of ants 개미떼

synthesis	통합
tadpole	올챙이 (polliwog)
taxonomy	분류학, 분류법
thrush	개똥지빠귀
tissue	(동식물의 세포의) 조직 brain(nervous) tissue 뇌 (신경)조직
toad	두꺼비
transformation	변형, 변태 the transformation of a tadpole into a frog 올챙이의 개구리로의 변태
trout	송어
trunk	(나무) 줄기, 몸통, 본체
tusk	엄니
vascular plants	유관속식물
venom	독, (독사, 전갈, 벌 등이 분비하는) 독액 (毒液) a venom fang 독니
vermin	해충
vertebrate	척추동물 ⇔ invertebrate 무척추동물
viviparity	태생 (胎生) viviparous 태생의
vulture	독수리 the endangered California condor 멸종 위기에 처한 캘리포니아 독수리
weasel	족제비

18 Day

의학 ❶

여러분은 타박상(bruise)이나 심한 기침(cough)이나 열(fever)을 동반한 설사(diarrhea) 등으로 가까운 병원(clinic)에 가서 진료를 받아본 적이 있으시죠? 하지만 가벼운 증상임에도 불구하고 병원에 너무 자주 진료를 받으러 가고 약에 너무 많이 의존하는 것은 좋지 않아요. 그러나 어떤 병이든 손상된 면역체계(impaired immune system)로 인한 감염(infection)을 막고 합병증(complication)을 방지하고 조속히 치료(cure)하기 위해서는 빠른 진단(diagnosis)이 필수랍니다. 또한 해외여행이 빈번해짐에 따라 새로운 유형의 유행병(epidemic)이 많이 생겼다고 하네요.

그리고 비만 또는 약물중독 등도 날로 증가하는 추세예요. 비만도 약물중독도 많은 질병(disease)의 원인이 되기 때문에 우려의 목소리가 점점 높아지고 있어요. 예를 들어, 비만으로 인한 복부(abdomen) 지방은 고혈압(hypertension)이나 당뇨(diabetes)와 같은 만성 질환(chronic disease)을 유발한다고 알려져 있거든요. 우리나라 사람들이 건강에 대한 관심이 높아감에도 불구하고, 건강에 대한 위협이 줄어들었다기보다는 오히려 늘어난 것 같네요.

abdomen [ǽbdəmən]

ⓝ 복부, 배

syn. **belly**

the region of the body of a vertebrate between the chest and the pelvis

ache [eik]

ⓥ 아프다 ⓝ 아픔 (신체부위 + ache의 형태로 쓰임)

v. to feel physical pain ***n.*** a dull persistent (usually moderately intense) pain

headache 두통　toothache 치통

anemic [əníːmik]

anemia ⓝ

ⓐ 빈혈의, 허약한

lacking red cells in blood

Don't begin taking high doses of iron supplements if you do not know for a fact that you are **anemic**.
당신에게 빈혈이 있다는 것을 모른다면 철분 보충제를 다량 복용하지 마시오.

anesthesia [æ̀nəsθíːʒə]

ⓝ 마취, 무감각증

loss of bodily sensation with or without loss of consciousness

Anesthesia care today is nearly 50 times safer than it was 20 years ago.
오늘날의 마취 관리는 20년 전보다 거의 50배 안전해졌다.

anesthetic 마취의, 마취제
anesthesiologist 마취 전문의

artery [ɑ́ːrtəri]

arterial ⓐ

ⓝ 동맥, 중추

the tube in a body that carries blood from its heart to the rest of the body

cf. vein 정맥

asthma [ǽzmə]

ⓝ 천식

asthmatic 천식의, 천식 환자

■ **bandage**
[bǽndidʒ]

ⓝ 붕대, 안대

a long strip of cloth which is wrapped around a wounded part of someone's body to protect or support it

put a **bandage** on a wound 상처 부위에 붕대를 감다

■ **bruise**
[bru:z]

bruised ⓐ

ⓝ 타박상, 멍, 흠

an injury that doesn't break the skin but results in some discoloration

■ **chronic**
[krάnik]

ⓐ 만성적인, 상습적인

being long-lasting and recurrent or characterized by long suffering

Chronic Fatigue Syndrome 만성피로증후군
cf. acute 급성의

■ **clinic**
[klínik]

clinical ⓐ

ⓝ 병원, 진료소, 임상강의

clinical psychology 임상심리학
clinical pathology 임상병리학

■ **complication**
[kὰmpləkéiʃən]

ⓝ 합병증, 여병

any disease or disorder that occurs during the course of (or because of) another disease

■ **contagious**
[kəntéidʒəs]

contagion ⓝ

ⓝ 전염성의, 보균자의

syn. **catching, communicable, infectious**

capable of being transmitted by infection

He is suffering from a highly **contagious** disease of the lungs.
그는 매우 전염성이 강한 폐 질환으로 고통 받고 있다.

a **contagious** disease 전염병

MP3

■ cough

[kɔ(:)f]

ⓝ 기침 ⓥ 기침하다

n. sudden expulsion of air from the lungs that clears the air passages ***v.*** to exhale abruptly, as when one has a chest cold or congestion

■ cure

[kjuər]

ⓥ ~을 치료하다, 병을 고치다 ⓝ 치료, 치유

I can't **cure** this disease.
나는 이 병을 치료할 수 없다.

be cured of (a disease) (병이) 낫다
cough syrup 액체 기침약 **cough drop** 기침 멎게 하는 알약

■ dehydration

[di:háidreiʃən]

dehydrate ⓥ

ⓝ 탈수(증), 건조

depletion of bodily fluids

■ diabetes

[dàiəbí:tis]

ⓝ 당뇨병

a medical condition in which someone has too much sugar in their blood

diabetic 당뇨병의, 당뇨병 환자

■ diagnose

[dáiəgnòus]

diagnosis ⓝ

ⓥ 진단하다, 조사 분석하다

to determine or distinguish the nature of a problem or an illness through a diagnostic analysis

misdiagnose 오진하다 **make a diagnosis on the case of** ~에 걸린 환자를 진찰하다

■ diarrhea

[dàiərí:ə]

ⓝ 설사

frequent and watery bowel movements

■ disease

[dizí:z]

ⓝ 질병, 질환

syn. **malady**

an impairment of health or a condition of abnormal functioning

■ **dose** [dous]

ⓝ 복용량, 투여량

the maximum permissible **dose** 약의 최대 허용량
effective **dose** 유효 복용량 a **dose** of medicine 약의 1회분 복용량 dosage 특약, 조제, 투약량

■ **epidemic** [èpədémik]

ⓝ 유행병 ⓐ 유행성의

syn. **pandemic, plaguelike**

n. disease or anything resembling a disease
a. a widespread outbreak of an infectious disease

cf. endemic 어떤 지방 특유의

■ **fever** [fíːvər]

feverish ⓐ

ⓝ 열, 발열, 열기

a rise in the temperature of the body

He is absent because of a serious **fever**.
그는 심한 열 때문에 결석했다.

■ **hepatitis** [hèpətáitis]

ⓝ 간염

inflammation of the liver caused by a virus or a toxin

■ **hypertension** [háipərtènʃən]

ⓝ 고혈압, 긴장항진증

syn. **high blood pressure**

a common disorder in which blood pressure remains abnormally high

■ **immune** [imjúːn]

immunity ⓝ

ⓐ 면역의, 면역성이 있는

having a natural resistance to or protected by inoculation from (a particular disease)

Most adults are **immune** to Rubella.
대부분의 성인은 풍진에 면역을 갖고 있다.

immune system 면역 체계
immune response(reaction) 면역반응
acquired **immune** deficiency syndrome 후천성면역결핍증(AIDS)

■ impair

[impέər]

impaired ⓐ
impairment ⓝ

ⓝ 해치다, 손상시키다

to make imperfect

Overwork **impaired** his health.
그는 과로로 건강을 해쳤다.

hearing impairment 청각 장애

■ implant

[implǽnt]

implantion ⓝ

ⓝ 신체에 이식되는 대치물 ⓥ 이식하다

n. something that is put into a person's body in a medical operation ***v.*** to put something into a person's body by means of a medical operation

In some cases **implants** contain electronics such as artificial pacemaker.
어떤 경우 신체에 이식되는 대치물은 인공 심박동기처럼 전자 기기를 내장하고 있다.

implant a piece of bone 뼈를 이식하다

■ incubation

[ìnkjubéiʃən]

ⓝ 잠복 (기간), 부화

incubator 부화기, 미숙아 보육기, 세균 배양기
incubation period 잠복기
artificial **incubation** 인공부화

■ infection

[infékʃən]

infect ⓥ

ⓝ 감염, 전염병

the invasion of the body by germs or bacteria which can lead to tissue damage and disease

The host's response to **infection** is inflammation.
감염에 대한 숙주의 반응은 염증이다.

infected 감염된 ⇔ uninfected 감염되지 않은
infectious 전염성의

Words you should know about Medicine 1

abdomen	복부 (belly)
abdominal muscle	복근
abstain	삼가다, 그만두다 (refrain) abstain from drinking 금주하다
abuse	악용하다, 남용하다
Achilles tendon	아킬레스건
acrophobia	고소 공포증 -phobia ~공포증
addiction	(마약 등의) 중독 addict 중독환자, 중독 시키다
adhesive-plaster	반창고
adrenaline	아드레날린 epinephrine 아드레날린제
airborne irritant	공기로 운반되는 자극제
alcoholic	알코올중독 환자
allergens	알레르기를 일으키는 물질
allergy	알레르기 pollen allergy 꽃가루 알레르기 (hay fever)
amnesia	기억력 상실, 건망증
amniocentesis	양수천자 (양수를 추출하여 태아의 성별염색체의 이상을 판정하는 법)
amniotic fluid	양수

anemic	빈혈의 anemia 빈혈(증)
anesthesia	마취
anesthetize	마취시키다
aneurysm	동맥류 varicose veins 정맥류
ankle	발목(관절) sprain one's ankle 발목을 삐다
antibiotics	항생물질 administer antibiotics to the patient 환자에게 항생물질을 투여하다
antibody	항체
anticoagulant	(혈액의) 응고를 방해하는 물질
anus	항문
aorta	대동맥
appendicitis	맹장염, 충수염 He was operated on for appendicitis. 그는 맹장염 수술을 받았다.
appetite	식욕, 욕구
arachnoid	거미 망막 subarachnoid hemorrhage 지주막하 출혈
artery	동맥 ⇔ vein 정맥
arthritis	관절염
asthma	천식
atopic dermatitis	아토피성 피부염

auditory	청각의, 귀의 auditory difficulties 청각장애
bandage	붕대
bladder	방광
bleed	출혈하다 bleed to death 출혈과다로 죽다
blood clotting	응혈
blood pressure	혈압 manometer 혈압계
blood vesse	혈관
brain death	뇌사 (cerebral death) euthanasia 안락사(mercy killing)
brain tumor calcification	뇌종양석회화
breakdown	쇠약 a nervous breakdown 신경쇠약
breakthrough	대 발견 make a breakthrough in medicine 의학분야에서 큰 발전을 기록하다
bruise	타박상
burn	화상 a burn on the finger 손가락 화상
buttock	엉덩이
Caesarean birth	제왕절개
cancer	암 terminal cancer patients 말기암 환자
cerebellum	소뇌

cerebrum	대뇌
chemotherapy	화학요법
chest	흉부
chicken pox	천연두
chin	턱 끝
choke	질식시키다
cholera	콜레라
cholesterol level	콜레스테롤 수치
chronic illness	만성질환 ⇔ an acute illness 급성질환
chronically	만성적인
circumcision	포피 절제
clinical test	임상실험
clot	응고시키다
colostrum	초유
coma	혼수상태 (lethargy) go into a coma 혼수상태에 빠지다
complication	합병증
compress	압박붕대
constipation	변비

contagious	전염성의 (infectious, epidemic, taking, pestilent) a contagious disease 전염병
contraction	단축
coronary	관상동맥(의) a coronary occlusion 관상동맥 폐색 coronary thrombosis 관상동맥혈전증
correlation	상관관계, 상호작용 There is a correlation between smoking and lung cancer. 흡연과 폐암 사이에는 상관관계가 있다.
cough suppressant	기침 억제제 whooping cough 백일해
cramp	(근육의) 경련, 쥐 a cramp in the calf 종아리에 난 쥐
cripple	절름거리게 하다
crystalline	결정체, (눈알의) 수정체 rystalline lens (안구의) 수정체
curtail	삭감하다 curtail medical spending 치료비를 줄이다
cystitis	방광염 cyst 낭종, 낭포
decongestant	소염제, 충열 완화제
deficiency	부족, 결핍 a vitamin deficiency 비타민 부족
dehydration	탈수(증)
depression	우울증
diabetes	당뇨병
diabetic	당뇨병 환자

diagnosis	진단
diaphragm	횡격막
diarrhea	설사
dietary therapy	식이요법
digest	소화하다 digestive system 소화기계통
diphtheria	디프테리아
disabled	불구가 된
dislocated finger	손가락 탈구
dislocation	탈구
distend	팽창하다 Rapid ascent in water distends a lung. 물속에서 급하게 올라오면 폐가 팽창한다.
diuretic	이뇨의, 이뇨제
dizziness	어지럼증 dizzy 현기증 나는, 어지러운
dose	복용량
Down's syndrome	다운증후군
drip	점적 (infusion) be put on a drip 조금씩 떨어뜨리다
duodenum	십이지장 duodenal 십이지장의 a duodenal ulcer 십이지장 궤양
eczema	습진

elbow	팔꿈치 elbow a person aside ~를 팔꿈치로 밀어 제치다
embryo	(보통 임신 8주일까지의) 태아
emphysema	기종
encephalitis	뇌염
encephalomyelitis	뇌척수염
epidemic	유행병
epilepsy	간질
esophagus	식도 (gullet)
exhale	내쉬다
fertility drug	임신촉진제
fetal	태아의
fetus	(임신 3개월 후의) 태아
folk medicine	민간요법
forceps	집게
forehead	이마 (brow)
fracture	골절 suffer a fracture 골절상을 입다
frostbite	동상 suffer from frostbite 동상에 걸리다
gall bladder	쓸개

gastritis	위염
genetic code	유전정보
genital	생식(기)의
germ	세균 a room free of germs 무균실
gestation	잉태 (pregnancy, conception)
gland	선, 분비기관 the sweat glands 한선, 땀샘
glaucoma	녹내장
glucose	포도당
goiter	갑상선종
gonorrhea	임질
gullet	식도
gum	잇몸
hay fever	건초열 (pollen allergy)
heart attack	심장발작
heart disease	심장병 (heart trouble)
heartbeat	심장박동 (pulse)
heartburn	가슴앓이, 질투 (upset stomach)
heel	(발) 뒤꿈치

hemorrhage	대출혈 suppress a hemorrhage 출혈을 막다
hemorrhoids	치질
hepatitis	간염
hepatitis B	B형간염 provide proof of full immunization against the hepatitis B virus B형 간염 바이러스에 대해 충분한 면역체계를 제공하다
hepatitis B vaccine	B형간염 백신
hernia	탈장 (rupture)
herpes	포진, 헤르페스
hip	둔부
histamine	히스타민
HIV	에이즈 바이러스 (the human immunodeficiency)
hives	두드러기, 염증
hormone	호르몬
humidifier	가습기
hydrocephalus	뇌수종, 수두증
hygienic	위생적인
hypersensitivity	과민증
hypertension	고혈압 (high blood pressure)

hysterectomy	자궁적출
immune	면역의
immune system	면역체계
immunization	예방접종, 면역조치 The Student Health Center can provide your immunizations free of charge. 학생의료센터는 무료로 예방접종을 제공할 수 있다.
impair	손상시키다, 해치다
impalpable	지각할 수 없는
implant	이식하다
impulse	충동 on impulse 충동적으로
incubation	잠복 (기간) (incubation period)
infection	감염, 전염병

19 Day

의학 ❷

어릴 적에 누구나 병원 놀이를 하면서 의사가 되어 환자(patient)의 증상(symptom)을 묻고 처방전(prescription)을 쓰고 주사를 놔주기도 했을 텐데요. 여러분은 청진기(stethoscope)와 체온계(thermometer)를 손에 든 내과의사(physician)와 수술 칼을 든 외과의사(surgeon) 중 어느 쪽을 꿈꾸셨나요?

고령화 사회로 빠르게 진입하는 우리나라는 의학(medical) 분야에 대한 수요가 크게 증가할 거예요. 중장년층에 걸리기 쉬운 비만(obesity)과 뇌졸중(apoplexy) 등과 같은 발작(stroke)의 위험, 2차 감염으로 인해 폐렴(pneumonia) 같은 호흡기질환(respiratory disease)이 증가하는 추세이고, 어르신들은 넘어지시기라도 하면 골반(pelvis) 등에 쉽게 골절(fracture)을 입는 경우가 많기 때문이지요.

- **injure**
  [índʒər]
  injury ⓝ

  ⓥ 상처를 입히다, 다치게 하다
  syn. **hurt**
  to cause injuries bodily harm to

  That baby is **injured** by a needle.
  저 아기는 바늘 때문에 다쳤다.

- **leukemia**
  [lu:kí:miə]

  ⓝ 백혈병
  a disease of the blood in which the body produces too many white blood cells

- **measles**
  [mí:zlz]

  ⓝ 홍역, 홍진, 발진성 질병
  an acute and highly contagious viral disease marked by distinct red spots followed by a rash

- **medical**
  [médikəl]

  ⓐ 의학의, 내과의
  relating to illness and injuries and to their treatment or prevention

  She is a **medical** doctor.
  그녀는 의학 박사이다.

- **obesity**
  [oubí:səti]
  obese ⓐ

  ⓝ 비만, 비대
  more than average fatness

  Obesity is increasingly viewed as a serious public health problem.
  비만은 점차 심각한 공공 보건 문제로 인식되고 있다.

- **ointment**
  [ɔ́intmənt]

  ⓝ 연고, 화장크림
  a smooth thick substance that is put on sore skin or a wound to help it heal

  He applied **ointment** to burn wound.
  그는 화상을 입은 자리에 연고를 발랐다.

  rub **ointment** into one's arms 팔에 연고를 바르다

■ **pelvis**
[pélvis]
pelvic ⓐ

ⓝ 골반, 신장감
the wide, curved group of bones at the level of your hips
the **pelvis** major 대골반 the **pelvis** minor 소골반

■ **perspire**
[pərspáiər]
perspiration ⓝ

ⓥ 땀을 흘리다, 분비하다
syn. **sweat**
to secrete fluid from the sweat glands of the skin

The horse was **perspiring** heavily.
말은 땀을 심하게 흘리고 있었다.

■ **physician**
[fizíʃən]

ⓝ 의사, 내과 의사
a licensed medical practitioner
cf. surgeon 외과 의사

■ **pneumonia**
[nju:móunjə]

ⓝ 폐렴
a serious disease which affects your lungs and makes it difficult for you to breathe

■ **prescribe**
[priskráib]

ⓥ 처방하다, 처방전을 쓰다
to advise (a medicine) as a remedy, especially by completing a prescription

The physician **prescribed** the medicines for his patient.
의사가 환자에게 약을 처방해 주었다.

prescription 처방전

■ **respiration**
[rèspəréiʃən]
respiratory ⓐ
respire ⓥ

ⓝ 호흡, 단숨
the bodily process of inhalation and exhalation

His **respiration** grew fainter throughout the day.
그의 호흡은 시간이 지날수록 점점 더 약해졌다.

artificial **respiration** 인공호흡

■ smallpox

[smɔ́:lpɑ̀ks]

ⓝ 천연두, 마마

a serious infectious disease that causes spots which leave deep marks on the skin

■ sore

[sɔ:r]

soreness ⓝ

ⓐ 염증이 있는, 아픈

inflamed and painful

have sore shoulders 어깨가 쑤시다
cold sore 감기 등으로 인해 생기는 입언저리 발진

■ stethoscope

[stéθəskòup]

ⓝ 청진기

a medical instrument for listening to the sounds generated inside the body

The stethoscope is able to transmit certain sounds and exclude others.
청진기는 특정한 소리는 전달하고 나머지는 들리지 않게 할 수 있다.

■ stimulus

[stímjuləs]

ⓝ 자극, 격려, 흥분제

pl. **stimuli**

something that encourages activity in people or things

under the stimulus of ~의 자극을 받아

■ stroke

[strouk]

ⓝ 발작, 뇌졸중

a sudden loss of consciousness resulting when a blood vessel bursts or becomes blocked that leads to oxygen lack in the brain

sunstroke(=heatstroke) 일사병

■ surgeon

[sə́:rdʒən]

ⓝ 외과의사

a physician who specializes in surgery

surgery 수술
cf. **physician** 내과 의사

■ **symptom**
[símptəm]

ⓝ 증상, 증후, 징조

a sign of illness

One of the most common **symptoms** of schizophrenia is hearing imaginary voices.
정신분열증의 가장 흔한 증상 중에 하나는 가공의 목소리들을 듣는 것이다.

subjective **symptom** 자각 증상
allergic **symptom** 알레르기 증상

■ **thermometer**
[θərmámətər]

ⓝ 온도계, 체온계

an instrument for measuring temperature

a clinical **thermometer** 체온계
a centigrade **thermometer** 섭씨 온도계

■ **tuberculosis**
[tjubə̀ːrkjulóusis]

ⓝ 결핵(TB), 폐결핵

a serious infectious disease that affects someone's lungs and other part of their body

According to the WHO, nearly 2 billion people have **tuberculosis**.
WHO에 따르면, 거의 20억에 달하는 사람들이 결핵에 걸려 있다.

tuberculin test 결핵 검사

■ **urine**
[júərin]

urinate ⓥ
urinary ⓐ

ⓝ 오줌, 소변

waste liquid that collects in the bladder and is passed from the body

Urine is the result of a mechanism that maintains the appropriate amount of water in the body.
소변은 신체에 적당한 양의 수분을 유지하려는 메커니즘의 결과이다.

urinal 소변기 urinalysis 소변검사

Words you should know about Medicine 2

influenza	유행성 감기 (flu)
inhale	들이마시다, 흡입하다
innocuous	무독성의
insomniac	불면증 환자
insulin	인슐린
intoxication	중독
intravenous	정맥주사
itchy	가려운
jaundice	황달
jaw	턱
joint	관절 set the arm in joint 팔의 관절을 맞추다
jugular	경부의
kidney	신장
large intestine	대장
laryngitis	후두암
larynx	후두
lesion	장애, 손상

letdown	감소, 감퇴 (decline)
leukemia	백혈병
lifestyle-related disease	생활 습관병
ligament	인대
liver	간장
longevity	장수
lung	폐 lung capacity 폐활량
malady	질병 (disease)
malign	악성의 (malignant) ⇔ benign 양성의
measles	홍역
medical examination	건강진단
Medicare	노인의료보험제도 Medicaid (65세 미만의 저소득자, 신체 장애자를 위한) 국민의료보장(제도)
medication	약물치료
membrane	막, 세포막
menopause	폐경기
metastases	폐전이, (암세포) 전이
midwife	조산원, 산파

mlscarriage	유산 abortion 낙태
mitigate	완화하다, 진정시키다
moderation	(정도에) 알맞음
mumps	유행성 이하선염
myopia	근시
nasal cavity	비강
nausea	메스꺼움
navel	배꼽
nerve	신경 nerve strain 신경과로 (피로)
nervous system	신경계
neuron	신경세포
nodule	작은 혹
nurture	영양물을 공급하다
obesity	비만 obese 지나치게 살찐
ointment	연고
olfactory	후각의
oral cavity	구강
ovary	난소

ovule	난세포
palm	손바닥
pancreas	췌장
paralyze	마비시키다 the traffic paralyzed by the snowstorm 눈보라로 마비된 교통
Parkinsonism	파킨슨병
pediatrician	소아과의사 pediatrics 소아과(학)
pelvis	골반
perceptible	지각할 수 있는 There is no perceptible change in her condition. 그녀의 상태에서 지각할 만한 변화는 없다.
perceptive	지각의
perspire	땀을 흘리다, 분비하다, 발한 (perspiration), 땀 (sweat)
pharmacy	약국 (drugstore)
pharynx	인두
physician	내과의사
physiognomy	인상
physique	체격
pierce	관통하다, 찌르다
pituitary	뇌하수체의

placenta	태반
plague	역병(에 걸리다)
platelet	혈소판
pneumoconiosis	진폐증
pneumonia	폐렴
poisoning	중독 lead poisoning 납중독
polio	소아마비
pore	모공
postpartum	산후의
posture	자세
practitioner	개업의사
pregnant	임신한 She is pregnant. She is expecting a baby. 그녀는 임신 중이다.
prescription	처방 prescribe 처방하다
preventive medicine	예방의학
prostate gland	전립선
protrude	내밀다, 내뻗다 protrude (put out) one's tongue 혀를 내밀다
pulmonary artery	폐동맥

pulse	맥 The doctor felt [took] her pulse. 의사는 그녀의 맥을 짚었다.
pupil	동공
quarantine	격리 keep a patient in quarantine 환자를 격리하다
rash	발진 (eruption)
rectum	직장
refrain	그만두다 Please refrain from smoking in the car. 자동차 안에서는 담배를 삼가주십시오.
refrigeration	냉장
relapse	재발하다 (return, reappear)
remove	적출하다 (extirpate)
respiration	호흡
respiratory system	호흡기관
retina	망막
rib	늑골
rubella	풍진
rupture	탈장
saliva	타액 (spittle)
sanitary	위생의 a bad sanitary condition 불량한 위생 상태

scalpel	외과용 메스
secrete	분비하다 secretion 분비
sensory	감각의 sensory memory 감각기억
shot	주사
skull	두개골
slipped disk	추간판 헤르니아, 디스크
small intestine	소장
smallpox	천연두
sore	아픈
spasm	경련
spinal	등뼈의 spinal anesthesia 척추마취
spinal cord	척수
spinal injury	척수손상
spine	등뼈
spleen	비장
sprain	삐다 (twist) sprain one's ankle 발목을 삐다
squeeze	압착하다
sterilization	불임 sterile 불임의

stethoscope	청진기
stimulus	자극 [복수 stimuli]
stomach	위 a sour stomach 속 쓰림
stretch	팽팽하게 잡아당기다
stretcher	들것
stroke	발작
stupor	인사불성, 혼수상태
sunstroke	일사병
surgeon	외과의사
surgical	외과의
susceptible	감염되기 쉬운 be susceptible to colds 감기에 걸리기 쉬운
swaddle	포대기, 강보 (diaper)
symptom	증상
syndrome	증후군
syphilis	매독
tablet	정제, 알약 (pill)
tactile	촉각의
temple	관자놀이

testis	고환
tetanus	파상풍 (lockjaw)
therapist	치료전문가
thermometer	온도계
thigh	허벅다리
throat	목구멍 I have a sore throat. 목이 아프다.
thyroid	갑상선
thyroid calcification	갑상선 석회화
thyroid carcinoma	갑상선 악성종양
toe	발가락
toxemia	독혈증
trachea	기관
tranquilizer	정신안정제
transplant	이식하다 transplant a heart 심장을 이식하다
trunk	몸통
tuberculin skin test	튜베르클린반응 (tuberculin reaction)
tuberculosis	결핵 (TB)

tumor	종양
typhoid	장티푸스
ulcer	궤양 (canker) a stomach ulcer 위궤양
umbilical cord	탯줄
uremia	요독증
urethra	요도
urinal	소변기
urinary organs	비뇨기관
urine	오줌, 소변
uterus	자궁 (womb)
vaccinate	예방접종을 하다 Tourists from foreign countries must be vaccinated against yellow fever. 외국에서 온 관광객은 황열병 예방 접종을 받아야 한다.
vaccine	백신
vermiform appendix	충수
vertebral column	척추 (spinal column)
viral infection	바이러스성 감염
virus	바이러스
vocal cord	성대

waist	허리
wheezing	(천식으로) 쌕쌕거리는 소리
white blood cell	백혈구
womb	자궁 from the womb to tomb 요람에서 무덤까지(from cradle to the grave)
wrinkle	주름
wrist	손목
x-ray	x선 사진

20 Day
건축(농업)

예전에는 많은 사람들이 도시(urban) 생활을 동경했었죠. 천정(ceiling)이 높고 넓은(spacious) 사무실과 하늘을 찌를 듯이 솟아있는 첨탑(spire)을 흉내 낸 현대식 고층빌딩, 멋진 대리석(marble)과 커다란 유리창들로 장식된 건물 외관(facade), 그 사이를 누비며 활보하는 저를 상상하는 것만으로도 기분이 좋아지던 시절이 있었죠.

하지만 요즘은 시골(rural)로 이주하는 분들도 많아요. 농업지역(agricultural area)에서 가축(livestock)을 키우고 스스로 먹을 농작물(crop)을 화학비료(fertilizer) 없이 경작(cultivation)하시는 분들의 행복은 비할 데가 없을 만큼 큰 것이라고 귀농하신 분들은 말씀을 하신답니다.

저도 언젠가 널따란 농장(farm)을 가지고 마구간(stable)에 말들을 키우고 개랑 고양이랑, 또 성질은 조금 괴팍하다지만 누비 재킷을 입은 듯한 모습이 너무너무 귀여운 당나귀(donkey)도 키우면서 동물농장을 하고 싶은 꿈이 있었는데, 여러분도 혹시 비슷한 꿈을 꾸어보신 적이 있나요?

- **aisle**
  [ail]

  ⓝ 복도, 통루

  syn. **corridor, passway, gangway**

  passageway between seating areas

  Aisles can be seen in certain types of buildings such as churches, courtrooms, and theaters.
  복도는 교회나 법정, 극장 등에서 볼 수 있다.

- **capacity**
  [kəpǽsəti]

  capacious ⓐ

  ⓝ (건물 따위의) 정원, 수용 인원

  the number of people or things that a building, place or vehicle can hold

  Each elevator has **capacity** of 12 people.
  각 엘리베이터는 12명을 정원으로 한다.

  capacity crowd 만원

- **ceiling**
  [síːliŋ]

  ⓝ 천장, 천장판자

  the overhead upper surface of a room

- **facade**
  [fəsɑ́ːd]

  ⓝ 전면(前面), 정면, 외관

  the face or front of a building

- **occupancy**
  [ɑ́kjupənsi]

  ⓝ 점유, 거주

  the act of occupying or taking possession of a building; an act of being a tenant or occupant

  occupancy of the palne 비행기의 수용 인원

- **renovation**
  [rènəvéiʃən]

  ⓝ 리모델링, 수리, 복원

  syn. **restoration**

  the act of improving by renewing and restoring

  Big box stores are becoming larger companies due to the increase in the desire for **renovations**.
  리모델링에 대한 요구가 증가하면서 대형 할인 매장들이 거대 기업으로 성장하고 있다.

■ **spacious** [spéiʃəs]
ⓐ 넓은, 광대한
(of buildings and rooms) having ample space

■ **spire** [spaiər]
ⓝ 첨탑, 뾰족탑
the tall pointed structure on the top of a building such as a church

■ **tenant** [ténənt]
ⓝ 세입자, 차용자
someone who pays rent to use land or a building that is owned by the landlord

tenant right 소작권
tenant rental 소작료

■ **urban** [ə́:rbən]
ⓐ 도시의, 도회지의
located in or characteristic of a city or city life

Most of the population is an **urban** population.
인구의 대부분은 도시 인구이다.

urban planning 도시계획
urban sprawl 도시의 불규칙하고 무계획한 교외 발전 현상
urbanize 도시화하다 **urbiculture** 도시 생활, 도회지 문화

■ **agricultural** [æ̀grikʌ́ltʃərəl]
ⓐ 농사의, 농업의
farming that are used to raise crops and animals

an **agricultural**(=a farming) country 농업국
agricultural water 농업용수
an **agricultural** cooperative(association) 농업협동조합

■ **crop** [krɑp]
ⓝ 농작물, 수확물
plants such as wheat and potatoes that are grown in large quantities for food

an abundant **crop** 풍작 a bad **crop** 흉작
out of **crop** 농산물이 심어져 있지 않은

■ cultivation
[kʌ̀ltəvéiʃən]
cultivate ⓥ

ⓝ 경작, 재배, 양식

production of food by preparing the land to grow crops

chemicultivation 농약 사용 재배

■ depletion
[diplí:ʃən]
deplete ⓥ

ⓝ 고갈, 소모

the act of decreasing something markedly

Soil **depletion** occurs when the components which contribute to fertility are removed and not replaced.
지력의 고갈은 땅에 비옥함을 가져다주는 요소들이 사라진 후 대체되지 않을 때 발생한다.

soil **depletion** 토양의 소모

■ fertilizer
[fə́:rtəlàizər]
fertilize ⓥ

ⓝ 비료, 화학비료

commercial **fertilizer** 화학비료
a bag of **fertilizer** 비료 부대

■ grain
[grein]

ⓝ 곡물, 낟알

a cereal crop, especially wheat or corn, that has been harvested and is used for food or in trade

a few **grains** of rice 쌀 알 몇 개

■ irrigation
[ìrəgéiʃən]
irrigate ⓥ

ⓝ 관개, 물을 끌어들임

supplying dry land with water by means of ditches, etc

an **irrigation** canal 관개수로

■ herbicide
[hə́:rbəsàid]
herbicidal ⓐ

ⓝ 제초제, 살초제

syn. **weed killer**

a chemical agent that destroys plants or inhibits their growth

■ **livestock** [láivstὰk]

ⓝ 가축, 가축류

syn. **farm animal**

a domestic animal

graze **livestock** 가축을 방목하다

■ **reservoir** [rézərvwὰ:r]

ⓝ 저수지, 급수장

lake used to store water for community use, tank used for collecting and storing a liquid

an artificial **reservoir** 인공 저수지

■ **soil** [sɔil]

ⓝ 토양, 흙, 경작지

syn. **dirt**

the substance on the surface of the earth in which plants grow

fertile **soil** 기름진 땅 ⇔ barren **soil** 불모지
acid **soil** 산성 토양 ⇔ alkaline **soil** 알칼리성 토양
clay **soil** 진흙 토양 ⇔ sandy **soil** 모래 토양
crumbly **soil** 푸석푸석한 흙 till the **soil** 땅을 갈다

Words you should know about Architecture

abbey	대수도원
acropolis	(고대 그리스 도시의) 성채
aisle	통로, 복도
ambulatory	지붕 있는 유보장 (遊步場) [복도, 회랑]
amenity	쾌적성
antique	고대(양식)의 antiquarian 골동품 연구 [수집]의

apartment	아파트, 아파트의 방 furnished apartment 가구가 딸린 아파트
arcade	지붕 있는 가로 [상가]
arch	아치
atrium	아트리움, 안마당
baptistery	교회의 세례당
baroque	바로크 양식의 the Baroque 바로크 양식의 작품
basilica	공회당, 초기 기독교의 교회당
buttress	부벽 (扶壁), 지지물
canopy	천개 (天蓋)
chancel	성단소 (聖壇所 교회당의 성가대(choir)와 성직자의 자리)
choir	성가대
clerestory	채광층 (고딕 건축의 대성당에서 통로의 지붕 위에 높은 창이 달려 있는 층)
cloister	회랑 (回廊), 수도원
coffering	귀중품 상자 (coffer)
colonnade	열주 (列柱), 주랑 (柱廊)
column	원주, 기둥모양의 것
condominium	분양 아파트

cooperative	공동주택, 협동조합
corbel	코벨 (무게를 받치는 벽의 돌출부)
cornice	처마 장식
crypt	지하성당, 지하실
dome	둥근 천장, 둥근 지붕 the dome of the Capitol Building 국회의사당의 돔
dormer	지붕창 (dormer window)
engraving	조각(술), 판화
facade	정면, 전면 (前面), 외관
finial	(침대, 기둥, 램프갓 등의) 꼭대기 장식, 정식 (頂飾)
flat	공동주택 (apartment house)
fluting	세로 홈 장식
fresco	프레스코 화법, 프레스코 벽화
gable	박공, 박공벽 gable roof 박공지붕
gargoyle	괴물석상 (고딕건축에서 낙숫물받이로 만든 괴물 형상)
Gothic	고딕양식
groin	궁륭 (穹窿)을 만들다 (한가운데가 높고 길게 굽은 현상)
lintel	상인방, 문, 창 등의 위로 가로지른 나무
mosaic	모자이크

narthex	나르텍스 (고대 기독교 교회당의 본당 입구 앞의 넓은 홀)
occupancy	점유, 거주
pagoda	탑
pantheon	판테온 (신들을 모신 신전), 만신전 (萬神殿 한 나라의 위인들을 모신 전당)
pediment	박공벽, 산록 완사면
picturesque	그림 같은, 아름다운, 회화적인
pilaster	벽기둥 (벽면 밖으로 나오게 한 기둥)
property	재산
pyramid	피라미드
quoin	(건물의) 외각 (外角), (담의) 귀돌
railing	난간
renovation	수리, 복원 (restoration)
residence	주택 reside 거주하다
rib	늑골, 갈비
Romanesque	로마네스크양식
rotunda	원형건물, 원형홀
sanctuary	신성한 장소, 성역
spacious	넓은

spandrels	공복 (拱腹 인접한 아치가 천장기둥과 이루는 세모꼴 면)
spatial	공간의
spire	첨탑
stupa	사리탑
sublime	장엄한, 웅대한
tenant	차용자, 거주자
tenement	보유재산, 차지 (借地)
tracery	고딕식 창의 장식격자 (格子)

Words you should know about Agriculture

agrarian	토지의, 농업의 an agrarian movement 농업향상운동
agrichemical	농약 insecticide, pesticide 살충제
agronomist	농업경제학자
barley	보리
barn	헛간
basil	바질 (향신료)
crop	농작물
cropland	농경지

cultivation	경작, 재배, 양식 out of cultivation 휴경 중의
dairy	유제품 제조장 dairy products 유제품
degrade	품질을 떨어뜨리다
deplete	고갈시키다
depletion	고갈, 감소, 소모
exhaustion	고갈, 불모화
fallow	휴한지의 lay land fallow 땅을 쉬게 하다
fertilizer	비료, 화학비료
grain	곡물
herbicide	제초제
hoe	괭이
intensive	집약적 intensive agriculture 집약농업
livestock	가축 (stock, a domestic animal)
nutrient	영양소
plow	경작하다 (cultivate, furrow)
prune	간결하게 하다
regenerate	재생하다, 갱생시키다
region	지역 tropical region 열대지역

soil	토양
soil conservation	토양 보호
soil fertility	토양의 비옥한 정도
sow	씨를 뿌리다 reap 수확하다
the slash-and-slash	일격 burn method 화전법
vegetation	지방 특유의 식물 tropical vegetation 열대식물
weed	잡초, 제초하다 weed a garden 정원의 잡초를 뽑다
wheat	밀
windmill	풍차

PART 02 상황별

21 Day

01 많음과 적음

■ amount
[əmáunt]

ⓥ ~이 되다 ⓝ 총계

v. to add up to a particular total *n.* how much there is the total number or quantity

amount to 총계가 ~에 이르다

■ astronomical
[æ̀strənámikəl]

astronomically ⓐⓓ

ⓐ 천문학적인, 천문학의

enormously or inconceivably large or great; of or relating to the scientific study of the stars, planets, and other natural objects in space

---

■ bulky
[bʌ́lki]

ⓐ 큰, 거대한

of large size for its weight

First portable computer was too **bulky** and too expensive.
최초의 휴대용 컴퓨터는 너무 크고 비쌌다.

■ complex
[kəmpléks]

complexity ⓝ

ⓐ 복잡한, 복합의 ⓝ (건물 등의) 집합체, 단지

syn. **complicated**

composed of many interconnected parts

■ diversity
[divə́:rsəti]

ⓝ 다양성, 차이점

a range of things which are very different from each other

cultural diversity 문화적 다양성
ethnic diversity 인종적 다양성

■ entire
[entáiər]

entirety ⓝ

ⓐ 완전한, 전체의

constituting the full quantity or extent; complete

I need the **entire** form of pictures.
나는 그림의 완전한 모습을 원합니다.

■ gradual
[grǽdʒuəl]

gradually ad

ⓐ 점차적인, 단계적인

proceeding in small stages

Learning a language is a slow **gradual** process.
언어를 배우는 것은 느리고 점차적인 과정이다.

gradualness 점진성, 점진적임

■ huge
[hjuːdʒ]

ⓐ 거대한, 무한한

syn. **big, enormous, gigantic, immense, large**

extremely large in size or amount

■ infinite
[ínfənət]

infinitely ad
infinity n

ⓐ 무한한, 끝없는

syn. **boundless, countless, incalculable, innumerable**

too numerous to be counted; having no limits or boundaries no limit, end, or edge

■ lack
[læk]

lacking a

ⓝ 부족, 결핍 ⓥ 결핍하다, 모자라다

n. the state of needing something that is absent or unavailable ***v.*** to be without

■ monotonous
[mənɑ́tənəs]

monotonously ad
monotonousness n
monotony n

ⓐ 단조로운, 지루한, 반복하는

syn. **boring, dull**

lacking in variety

The coastline of the East Sea is relatively **monotonous**.
동해의 해안선은 비교적 단조롭다.

■ plenty
[plénti]

ⓐ 충분한 ⓝ 풍성함

syn. **lots of, masses of, profusion, affluence**

a. a large number or amount or extent ***n.*** as

■ **quantify**
[kwɑ́ntəfài]

ⓥ 양을 재다, 양을 정하다

syn. **measure**

try to calculate how much of something there is

■ **rapid**
[rǽpid]

rapidly ad

ⓐ 빠른, 신속한

syn. **fast, speedy**

done or occurring in a brief period of time

■ **reduce**
[ridjúːs]

reduction ⓝ

ⓥ 줄다, 축소하다

to make smaller in size or amount, or less in degree

Sunblock **reduces** the risks of skin cancer.
자외선 차단 크림은 피부암의 위험을 줄여준다.

reducible 감소 · 축소할 수 있는

■ **redundant**
[ridʌ́ndənt]

ⓐ 불필요한, 해고된, 과다한

syn. **superfluous, extra, surplus**

more than is needed, desired, or required

My father was made **redundant** last year.
아버지는 작년에 해고되었다.

■ **scarce**
[skɛərs]

scarcity(= rarity) ⓝ

ⓐ 부족한, 불충분한

syn. **limited**

deficient in quantity or number compared with the demand; not enough

the scarcity of teachers 교원 부족
a year of great scarcity 대흉년

■ **seldom**
[séldəm]

ad 거의 ~않는, 드물게

syn. **rarely**

not often

- **shallow**
  [ʃǽlou]
  shallowness ⓝ

ⓐ 얕은, 천박한
ant. **deep**
not deep; not showing or involving any serious or careful thought

Some people can run on the **shallow** water.
어떤 사람들은 얕은 물 위를 달려갈 수 있다.

shallows 물이 얕은 곳

- **variation**
  [vὲəriéiʃən]
  variational ■

ⓝ 변화, 변동, 변화한 양, 편차
a change or slight difference in a level, amount, or quantity

He is very sensitive to **variation** of temperature.
그는 온도 변화에 매우 민감하다.

a temperature variation of 8˚C 8도의 온도 편차

02 만족과 불만족

- **appropriate**
  [əpróuprièit]

ⓐ 적당한, 타당한 ⓥ 제것으로 만들다, 도용하다
ant. **inappropriate**
a. suitable for a particular person or place or condition etc. ***v.*** to take and use as one's own

- **avid**
  [ǽvid]
  avoidance ⓝ

ⓐ 열광하는, 열심인
syn. **eager, greedy, ardent**
having an intense craving

- **avoid**
  [əvɔ́id]

ⓥ 피하다, 무효로 하다
ant. **confront, face**
avoidable 피할 수 있는

■ **bias**
[baiəs]

ⓝ 편견, 선입관, 편애

syn. **prejudice, preconception**

a **bias** against the French 프랑스인에 대한 반감
a **bias** against ~을 안 좋게 보는 편견
a **bias** for(in favor of) ~대해 우호적인 편견
cf. partiality 편애

■ **complain**
[kəmpléin]

complaint ⓝ

ⓥ 불평하다, 호소하다

complain A of B A에게 B를 불평하다
make a complaint 불평하다
file a complaint 불만을 (공식적으로) 제기하다

■ **convenient**
[kənví:njənt]

convenience ⓝ

ⓐ 편리한, 형편 좋은

syn. **handy** ant. **inconvenient**

suited to your comfort or purpose or needs

cell phone 휴대전화 instrument 기구, 장치

■ **desire**
[dizáiər]

ⓥ ~을 바라다 ⓝ 욕망

desirable 바람직한, 탐나는 **desired** 바라던, 훌륭한
to have no **desire** to do ~할 마음이 없다

■ **entertain**
[èntərtéin]

entertainment ⓝ

ⓥ 즐겁게 하다, 감정 · 의견을 심각하게 생각하다

to amuse; to take into consideration

The movie **entertained** us very much.
그 영화는 우리를 무척 즐겁게 했다.

■ **felicity**
[filísəti]

ⓝ 행복, 지복, 하느님의 은총

syn. **bliss, contentment, happiness**

ant. **infelicity**

great happiness and pleasure

It was **felicity** that I could help you guys.
너희들을 도울 수 있어서 매우 행복했어.

felicitation 축하, 경하, 축사

- **futile**
[fjú:tl]
futility ⓝ

ⓐ 쓸데없는, 무익한, 하찮은, 시시한
syn. **ineffective, trifling, unimportant**
of no use

- **inconvenient**
[ìnkənví:njənt]

ⓐ 불편한, 곤란한
ant. **convenient**
not suited to your comfort, purpose or needs

- **indispensable**
[ìndispénsəbl]

ⓐ 필수의, 긴요한, 피할 수 없는
syn. **compulsory, crucial, essential**
ant. **dispensable**
that is too important to live without

Water, air and foods are things **indispensable** to life.
물, 공기, 먹을 것은 살아가는 데 필수적인 것들이다.

- **pleasure**
[pléʒər]

ⓝ 즐거움, 기쁨, 오락
syn. **delight, joy**
an activity that affords enjoyment

- **plenary**
[plí:nəri]

ⓐ 절대적인, 전원 출석의, 완전한
syn. **absolute, complete, full**
full in all respect; attended by everyone who has the right to attend

plenary session(= **plenary** meeting) 전체 회의

- **protest**
[proutést]

ⓥ 항의하다, 주장하다 ⓝ 항의, 주장
v. to say or show publicly that you object to something ***n.*** the act of saying or showing publicly that you object to something

protestant, protester 항의자

- **quarrel** [kwɔ́:rəl]

ⓥ 싸우다, 다투다 ⓝ 싸움

v. have a disagreement over something *n.* an angry dispute

quarrelsome 걸핏하면 싸우려 드는(= argumentative)

- **regret** [rigrét]

regretful ⓐ
regrettable ⓐ

ⓝ 유감, 애도 ⓥ 후회하다 한탄하다

n. sadness associated with some wrong done or some disappointment *v.* to be sorry

- **request** [rikwést]

ⓝ 요구, 수요 ⓥ 요구하다, 신청하다, 원하다

syn. **ask, seek, claim**

n. a polite or formal message that asks someone to do something *v.* to ask (a person) to do something

do something at someone's **request** 누구의 부탁으로 ~을 하다

- **satisfactory** [sæ̀tisfǽktəri]

ⓐ 만족스러운, 충분한

ant. **unsatisfactory**

meeting requirements

- **sufficient** [səfíʃənt]

ⓐ 충분한, 흡족한

syn. **enough** ant. **deficient, insufficient**

of a quantity that can fulfill a need or requirement but without being abundant

- **supply** [səplái]

ⓥ 배급하다, 공급하다 ⓝ 공급, 보급품

v. to provide what is desired or needed *n.* the activity of supplying or providing something

evacuee (위험지역으로부터의) 피난민
power **supply** 전력 공급장치

03 시간

■ **antecedent**
[æ̀ntəsíːdənt]

ⓐ 앞서는, 선행하는 ⓝ 전례, 선조

syn. **preceding, preexistent, prior**

coming or being before

Tell us about the **antecedent** events.
앞선 사건들에 대해서 이야기해주세요.

■ **antiquated**
[ǽntikwèit]

ⓐ 구식의, 낡은, 시대에 뒤진

syn. **antediluvian, archaic, old**

so extremely old as seeming to belong to an earlier period

■ **consecutive**
[kənsékjətiv]

consecutiveness ⓝ

ⓐ 연속적인, 계속되는

syn. **back-to-back, continuous, ninterrupted**

successive without a break

■ **decade**
[dékeid]

ⓝ 10년간, 10권

a period of ten years

■ **delay**
[diléi]

ⓥ 연기하다, 지연시키다 ⓝ 지체

ant. **hurry, rush**

v. to do something later than planned; to move slowly, or cause to be late ***n.*** the act of delaying or the state of being delayed

■ **due**
[djuː]

ⓐ 마땅히 지급되어야 하는, ~하기로 되어 있는
ⓝ 마땅히 받아야 할 것, 지급금

a. owed or owing as a debt, right, etc.
n. something that rightfully belongs to someone else; a payment that is due

duly 온당하게, 정당하게

■ **follow** [fálou]

ⓥ 좇다, (길을) 따라가다, 경청하다, 이해하다, 따르다

The puppy **follows** me around all day.
강아지는 하루 종일 나를 좇아 다닌다.

follower 추종자, 지지자, 모방자, 추격자

■ **former** [fɔ́:rmər]

ⓐ 전의, 양자 중 전자의

ant. **latter**

of an earlier time

The two of the directors filed a lawsuit against their **former** employer.
그 두 관리자는 자신들의 예전 고용주를 상대로 소송을 제기했다.

■ **frequent** [frí:kwənt]

frequency ⓝ

ⓐ 자주 일어나는, 빈번한

ant. **infrequent**

coming at short intervals or habitually

■ **immature** [ìmətjúər]

immaturely ad
immaturity ⓝ

ⓐ 미숙한, 유치한, 미발달의

ant. **fledged, mature, old, ripe**

not fully grown or developed; not fully developed emotionally or intellectually and therefore childish

premature 조숙한

■ **immediate** [imí:diit]

immediately ad

ⓐ 즉각적인, 이웃의

done or needed at once; nearest

an **immediate** response 즉각적인 대답

■ **incessant** [insésənt]

incessantly ad

ⓐ 끊임없는, 쉴새없는

syn. **ceaseless, continuous, endless, unceasing**

going on without stopping

■ **instant**
[ínstənt]

ⓐ 즉각적인, 즉시의 ⓝ 순간, 찰나

a. happening at once or coming *n.* a particular point in time

It requires an **instant** attention.
이것은 즉각적인 관심이 필요한 일이다.

■ **interim**
[íntərim]

ⓝ 사이, 잠정적 결정 ⓐ 임시의

syn. **impermanent, lag, temporary**

n. the time between two events *a.* serving during an intermediate interval of time

We should take an **interim** measure.
우리는 임시 조치를 취해야 한다.

■ **intermittent**
[ìntərmítənt]

intermittently ad

ⓐ 간헐적인, 때때로 끊기는, 단속하는

syn. **periodic, periodical, sporadic**

happening with pause in between

■ **interval**
[íntərvəl]

ⓝ 간격, 사이

a period of time between events; the distance between things

■ **permanent**
[pə́:rmənənt]

permanently ad

ⓐ 영원한, 불변의

syn. **unceasing, unending** ant. **impermanent, temporary**

lasting or intended to last for a long time or forever

permanent address 변함없이 계속 연락이 닿을 수 있는 주소

■ **perpetual**
[pərpétʃuəl]

perpetually ad
perpetuality n

ⓐ 영원한, 영속하는, 끊임없는

syn. **constant, continual, everlasting, lasting, permanent**

lasting forever or for a long time

predict
[pridíkt]
prediction ⓝ

ⓥ 예언하다, 예상하다
syn. **anticipate, forecast, foretell**
to see or describe in advance as a result of knowledge, experience, reason, etc.

Many of us **predicted** the USA's defeat.
우리 대부분이 미국의 패배를 예상했었다.

predictable 예상할 수 있는

---

previous
[prí:viəs]
previously ad

ⓐ 사전의, 앞의, 이전의 ad ~보다 전에
a. happening, coming, or being earlier in time or order ***ad.*** before

Have you had any **previous** work experience in this field?
당신은 이 분야의 일에 사전 경험이 있습니까?

---

simultaneously
[sàiməltéiniəsli]

ad 동시에, 일제히
syn. **concurrently, at the same time**
happening at the same moment

---

temporary
[témpərèri]

ⓐ 일시적인, 한때의
syn. **ephemeral, impermanent, passing, temporal** ant. **lasting, permanent**
not permanent

---

unprecedented
[ʌnprésədèntid]
unprecedentedly ad

ⓐ 전례가 없는, 새로운
syn. **new, unexampled** ant. **precedented**
never having happened before

---

urgent
[ə́:rdʒənt]
urgency ⓝ

ⓐ 긴급한, 재촉하는
syn. **imperative, pressing**
compelling immediate action

04 결과

■ **appeal** [əpí:l]

ⓥ 호소하다, 마음에 들다, 항소하다 ⓝ 간청, 매력

syn. **plead, reguest, entreat, plea, entreaty, attraction, charm**

His smile was part of his **appeal** to her.
그의 미소는 그녀의 마음을 사로잡은 그의 매력의 일부이다.

appealing 호소하는, 마음을 끄는

■ **attribute** [ətríbju:t]

ⓝ 특성, 특징 ⓥ ~의 탓으로 돌리다

n. a quality forming part of the nature of a person or thing ***v.*** to believe something to be the result or work of

■ **cancel** [kǽnsəl]

cancellation ⓝ

ⓥ 취소하다, 상쇄하다, 삭제하다

syn. **call off, invalidate, offset**

to give up or call off

■ **conclude** [kənklú:d]

conclusion ⓝ

ⓥ 마치다, 결론을 내리다

to (cause to) come to an end; to come to believe after consideration of known facts

conclusive 결정적인, 단호한, 최종적인

■ **dedicate** [dédikèit]

dedication ⓝ

ⓥ 바치다, 전념하다

syn. **consecrate, devote**

to give to a cause, purpose, or person

dedicated 일신을 바친, 헌신적인, 전용의
dedicated line 전용선(한 가지 목적에만 사용되는 송신회선)

■ **drive** [draiv]

ⓥ 차를 몰다, 몰다, ~하게 하다

to guide and control a vehicle; to force to go or to do

■ effect

[ifékt]

ⓝ 영향, 결과, 효과 ⓥ 가져오다, 초래하다

v. to cause, produce, or have as a result

come into **effect** 효력을 나타내다
take **effect** 효력을 나타내다, 실시되다
in **effect** 사실상, 요컨대 personal **effect** 사유물

■ eventual

[ivéntʃuəl]

eventually ad

ⓐ 결국의, 최후의, 결과로서 언젠가 일어나는

happening at last as a result

Her father wasn't to see the **eventual** success of her efforts.
그녀의 아버지는 그녀의 노력이 결국 이뤄낼 성공을 보지 못할 운명이었다.

■ flat

[flæt]

ⓐ 편평한, 펑크 난, 김빠진

He spread the blanket out **flat** on the floor.
그는 담요를 바닥에 편평하게 폈다.

This soda is **flat**.
이 탄산음료는 김이 빠졌어.

■ flourish

[flə́ːriʃ]

ⓥ 번영하다, 무성하다, 흔들다

syn. **thrive, flower, prosper, wave, shake, flaunt**

in full **flourish** 한창 전성기에 있는

■ foresee

[fɔːrsíː]

foresight ⓝ

ⓥ 예견하다, 미리보다

syn. **anticipate, envision, foreknow**

to see or know beforehand

forseeable 예견할 수 있는

■ gather

[gǽðər]

ⓥ 모이다, 모으다, 헤아리다

I **gather** why she hasn't been around.
그녀가 왜 통 보이지 않았는지 헤아릴 수 있다.

22 Day

05 강함과 약함
06 내부와 외부
07 강제성

05 강함과 약함

■ **abrupt**
[əbrʌ́pt]
abruptly (ad)

(a) 갑작스런, 퉁명한, 돌발의, 무뚝뚝한
sudden, not friendly
an **abrupt** stop 급정거

■ **accelerate**
[æksélərèit]
acceleration (n)

(v) 가속하다, 박차를 가하다
syn. **speed up**
to move faster

The automobile **accelerated** to a speed of 100 miles per hour.
자동차가 시속 100마일로 가속했다.

■ **acute**
[əkjú:t]
acutely (ad)

(a) 예민한, 급성의, 날카로운, 심각한
syn. **keen, critical**
acute pain 격통 **acute** injury 중상
an **acute** disease 급성질환 ⇔ chronic disease 만성질환 **acute** angle 예각 ⇔ obtuse angle 둔각

■ **awful**
[ɔ́:fəl]
awfulness (n)

(a) 두려운, 대단한
syn. **terrible, horrible, bad**
exceptionally bad

■ **chasten**
[tʃeisn]
chastening (a)
chastenment (n)

(v) 징벌하다, 열정 따위를 억제하다
syn. **castigate, chastise, moderate, subdue, tame**

■ **delicate**
[délikət]
delicately (ad)
delicacy (n)

(a) 섬세한, 미묘한, 우아한
exquisitely fine; needing careful handling; sensitive
be in **delicate** health 병약하다

■ **dispatch**
[dispǽtʃ]

ⓥ 급파하다, 급송하다, 죽이다

syn. **expedite, rush, kill, slay**

to send off or away with speed; to murder a person or an animal

He demanded to **dispatch** a messenger.
그는 전령을 급파할 것을 요구했다.

dispatcher 송달인

■ **drastic**
[drǽstik]

ⓐ 대담한, 격렬한, 맹렬한

syn. **forceful, rigorous**

having a strong or violent effect

■ **ease**
[i:z]

ⓥ 편안, 고통의 경감, 쉬움 ⓥ 긴장을 완화하다

syn. **allay, comfort, easiness, facilitate, relief, rest, relieve**

■ **eliminate**
[ilímənèit]

elimination ⓝ

ⓥ 제거 [제외]하다, 탈락하다, 무시하다

syn. **delete, eradicate, exclude, omit, remove**

to remove or get rid of something; somebody

■ **emphasize**
[émfəsàiz]

emphasis ⓝ

ⓥ 강조하다, 역설하다

syn. **accent, accentuate, stress**

emphasize the point 요점을 강조하다

■ **enhance**
[enhǽns]

enhancement ⓝ

ⓥ 올리다, 늘리다, 강화히디

syn. **heighten, raise**

to increase; to make better

enhancer 강화하는 것
enhanced radiation 고 방사능, 강화 방사능

- **eradicate**
  [irǽdəkèit]
  eradication ⓝ

ⓥ 구절하다, 박멸하다, 뿌리째 뽑아내다

syn. **annihilate, eliminate, extinguish**

to put an end to; to pull up by the roots

That policy is not enough to **eradicate** child prostitution.
그 정책은 아동 성매매를 근절하기에는 부족하다.

- **exhaust**
  [igzɔ́:st]
  exhaustion ⓝ

ⓥ (자원 · 힘 따위가) 고갈되다, 소모되다

syn. **consume, drain, use up**

to wear out completely; to use up

exhaustive 남김 없는, 철저한

- **expand**
  [ikspǽnd]
  expansion ⓝ

ⓥ 확장하다, 팽창시키다, 펴다

syn. **amplify, dilate, extend, swell, thrive**

to make or become larger; to unfold or spread out

expanding universe 팽창하는 우주

- **extreme**
  [ikstrí:m]
  extremely ad

ⓐ 극도의, 맨 끝의

immoderate, intense, utmost

the furthest or highest degree of something

extreme sports 극한 스포츠

- **feeble**
  [fí:bl]
  feebly ad

ⓐ (신체적으로) 약한, 힘없는, 박약한

syn. **faint, frail, powerless, weak**

with little force; subnormal in intelligence

- **flaw**
  [flɔ:]
  flawed ⓐ

ⓝ (물건에 있는) 결함, (갈라진) 틈, (성격상의) 결점

syn. **defect, fault, imperfection, weakness**

This system has a serious **flaw**.
이 시스템은 심각한 결함을 지니고 있다.

■ frail

[freil]

frailty ⓝ

ⓐ 체질이 약한, 무른, 빈약한

syn. **breakable, brittle, decrepit** adv. **robust**

not strongly made; weak in body or health

He was so disappointed at a **frail** support.
그는 빈약한 지원에 무척 실망했다.

■ impediment

[impédəmənt]

impede ⓥ

ⓝ 방해물, 언어 장애, 방해

syn. **handicap, hindrance, obstruction**

a fact or event which makes action difficult or impossible

■ maintain

[meintéin]

ⓥ 유지하다, 주장하다, 계속하다

syn. **assert, conserve, hold**

maintenance 보존, 유지 관리, 정비

■ modest

[mádist]

modestly ⓐⓓ
modesty ⓝ

ⓐ 겸손한, 정숙한, 수수한

syn. **decent, mild, moderate** ant. **immodest**

free from pretension; humble in spirit or manner

He is still **modest** after inheriting an enormous fortune.
그는 막대한 재산을 상속 받은 후에도 여전히 겸손하다.

■ pale

[peil]

paleness ⓝ

ⓐ 창백한, 엷은

abnormally light in color as suggesting physical or emotional distress

■ pollute

[pəlúːt]

polluted ⓐ
pollution ⓝ

ⓥ 오염시키다, 더럽히다

syn. **contaminate, foul**

to make impure

pollutant 오염 물질

■ **proper**
[prɑ́pər]
properly ad

a 적당한, 올바른, 고유의
syn. **appropriate, fitting, suitable**
ant. **improper**
proper noun 고유명사

■ **qualify**
[kwɑ́ləfài]

v 자격을 주다, 제한하다, 완화하다
syn. **characterize, certify, lessen**
ant. **disqualify, unfit**
to gain a certain level of knowledge, ability, or performance; to limit the meaning of something stated

She **qualified** herself for the job.
그녀는 그 일자리에 합격했다.

■ **regular**
[régjulər]
regularity n

a 규칙적인, 표준의, 정기적인
adv. **irregular**
regular army 정규군, 상비군

■ **severe**
[səvíər]
severity n

a 엄한, 호된, 맹렬한
syn. **austere, critical, serious**
not kind or gentle in treatment.

■ **slight**
[slait]
slightness n

a 가는, 약간의
not great; not considerable

I had just a **slight** cut.
나는 단지 가늘게 베인 상처만 입었다.

■ **stiff**
[stif]
stiffly ad
stiffness n
stiffen v

a 뻣뻣한, 어려운, 완강한
not easily bent; difficult to do; firm

bore someone **stiff** 누군가를 지루하게 만들다
scare someone **stiff** 누군가를 겁에 질려 몸이 굳도록 만들다

■ **subside**
[səbsáid]
subsidence ⓝ

ⓥ 가라앉다, (비바람, 소동 따위가) 진정되다

syn. **abate, decline, fall to the bottom, settle, sink down, wane**

to sink gradually further into the ground; to become quieter

Weak foundations caused the house to **subside**.
기초가 약한 탓에 집이 가라앉았다.

■ **tenacious**
[tinéiʃəs]
tenaciousness ⓝ
tenacity ⓝ

ⓐ 좀처럼 죽지 않는, (기억력이) 좋은, 끈기있는

syn. **adhesive, clinging, cohesive**

holding tightly; refusing to let go

Some insects are **tenacious** of life.
어떤 곤충들은 좀처럼 죽지 않는다.

■ **undue**
[ʌ̀ndjú:]

ⓐ 부적당한, 기한이 되지 않은, 불필요한

syn. **excessive, immoderate, improper**

ant. **due**

too much; not suitable; not yet payable or due

Do not give **undue** value to the problem.
그 문제에 부적당한 가치를 부여하지 마라.

■ **vulnerable**
[vʌ́lnərəbl]
vulnerability ⓝ

ⓐ 피해를 입기 쉬운, (유혹 등에) 넘어가기 쉬운

syn. **defenceless, defenseless, endangered**

ant. **invulnerable**

not protected against attack; susceptible to criticism or persuasion or temptation

Old people and young children are particularly **vulnerable**.
노인과 어린이들은 특히 피해를 입기 쉽다.

He is **vulnerable** to temptation.
그는 유혹에 넘어가기 쉽다.

06 내부와 외부

■ **accommodate** [əkámədèit]

ⓥ 적응하다, (숙소를) 제공해 주다, 수용하다

to make fit for; to provide housing for; to have room for

secure accommodations at the hotel
그 호텔에 숙소를 정하다

accommodating ⓐ
accommodation (= lodging) ⓝ

■ **admit** [ædmít]

ⓥ ~을 인정하다, ~을 수용하다

syn. **accept, accommodate, acknowledge**
ant. **deny, exclude, keep out**

She **admitted** her faults.
그녀는 자신의 잘못을 인정했다.

admitted 인정된, 명백한 **admittance** 입장 허가
admission 들어갈 자격, 입회, 입학

■ **aspect** [ǽspekt]

ⓝ 국면, 양상

a particular side of a many-sided state of affairs, idea, plan, etc.

■ **contain** [kəntéin]

ⓥ 담고 있다, 내포하다

to hold; to include

contained 자제하고 있는, 침착한
container 용기, 컨테이너
containment 억제, 속박, 봉쇄 정책

■ **content** [kəntént]

ⓐ 만족하는 ⓝ 만족, 내용, 목차 ⓥ ~에 자족하다

syn. **contented** ant. **discontent**

to one's heart's **content** 하고 싶은 만큼 할 수 있는
content with ~에 만족해 하는 **contentable** 만족할 만한
contents 내용물, 목차

contentment ⓝ

■ **discharge**
[distʃά:rdʒ]

ⓥ 배출하다, 해고(제대, 퇴원)시키다

The Nile **discharges** its waters into the Mediterranean.
나일 강은 지중해로 배출된다.

be **discharged** from the army 육군에서 제대하다

■ **dye**
[dai]

ⓥ 염색하다 ⓝ 염료, 염색제

to give color to (clothes, cloth etc.)

Deep blushes **dyed** her cheeks.
너무도 부끄러워 그녀의 볼이 빨개졌다.

■ **emergency**
[imə́:rdʒənsi]

ⓝ 긴급 상황, 돌발 사건

syn. **crisis, exigency**

an unexpected and dangerous happening which must be dealt with at once

Use this only in case of an **emergency**.
이것은 오직 긴급 상황에서만 사용하십시오.

■ **exotic**
[igzάtik]

ⓐ 색다른, 이국적인

syn. **alien, foreign, strange, unusual**

an **exotic** Gypsy melody 매혹적인 집시의 선율

■ **explode**
[iksplóud]

explosion ⓝ

ⓥ 폭발하다, (감정이) 격발하다

syn. **blow up, burst, burst forth, set off**

to burst forth with violence or noise

explosive 폭발성의, 격정적인, 일촉즉발의

■ **feature**
[fí:tʃər]

ⓝ 특징, 얼굴의 생김새

the characteristics parts of a person's face; a prominent aspect of something

■ **figure** [fígjər]

ⓝ 숫자, 모양, 인물

figurine 작은 입상 (= statuette)
figure of speech (직유, 은유 따위의) 비유적 표현

■ **grant** [grænt]

ⓥ 주다, 동의하다, 수여하다

syn. **accord**

to give, esp. what is wanted or requested; to admit to the truth of something

take something for granted ~을 당연한 것으로 생각하다
grant aid 무상원조

■ **hollow** [hálou]

ⓐ 속이 빈, 오목한

syn. **vacant** ant. **solid**

having an empty space inside

hollow-eyed 눈이 움푹 들어간
hollow-hearted 불성실한, 거짓의
hollowization (산업 따위의) 공동화 현상

■ **indoor** [índɔ̀:r]

ⓐ 실내의, 옥내의

syn. **interior** ant. **outdoor**

within doors

■ **local** [lóukəl]

ⓐ 지방의, 공간의

syn. **localized**

of or in a certain place, esp. the place one lives in

■ **material** [mətíəriəl]

ⓐ 물질의, 구체적인 ⓝ 재료, 요소

syn. **bodily, embodied, physical, real, substantial** ant. **immaterial, insubstantial, nonmaterial**

materialism 유물론 **materialistic** 물질주의의
materialize ~에 형체를 주다, 구체화하다, 가시화되다

meddle
[médl]
meddling ⓐ

ⓥ 참견하다, 간섭하다
syn. **interfere, intervene, step in, tamper**
to busy oneself in something without being asked to do so

You don't have to **meddle** in other people's affairs.
다른 사람의 일에는 참견할 필요 없다.

meddlesome 오지랖 넓은, 간섭하기 좋아하는

---

mental
[méntl]

ⓐ 정신의, 마음의
syn. **physical**
of the mind

mentality 지력, 지능, 정신 상태

---

opponent
[əpóunənt]

ⓝ 적, 상대 ⓐ 반대하는, 적대하는
syn. **hostile, opposing**

My father said "Don't make an **opponent**."
"적을 만들지 말라"고 아버지는 말씀하셨다.

---

own
[oun]

ⓐ 자기 자신의, 고유한 ⓥ 소유하다
a. belonging to oneself and to nobody else ***v.*** to possess

---

penetrate
[pénətrèit]
penetrating ⓐ
penetration ⓝ

ⓥ 관통하다, 퍼지다, 침투하다
syn. **go through, infiltrate, perforate**
penetration of television into the remotest parts
벽지까지의 텔레비전 보급

---

reciprocate
[risíprəkèit]
reciprocative ⓐ
reciprocation ⓝ

ⓥ 보답하다, 왕복운동을 시키다, 교환하다
syn. **alternate, barter, interchange**
to give in return; to move backwards and forwards in a straight line

---

■ **resist**
[rizíst]

resistance ⓝ

ⓥ 저항하다, 견디다

syn. **balk, defy, dissent** ant. **surrender**

to oppose, stand or fight against

In American history, native Americans **resisted** Europeans.
미국 역사에서 아메리카 원주민들은 유럽인들에게 저항했다.

■ **resource**
[rí:sɔ:rs]

ⓝ 자원, 수단, 연구력

Finding human **resources** is difficult.
인적 자원을 발굴해내는 것은 어렵다.

resourceful 기지, 기략, 주변성이 좋은

■ **surround**
[səráund]

ⓥ 둘러싸다, 에워싸다

syn. **besiege, border, circle, circumvent, encircle**

to be or go around on every side

Air always **surrounds** us.
공기는 언제나 우리를 둘러싸고 있다.

surroundings 주위 환경

■ **withdraw**
[wiðdrɔ́:]

withdrawal ⓝ

ⓥ (시선을) 딴 데로 돌리다, 철회 [취소]하다, 인출하다

syn. **extract, disengage, retreat**

to pull or draw back, move back or away; to take away or back

I could not **withdraw** my eyes from the scene.
그 광경에서 눈을 딴 데로 돌릴 수 없었다.

withdrawn 수줍은

07 강제성

■ ban
[bæn]

ⓥ 금지하다, 막다 ⓝ 금지

v. to forbid, especially by law ***n.*** an order banning something

The judge **banned** him from driving a car.
판사는 그에게 운전을 금지시켰다.

lift a **ban** 해금하다 put under a **ban** 금지하다

■ block
[blɑk]

blockage ⓝ

ⓥ 막다, 방해하다

ant. **unblock**

to prevent the movement, activity, or success of or through something

We can't **block** his unintentional behavior.
우리는 그의 의도하지 않는 행동을 막을 수 없다.

■ bound
[baund]

ⓐ 묶인, 꼭 ~하게 되어 있는

bound up in ~에 열중하여
bound up with ~에 달려 있는
snow-**bound** 눈에 갇힌
leather-**bound** (책이) 가죽표지를 단
a ship **bound for us** 미국행 선박

■ cease
[siːs]

ⓥ 그만두다, 그치다

syn. **finish, quit, stop, terminate**

Cease fire! 사격 중지!
ceaseless 끊임없는, 끝이 없는

■ command
[kəmǽnd]

ⓥ 명령하다, 지휘하다 ⓝ 명령, 지배력, 구사능력

syn. **control**

commander in chief 총 사령관
have at one's **command** ~을 마음대로 쓸 수 있다

■ **compel**
[kəmpél]

ⓥ 강요하다, 억지로 ~시키다

syn. **command, obligate, require**

to make a person or thing do something by force

My mother **compelled** us to stay indoors during the storm.
폭풍 동안 엄마는 우리들을 실내에 머물게 강요했다.

compelling 강제적인, 어쩔 수 없는

■ **conform**
[kənfɔ́:rm]

conformity ⓝ

ⓥ 순응하다, 따르다

syn. **adapt, adjust** ant. **deviate, diverge**

to be obedient to, or act in accordance with established patterns, rules, etc.

conformist 체제 순응주의자 ⇔ individualist 개인주의자

■ **deter**
[ditə́:r]

deterrent ⓐ ⓝ

ⓥ 방해하다, 단념시키다

syn. **discourage, dissuade** ant. **persuade, sway**

to prevent from acting, especially by the threat of something unpleasant

■ **disincline**
[dìsinkláin]

disinclination ⓝ

ⓥ ~할 마음이 내키지 않다, ~에 싫증이 나게 하다

ant. **incline**

to make unwilling

■ **errand**
[érənd]

ⓝ 용건, 심부름

a short journey made especially to get something

■ **forbid**
[fərbíd]

ⓥ 금지하다, ~를 불가능하게 하다

syn. **prohibit, ban, disallow**

ant. **allow, permit**

forbidden fruit 금단의 열매

■ **informal** [infɔ́:rməl]

informality ⓝ

ⓐ 격식을 차리지 않은, 비공식의

ant. **formal**

This party is an **informal** gathering of friends.
이 파티는 격식을 차리지 않는 친구들끼리의 모임이다.

an **informal** visit 비공식적인 방문

■ **insist** [insíst]

insistence ⓝ

ⓥ 주장하다, 우기다

syn. **assert, maintain, claim, reguire**

to declare firmly; to order something to happen

I **insisted** that he was wrong.
나는 그가 틀렸다고 주장했다.

■ **lock** [lɑk]

ⓥ 자물쇠를 잠그다, 넣다, 고정되다

syn. **fasten, close, shut**

to fasten with a lock; to put in a place and lock the entrance; to become fixed or blocked

■ **mandate** [mǽndeit]

ⓝ 권한, 명령 ⓥ 명령하다

syn. **command, order, directive**

mandatory 명령의, 의무의
popular **mandate** 국민의 신임

■ **obey** [oubéi]

obedience ⓝ

ⓥ 따르다, 복종하다

ant. **disobey**

to do what one is asked or ordered to do

You have to **obey** your teacher.
너는 선생님을 따라야 한다.

■ **obligation** [ɑ̀bləgéiʃən]

ⓝ 의무, 책임

syn. **duty, responsibility**

oblige
[əbláidʒ]

ⓥ 의무가 있다, 은혜를 베풀다

to force someone to do something; to do someone a favor

obliging 친절한, 예의바른, 협력적인

---

permit
[pə:rmít]

permission ⓝ

ⓥ 허락하다, 가능케 하다

syn. **allow, let**

to make it possible

---

restrict
[ristríkt]

restriction ⓝ
restricted ⓐ

ⓥ 제한하다, 한정하다

syn. **confine, limit, restrain**

to keep within limits

China **restricts** the size of family.
중국은 가족 수를 제한한다.

---

strict
[strikt]

strictly ad
strictness ⓝ

ⓐ 엄격한, 정밀한

syn. **rigid, stern**

severe, especially in rules of behavior; exact

The rules of our school are **strict**.
우리 학교의 규칙은 엄격하다.

---

supervise
[sú:pərvàiz]

ⓥ 감독하다, 관리하다

syn. **manage, monitor, superintend**

to keep watch over

supervisor 감독자

---

tight
[tait]

ⓐ 꽉 끼는, 팽팽한, 어려운

ant. **loose**

fitting closely; fully stretched; difficult to obtain

in a **tight** place (corner) 궁지에 빠져
keep a **tight** rein on a person ~에게 엄하게 굴다

23 Day

08 우월과 열등
09 숨김과 폭로
10 조화

08 우월과 열등

■ **absurd**
[əbsə́:rd]
absurdness, absurdity ⓝ

ⓐ 터무니없는, 부조리한, 상식에 반하는
syn. **foolish, illogical, nonsensical, ridiculous, unreasonable**
absurd theater 부조리 연극

■ **boast**
[boust]

ⓥ ~을 자랑하다 ⓝ 자랑
syn. **brag, self-praise, sport**
make a **boast of** ~을 자랑하다, 뽐내다

■ **fame**
[feim]

ⓝ 명성, 소문
syn. **renown, reputation** ant. **infamy**
attain(achieve, earn, gain, win) **fame** 명성을 얻다

■ **helpless**
[hélplis]
helplessly ad
helplessness ⓝ

ⓐ 주체 못하는, 무력한
syn. **hopeless, incapacitated, powerless, weak**
lacking in strength or power
a **helpless** infant 자기 일을 스스로 할 수 없는 어린아이

■ **infamous**
[ínfəməs]
infamy ⓝ

ⓐ 악명 높은, 평판이 나쁜
syn. **disgraceful, disreputable, ill-famed, notorious**
well known for wicked behavior

■ **inferior**
[infíəriər]
inferiority ⓝ

ⓐ (품질 · 정도 등이) 떨어지는, (등위 · 등급 등이) 아래쪽의
syn. **superior**
We don't deal with **inferior** goods.
우리는 품질이 떨어지는 상품은 취급하지 않는다.

■ invaluable
[invǽljuəbl]

ⓐ 가치 있는, 매우 귀중한

syn. **precious, priceless, valuable**

too valuable for the worth to be measured

■ leading
[líːdiŋ]

ⓐ 주요한, 지도적인, 유도하는

syn. **directing, guiding** ant. **following**

most important, guiding or directing

■ nutritious
[njuːtríʃəs]

ⓐ 영양분이 풍부한

syn. **nourishing** ant. **innutritious**

valuable to the body as food

You should eat **nutritious** meals to keep yourself healthy.
건강을 유지하기 위해서는 영양분이 풍부한 음식을 먹어야 한다.

■ optimum
[ɑ́ptəməm]

ⓐ 최적의, 최고의

syn. **best, optimal**

best or most favorable

I found the **optimum** location for our camp.
우리 캠프를 설치할 최적의 장소를 찾아냈다.

optimum population 최적 인구

■ ordinary
[ɔ́ːrdənèri]

ⓐ 보통의, 통상의 ⓝ 보통의 일

ant. **extraordinary**

a. non unusual ***n.*** the expected or commonplace condition or situation

■ primary
[prɑ́imèri]

ⓐ 주된, 초급의

main, chief; of or being the basic part

He is in **primary** course.
그는 초급 단계에 있다.

■ ridiculous
[ridíkjuləs]

ⓐ 어리석은, 우스운

syn. **silly**

Regretting past is **ridiculous** thing.
과거를 후회하는 것은 어리석은 것이다.

ridicule 비웃음, 조롱

■ rubbish
[rʌ́biʃ]

rubbishy ⓐ

ⓝ 쓰레기, 하찮은 말이나 생각, 쓸데없는 일

syn. **garbage, trash, refuse, litter, waste, nonsense, foolishness**

dump **rubbish** 쓰레기를 버리다

■ scanty
[skǽnti]

ⓐ 불충분한, 변변치 않은, 적은

syn. **deficient, inadequate, insufficient**

almost too small

■ silly
[síli]

ⓐ 어리석은, 생각없이

foolish; not serious or sensible

Don't get hurt by his **silly** remarks.
그가 생각 없이 뱉은 말에 상처받지 마.

■ spoil
[spɔil]

ⓥ 망쳐놓다, 아이를 못 쓰게 만들다 ⓝ 전리품

v. to ruin; to treat very or too well ***n.*** things taken without payment, as by an army or by thieves

Some mistakes can **spoil** all the things.
약간의 실수가 모든 것을 망칠 수 있다.

spoilsport 남의 흥을 깨는 사람

■ superior
[səpíəriər]

ⓐ ~보다 위의, ~을 초월한 ⓝ 뛰어난 (사람, 사물)

ant. **inferior**

a. of high quality; of higher rank or class ***n.*** a person of higher rank, esp. in a job

■ terrible
[térəbl]

ⓐ 끔찍한, 엄청난, 심한

syn. **abominable, atrocious, awful, dire, dreadful**

very bad; very severe indeed

It was a **terrible** experience.
그것은 끔찍한 경험이었다.

■ ugly
[ʌ́gli]

ⓐ 못생긴, 험악한, 추한

unpleasant to see; morally wrong

■ vicious
[víʃəs]

viciousness ⓝ

ⓐ 잔인한, 악의에 찬, 부도덕한

syn. **barbarous, brutal, cruel, evil, inhumane**

having or showing hate and the desire to hurt; not moral

She gave me a **vicious** look.
그녀는 나를 악의에 찬 눈으로 바라보았다.

vicious circle (일련의 사태의) 악순환

■ vital
[váitl]

ⓐ 활기찬, 절대로 필요한

full of life and force; very necessary

A heart is **vital** for living.
심장은 살아가는데 절대로 필요한 것이다.

vital statistics 인구 동태 통계 **vitality** 생명력, 활력

■ wicked
[wíkid]

ⓐ 사악한, 나쁜, 심술궂은

ant. **good, virtuous**

evil; very bad

Sally said that her father is **wicked**.
샐리는 그녀의 아버지가 사악하다고 말했다.

09 숨김과 폭로

■ **address**
[ədrés]

ⓝ 연설, 강연, 받는 이의 주소 ⓥ 주소를 쓰다, 연설하다

He geve an **address** on human rights.
그는 인권에 관해 연설했다.

a congratulatory **address** 축사

■ **announce**
[ənáuns]

announcement ⓝ

ⓥ 알리다, 전하다

syn. **declare, denote, harbinger, herald**

to make known

announcer 통보자, 고지자

■ **anonymous**
[ənánəməs]

ⓐ 익명의, 작자 불명의

syn. **faceless, nameless, unknown, unnamed**

with name unknown; with the writer's name not known

cf. **pseudonymous** 가명의, 필명으로 쓴

■ **argue**
[á:rgju:]

argument ⓝ

ⓥ 논쟁하다, 주장하다

to disagree in words, fight with words; to provide reasons for or against something, clearly and in proper order

■ **betray**
[bitréi]

betrayal ⓝ

ⓥ 배반하다, ~을 드러내다, 속이다

to disappoint, prove undependable to; to cause someone to believe an untruth

betray oneself 조그만 실수로 자기 본성이 드러나 버리다
betrayer 배신자, 밀고자

■ **blame**
[bleim]

ⓥ ~의 탓으로 돌리다, 비난하다, 나무라다

be to blame for ~에 대하여 책임이 있다, ~이 나쁘다

- **comment** [kάment]

ⓝ 언급, 논평

syn. **commentary, remark**

No **comment**! 할 말 없음!
a revealing **comment** 폭로성 발언
a casual **comment** 무심결에 한 발언
an off-the-record **comment** 비공식적인 발언

- **conceal** [kənsí:l]

concealment ⓝ

ⓥ 숨기다, 비밀로 하다

syn. **hide, hold back, hold in**

to hide; keep from being seen or known

conceal in ambush 매복하다

- **confess** [kənfés]

ⓥ 밝히다, 고백하다

syn. **profess**

to admit something wrong

to **confess** the truth 사실을 고백하자면

- **debate** [dibéit]

ⓝ 토의, 토론 ⓥ 토의하다

syn. **argue, argument, argumentation**

ant. **contend, deliberate**

moderate a **debate** 토론회에서 사회를 보다

- **disguise** [disgáiz]

ⓝ 변장, 위장 ⓥ 변장시키다, 위장하다

n. something that is worn to hid one's identity
v. to change the usual appearance of in order to hide the truth

in **disguise** 변장하여, 변장한, 가장한
a blessing in **disguise** 불행 중 다행

- **dispute** [dispjú:t]

ⓥ 논쟁하다, ~을 논하다, 다투다 ⓝ 토론

v. to argue; especially angrily and for a long time ***n.*** argument about something important

disputable 논란의 여지가 있는

enigma [inígmə]

enigmatic ⓐ
enigmatically ⓐⓓ

ⓝ 수수께끼, 불가사의한 사물 또는 인물

syn. **conundrum, problem, puzzle, riddle**

a puzzling or inexplicable occurrence or situation

---

exaggerate [igzǽdʒərèit]

exaggeration ⓝ

ⓥ 과장하다, (병 등을) 악화시키다

syn. **hyperbolize, overstate**

ant. **downplay, minimize, understate**

to enlarge beyond the truth

cannot **exaggerate** the difficulties
그 어려움은 두말할 나위 없다

---

frank [fræŋk]

frankly ⓐⓓ

ⓐ 솔직한, 명백한

syn. **blunt, candid, honest, truthful**

open and direct in speech or manner

---

inform [infɔ́:rm]

ⓥ 알리다, ~에 정통하다

to tell

I'm calling to **inform** you that our schedule has been changed.
스케줄이 변경되었다는 걸 알려드리려고 전화했습니다.

---

mention [ménʃən]

ⓥ 언급하다, 말하다 ⓝ 기재, 언급

v. to tell about in a few words, spoken or written
n. the act of mentioning sb/sth

not to mention ~은 말할 것도 없고
honorable **mention** (경기, 전시회 등의) 등수 외의 상

---

pretend [priténd]

pretence
(pretense) ⓝ

ⓥ ~인 체하다, 가장하다

syn. **act, make believe**

pretend to ~인 척하다

recollect
[rèkəlékt]

recollection ⓝ

ⓥ 기억하다, 회상하다

syn. **recall, remember** ant. **blank out, forget**

to call back to mind

remind
[rimáind]

ⓥ ~에게 생각나게 하다, ~에게 깨닫게 하다

syn. **cue, prompt**

remind A of B A로 하여금 B를 생각하게 하다
reminder 생각나게 하는 사람 [사물], 주의, 독촉장

represent
[rèprizént]

ⓥ 상징하다, 나타내다, 대표하다

symbolize, to stand for

This color **represents** the peace.
이 색상은 평화를 상징한다.

reveal
[riví:l]

revealing ⓐ
revelation ⓝ

ⓥ 드러내다, 밝히다

syn. **disclose, divulge, expose, uncover, unveil**

to show or allow something to be seen

a revealing slip of the tongue 말 실수로 비밀을 누설함

shout
[ʃaut]

ⓥ 큰소리를 지르다, 외치다 ⓝ 외침, 환호

syn. **call out, cry out, exclaim, vociferation, yell** ant. **whisper**

v. to give a loud cry ***n.*** a loud cry or call

unfold
[ʌ̀nfóuld]

ⓥ 펼치다, 밝히다, 드러내다

syn. **extend, spread, stretch** ant. **fold**

vanish
[vǽniʃ]

ⓥ 사라지다, 더 이상 존재하지 않다

syn. **die out, disappear, go away**

ant. **appear, come along**

vanish into thin air 온데간데없이 사라지다

10 조화

■ **absent**
[ǽbsənt]
absence ⓝ

ⓐ 결석한, ~없는
ant. **present**
absent-minded 정신이 나간, 제정신이 아닌
absentee 결석자

■ **acquiesce**
[æ̀kwiés]
acquiescent ⓐ

ⓥ 따르다, 묵인하다
syn. **accede, assent** ant. **dissent**
to agree, often unwillingly, but without raising an argument

He **acquiesced** to the plans his parents had made for him.
그는 부모가 마련해 놓은 계획에 따랐다.

■ **apart**
[əpɑ́:rt]

ad 떨어져서, 별개로
separate by a distance
apart from ~이외에, ~은 별개로 하고

■ **arrange**
[əréindʒ]
arrangement ⓝ

ⓥ 배열하다, (계획을) 잡다, 정돈하다
to set in a good or pleasing order; to plan in advance
arranged marriage 중매결혼
flower **arrange**ment 꽃꽂이

■ **assign**
[əsáin]
assignment ⓝ

ⓥ 할당하다, 지정하다, 지명하다
to give as a share or for use; to appoint

Simba began to **assign** foods to all the lions.
Simba는 모든 사자들에게 음식을 할당해주기 시작하였다.

■ **associate**
[əsóuʃièit]
association ⓝ

ⓥ 교제하다, 제휴하다 ⓝ 동료(사업, 직장)
associate degree 준학사 (2년제 대학 졸업자에게 주어지는 학위)

- **blend** [blend]
  ⓥ 어울리다, 섞다 ⓝ 혼합
  syn. **combine, mix**
  blend condensed milk with coffee 커피에 연유를 섞다
  blender (전기) 혼합기, 믹서

- **brawl** [brɔ:l]
  brawling ⓝ
  ⓝ 다툼, 언쟁, 소란 ⓥ 말다툼하다, 싸움하다
  n. a noisy fight in a crowd *v.* to quarrel noisily, angrily or disruptively
  He was suspended from school for one year because of the drunken street brawl last semester.
  지난 학기에 술에 취해 말다툼을 벌인 것 때문에 그는 1년 정학을 당했다.

- **circumstance** [sə́:rkəmstæ̀ns]
  ⓝ 상황, 환경
  under the **circumstance** 이러한 상황때문에
  under no **circumstances** 절대로, 어떠한 일이 있어도

- **coherent** [kouhíərənt]
  coherence ⓝ
  coherently ⓐⓓ
  ⓐ 일관성 있는, 밀착된, 일치한
  syn. **adhesive, logical, lucid** ant. **incoherent**
  logically connected
  Your writing is very **coherent** and logical.
  너의 작문은 매우 일관성이 있고 논리정연하다.

- **communicate** [kəmjú:nəkèit]
  communication ⓝ
  ⓥ 전달하다, 이야기를 나누다, 전염시키다, 통신하다
  to make news, opinions, feeling, etc. known; to share or exchange opinions, news, information, etc.; to transfer to another
  The new lecturer **communicates** his ideas clearly.
  새로운 강사는 그의 생각들을 명확하게 전달한다.
  means of communication 통신수단

- **company** [kʌ́mpəni]
  ⓝ 회사, 동료, 동반
  in **company** with ~와 동반하여

■ **concern**
[kənsə́ːrn]

ⓥ ~에 관련하다, 이해관계가 있다, 걱정시키다, 관심을 갖다 ⓝ 관심, 걱정

syn. **be relevan to, relate to, involve, bother, worry, care**

■ **conglomerate**
[kənglɑ́mərət]

conglomeration ⓝ

ⓝ 복합기업, 집성체 ⓐ 여러 가지가 모여 뭉쳐진 ⓥ 둥글게 뭉치다

syn. **accumulate, amass, combined, empire, gather**

The biggest **conglomerate** will complete the examination and quarantine process for the cattle by July 20.
그 최대 복합기업은 7월 20일까지 소 떼에 대한 검사와 검역 과정을 마칠 것이다.

■ **contrary**
[kɑ́ntreri]

ⓐ 반대의, 거꾸로의 ⓝ 반대

syn. **opposite, reverse**

a. completely different *n.* the opposite

contrary to all appearances
상황에 거슬러 / 모든 증거가 불리함에도 불구하고

■ **contrast**
[kɑ́ntræst]

ⓝ 대조, 대비 ⓥ 대조하다, 대비를 이루다

In this paragraph, the writer **contrasts** Christianity with Islam.
이 문단에서 글쓴이는 기독교와 이슬람교를 대조하고 있다.

■ **cooperate**
[kouɑ́pərèit]

cooperation ⓝ

ⓥ 협동하다, 협력하다

to work or act together for a shared purpose

Cooperating with each other is important to get this work done quickly.
이 일을 빨리 처리하기 위해서는 서로 협동하는 것이 중요하다.

co-op 협동조합

■ **correspond** ⓥ 일치하다, 교신하다
[kɔ̀:rəspάnd]
to be in agreement; to exchange letters regularly

correspondence ⓝ
His fingerprint **corresponds** with suspect's.
그의 지문은 용의자의 것과 일치한다.

correspondent 통신인, 특파원
corresponding 상응하는, 일치하는

■ **discrepancy** ⓝ (진술, 계산 따위의) 불일치, 차이, 모순
[diskrépənsi]
syn. **disagreement, discordance, variance**
discrepant ⓐ
an instance of difference or inconsistency; absence of agreement

■ **discrete** ⓐ 분리된, 갈라져 있는, 불연속적인
[diskrí:t]
syn. **distinct, separate** ant. **indiscrete**
apart or detached from others
cf. discreet 분별있는, 사리깊은, 신중한

■ **discuss** ⓥ 토론하다, 논의하다
[diskʌ́s]
to talk about from several points of view

discussion ⓝ
We need to **discuss** these problems.
우리는 이러한 문제들에 대해서 토론을 할 필요성이 있다.

a question under discussion 심의 중인 문제

■ **disprove** ⓥ 논박하다, ~의 반증을 들다, 그릇됨을 증명하다
[disprú:v]
ant. **demonstrate, prove, show**
disproval, disproof ⓝ
to prove something to be false or wrong

■ **erroneous** ⓐ 잘못된, 그릇된
[iróuniəs]
syn. **inaccurate, incorrect, wrong**
not correct

What he said will turn out to be **erroneous**.
그가 말한 것은 잘못으로 밝혀질 것이다.

■ **fortuitous**
[fɔːrtjúːətəs]

fortuitously ad
fortuitousness, fortuity n

a 우연의, 뜻밖의

syn. **fortunate, uncaused, unintended**

happening by chance

We cannot regard artistic invention as **fortuitous**.
우리는 예술작품을 우연한 것이라고 여길 수 없다.

■ **gap**
[gæp]

n 격차, 틈, 간격

syn. **break, crack, opening**

bridge the **gap** 공백을 메우다

■ **identical**
[aidéntikəl]

a 동일한, 아주 꼭 같은

syn. **congruent, indistinguishable, same**

the same in every detail

identical equation 항등식
identical twins 일란성 쌍둥이

■ **incompatible**
[ìnkəmpǽtəbl]

incompatibly ad
incompatibility n

a 조화되지 않는, 성질이 일치하지 않는

syn. **clashing, unfitting, unmixable**

ant. **agreeable, compatible**

having opposite or disagreeing natures

They are as **incompatible** as oil and water.
그들은 물과 기름처럼 조화가 되지 않는다.

■ **interfere**
[ìntərfíər]

interference n

v 방해하다, 간섭하다

syn. **intervene, step in**

to get in the way of another

Your talking **interferes** with my study.
네가 말하는 것이 내가 공부하는데 방해가 된다.

■ **invite**
[inváit]

invitation n

v 초대하다, 초청하다, 초래하다

to ask somebody to a social occasion; to request the participation or presence of; to increase the likelihood of

inviting 초대하는, 마음을 끄는

involve
[inválv]
involvement ⓝ

ⓥ 포함하다, 연루시키다, 몰두시키다
syn. **entail, concern**
to contain as a part; engage as a participant; occupy or engage the interest of

irrelevant
[iréləvənt]
irrelevance ⓝ
irrelevantly ad

ⓐ 상관없는, 부적당한, 엉뚱한
syn. **extraneous, immaterial, inapplicable**
having no connection with the subject being considered

The accident is **irrelevant** to the matter.
그 사고는 이 일과는 상관이 없다.

match
[mætʃ]

ⓝ 시합, 대전 상대, 성냥 ⓥ 어울리다, 필적하다

I am sure there won't be any **match** for her for several years.
몇 년간은 그녀에게 필적할 만한 상대가 없을 것임을 나는 확신한다.

a box of **matches** 성냥 한 갑

merge
[məːrdʒ]
merger ⓝ

ⓥ 서서히 바뀌다, 합병하다, 융합시키다
syn. **blend, combine, mix**
to become one; to join or combine

His sorrow was gradually **merged** into anger.
그의 슬픔은 서서히 분노로 바뀌었다.

opposite
[ápəzit]

ⓐ 맞은편의, 정반대(사람)의
ⓝ 반대, 반의어 pre 건너편에, ~의 상대역으로
syn. **facing, opposing, across from**

organize [ɔ́:rgənàiz]

organization ⓝ
organized ⓐ

ⓥ 조직하다, 준비하다, 정리하다

to arrange into a good working system; to plan and direct; to bring order and organization to

---

random [rǽndəm]

randomly ⓐⓓ

ⓐ 닥치는 대로의, 제멋대로의

syn. **haphazard, hit-or-miss** ant. **nonrandom**

a **random** guess 어림짐작

---

reciprocal [risíprəkəl]

ⓐ 상호적인, 호혜적인, 서로 보충하는

syn. **interactional, mutual** ant. **nonreciprocal**

given and received in return

It is important to throw out **reciprocal** hatred.
상호간의 증오를 버리는 것이 중요하다.

reciprocal trade 호혜무역

---

relate [riléit]

ⓥ 관련시키다, 친족관계를 갖게 하다, 설명하다

make a logical or causal connection; be in a relationship with; give an account of

relate to ~와 관계가 있다
relate with ~와 부합하다

---

relative [rélətiv]

ⓐ 상대적인, 비교상의, 관계있는 ⓝ 친척

a. compared to each other or to something else
n. a member of one's family

relative to ~에 관하여
a **relative** pronoun 관계대명사

---

resemble [rizémbəl]

resemblance ⓝ

ⓥ 닮다, 유사하다

syn. **look like, take after**

to appear like

---

24 Day

11 의지
12 감정
13 인내

11 의지

■ abhor
[æbhɔ́:r]
abhorrent ⓐ

ⓥ 몹시 싫어하다, 혐오하다
syn. **abominate, loathe**
to feel great hatred for

■ ambitious
[æmbíʃəs]
ambition ⓝ

ⓐ 야망 있는, 의욕적인
syn. **aggressive, determined, driven**
having a strong desire for success, power, riches, etc.

■ anticipate
[æntísəpèit]
anticipation ⓝ
anticipatory ⓐ

ⓥ 예상하다, 미리 대처하다
syn. **expect, foretell, predict**
to expect; to do something before

■ assert
[əsə́:rt]
assertion ⓝ

ⓥ 단언하다, 주장하다
to emphatically state

I **assert** that he is guilty.
그가 유죄라고 단언한다.

■ attitude
[ǽtitjù:d]
attitudinal ⓐ

ⓝ 태도, 마음가짐, 자세
a way of feeling, thinking, or behaving; a position of the body

■ collaborate
[kəlǽbərèit]
collaboration ⓝ

ⓥ 협력하다, 공동으로 일하다, 합작 [제휴]하다
syn. **cooperate, get together, join forces**
to cooperate with enemies; to work together for a special purpose

He refused to **collaborate** with the Russian secret police.
그는 러시아의 비밀경찰과 공동으로 일하기를 거부했다.

■ **concentrate** [kάnsəntrèit]
concentrated ⓐ
concentration ⓝ

ⓥ 집중하다, (물건 등을) 모으다
syn. **centralize, condense, focus**
ant. **decentralize, deconcentrate**
concentration camp 강제수용소

■ **contribute** [kəntríbjut]
contribution ⓝ

ⓥ 기부하다, 기여하다, 공헌하다
to give in giving money, help, etc. along with others

Bill **contributed** his all property to the charity.
빌은 자신의 전 재산을 자선단체에 기부했다.

■ **dare** [dɛər]

ⓥ 감히 ~하다, ~할 용기가 있다
to be brave or rude enough to
daring 대담한, 충격적인

■ **decide** [disáid]
decisive ⓐ
decision ⓝ

ⓥ 판단하다, 결정하다
syn. **determine, settle**
decide on something ~하기로 결정하다

■ **deliberate** [dilíbərèit] ⓥ [dilibərət] ⓐ
deliberation ⓝ

ⓐ 신중한 ⓥ ~을 숙고하다
ant. **uncontrived, unstudied**
a. intentional, unhurried ***v.*** to consider carefully

■ **demand** [dimǽnd]
demanding ⓐ

ⓥ (인내, 시일 등을) 필요로 하다, ~요구하다
ⓝ 요구, 수요

Success **demands** a great effort.
성공은 많은 노력을 필요로 한다.

be in **demand** 수요가 있다

■ determine [ditə́:rmin]

determination ⓝ

ⓥ 결심하다, 결정하다

syn. **ascertain, decide, settle**

to (cause to) form a firm intention in the mind; to decide

determined 단호한

■ devout [diváut]

devoutly ad
devoutness ⓝ

ⓐ 독실한, 진심어린

syn. **earnest, heartfelt, sincere**

seriously concerned with religion; felt very deeply

■ disgust [disgʌ́st]

disgusting ⓐ

ⓝ 혐오감, 싫음 ⓥ 혐오감을 느끼다, 역겹게 만들다

syn. **nauseate, repel, sicken**

n. a strong feeling of dislike caused by something unpleasant ***v.*** to cause a feeling of disgust

I was **disgusted** to see him drunk.
나는 그가 술에 취한 모습을 보고 혐오감을 느꼈다.

■ eager [í:gər]

eagerly ad
eagerness ⓝ

ⓐ 열망하는, 간절히 하고 싶은, 열심인

syn. **enthusiastic, zealous**

full of interest, desire, etc.

be eager to ~하고 싶어 하다

■ enable [enéibl]

ⓥ ~할 수 있게 하다, 허락하다, 가능성을 주다

ant. **disable, disenable, incapacitate**

to give the power, means, or right; to make able

■ grasp [græsp]

ⓥ 잡다, 쥐다, 이해하다 ⓝ 이해

v. to take or keep a firm hold of, a firm hold; to succeed in understanding something

n. understanding

hostile [hɑ́stl]

hostility ⓝ

ⓐ 적대적인, 적군의, 적의

ant. **amicable, friendly**

showing dislike; of, nelating to, or characteristic of an enemy

He is a man **hostile** to reform.
그는 개혁에 적대적인 인물이다.

---

ignore [ignɔ́:r]

ⓥ 무시하다, 묵살하다

syn. **dismiss, disregard** ant. **cognize, notice**

to refuse to notice

ignorant 무지한, 무식한 ignorance 무지
Ignorance is bliss. 모르는게 약

---

impartial [impɑ́:rʃəl]

impartiality ⓝ
impartially ⓐⓓ

ⓐ 공평한, 한 쪽으로 치우치지 않은, 편견이 없는

syn. **fair, unbiased, unprejudiced**

ant. **discriminatory, partial, unfair**

not giving special favor to any one side

---

inclination [ìnklənéiʃən]

ⓝ (~하고 싶은) 생각, 기분

syn. **disposition, leaning, tendency liking**

inclined ~할 생각(경향)이 있는 incline 마음이 내키다

---

intend [inténd]

intention ⓝ

ⓥ ~할 작정이다, 의도하다, 예정하다

to mean to do; to mean to be; to plan

She **intends** to fight with him.
그녀는 그와 싸울 작정이다.

---

persuade [pərswéid]

persuasion ⓝ
persuasive ⓐ

ⓥ 설득하다, 납득시키다

to cause to do something by reasoning, arguing, begging, etc.; to cause to feel certain

She **persuaded** him to accept the proposal.
그녀는 제안을 받아들이도록 그를 설득했다.

■ **proposal** [prəpóuzəl]

propose ⓥ

ⓝ 계획, 신청, 제안

a plan or suggestion

My **proposal** to transfer to another branch was rejected.

다른 지점으로 발령 받으려는 나의 계획은 거절당했다.

■ **purpose** [pə́:rpəs]

ⓝ 목적, 의지, 요점

syn. **aim, determination, intent, intention, purport**

reason for an action

on **purpose** 고의로 **purposeful** 고의적인, 단호한

purposeless 목적이 없는

■ **recommend** [rèkəménd]

recommendation ⓝ

ⓥ 추천하다, 권하다

to make a favorable judgment of; to advise or suggest

■ **reconcile** [rékənsàil]

reconciliation ⓝ

ⓥ 화해시키다, 조화시키다, 감수하게 하다

syn. **accommodate, conciliate, harmonize, settle**

to find agreement between two ideas, situation etc.; to bring back friendly relations between; to cause to accept

■ **refuse** [rifjú:z]

refusal ⓝ

ⓥ 거절하다, 사절하다

syn. **decline, reject, turn down**

not to accept or do or give

■ **reluctant** [rilʌ́ktənt]

reluctantly ⓐⓓ

ⓐ 마음이 내키지 않는, 싫어하는

syn. **disinclined, loath, uneager, unwilling**

Koreans are **reluctant** to express their opinions clearly and directly.

한국인들은 자신들의 의견을 명확하고 직접적으로 표현하는 것을 내켜하지 않는다.

■ **resolute**
[rézəlù:t]
resolutely ad

a 확고한, 단호한
syn. **determined, undaunted, unfaltering**
ant. **irresolute**
determined in purpose, firm

He is carrying out his plans with a **resolute** faith.
그는 확고한 신념으로 그의 계획들을 실행해 나가고 있다.

resoluteness 결연함, 단호함
resolution 결의, 결의문, 결심, 결단력

■ **stubborn**
[stʌ́bərn]
stubbornness n

a 고집 센, 완고한
syn. **obstinate, tenacious, unyielding**
ant. **docile**
with a strong will

The **stubborn** mule would not pull the farmer's plow.
고집 센 노새는 농부의 쟁기를 끌지 않으려 들었다.

stubborn opposition 불굴의 저항

■ **suppose**
[səpóuz]
supposition n

v 추측하다, 가정하다
syn. **guess, imagine, speculate, think**
to consider as probable
supposing 만약 ~이라면 **supposedly** 짐작컨대
supposed 가정의

■ **truculent**
[trʌ́kjulənt]
truculence n
truculently ad

a 거친, 신랄한
ant. **brutal, ferocious, fierce, ruthless, savage, wild**
always willing to quarrel or attack; aggressively hostile

Some students in these days are somewhat **truculent**.
요즘 어떤 학생들은 다소 거칠다.

12 감정

■ amaze
[əméiz]

ⓥ 놀라게 하다, 경악하게 하다

syn. **astound, shock, startle**

to fill with great surprise

amazed 깜짝 놀란, 경악한   amazing 놀랄만한
Amazing Grace 놀라운 은총 (찬송가로 널리 불리는 노래)

■ amuse
[əmjú:z]

amusement ⓝ

ⓥ 즐겁게 하다, 재미나게 하다

to cause laughter; to cause to spend time in a pleasant manner

■ ashamed
[əʃéimd]

ⓐ 부끄러워, 수치스러워

feeling shame, guilt, sorrow, or unwillingness

be ashamed of ~을 부끄러워하다
unashamedly 염치없이

■ carefree
[kɛ́ərfrì:]

ⓐ 느긋한, 근심이 없는, 행복한

syn. **happy-go-lucky, untroubled, unworried**

free from anxiety

■ charity
[tʃǽrəti]

ⓝ 자애, 자선단체, 자비

charitable 자비로운, 관대한, 자선의

A feeling of **charity** made her give her lunch to the old woman.
자애로운 마음 때문에 그녀는 그녀의 점심을 그 노파에게 주었다.

■ contrite
[kəntráit]

contrition ⓝ

ⓐ 죄를 뉘우치는, 회한에 찬

syn. **apologetic, penitent, rueful**

feeling or showing guilt

■ **curious** [kjúəriəs]

curiosity ⓝ
curiously ⓐⓓ

ⓐ 호기심이 많은, 호기심이 강한

eager to know or learn

be curious to ~을 알고 싶어 하다, 호기심이 생기다

■ **depressed** [diprést]

depression ⓝ

ⓐ 풀이 죽은, 내리 눌린

syn. **blue, downhearted, low-spirited**

low in spirits

■ **embarrass** [imbǽrəs]

embarrassment ⓝ

ⓥ 당혹하게 하다, 당황하다

to cause to feel ashamed, uncomfortable, or anxious

His strange actions made me **embarrassed.**
그의 이상한 행동들은 나를 당혹하게 만들었다.

■ **encourage** [enkə́:ridʒ]

encouraging ⓐ
encouragement ⓝ

ⓥ 격려하다, 장려하다, 용기를 돋우다

syn. **boost, further, promote**

to urge someone on; to give courage or hope to

■ **enthusiasm** [enθú:ziæ̀zm]

enthusiastic ⓐ

ⓝ 열광, 열중

a strong feeling of interest or admiration

The room was full of **enthusiasm.**
방 안은 열광으로 가득 차 있었다.

enthusiast ~광, ~팬

■ **envy** [énvi]

envious ⓐ

ⓝ 선망의 대상, 부러움, 질투 ⓥ ~을 부러워하다

n. a feeling one has towards someone when one wishes that one had his/her qualities or possessions ***v.*** to be envious of

green with envy 몹시 부러워하는

frighten
[fráitn]

frightening ⓐ
frighteningly ⓐⓓ

ⓥ 무서워하다, 두려워하다, 깜짝 놀라게 하다, 겁내다

syn. **scare**

to fill with fear; to cause someone to do, go, etc., by frightening

generous
[dʒénərəs]

generously ⓐⓓ
generosity ⓝ

ⓐ 많은, 관대한

syn. **bighearted, lavish, unselfish**

ant. **stingy, ungenerous**

larger, kinder, etc., than usual; showing readiness to give money, help, kindness, etc.

lonely
[lóunli]

loneliness ⓝ

ⓐ 쓸쓸한, 고독한, 외로운

alone and unhappy; away from other people

lugubrious
[lu:gjú:briəs]

lugubriously ⓐⓓ

ⓐ 애처로운, 가련한, 너무 슬픈

syn. **sorrowful**

too sorrowful or dull

"I am drinking," replied he, with a **lugubrious** air.
"지금 술 마시고 있어."라고 그는 애처롭게 대답했다.

malice
[mǽlis]

malicious ⓐ

ⓝ 악의, 적의

syn. **grudge, ill will, venom**

the wish to hurt other people

mercy
[mə́:rsi]

merciful ⓐ

ⓝ 자비, 행운

willingness to forgive, not to punish; a fortunate event

It was a **mercy** that help was so near.
구조대가 그렇게 가까이 있었다는 건 정말 행운이었다.

mercy killing 안락사

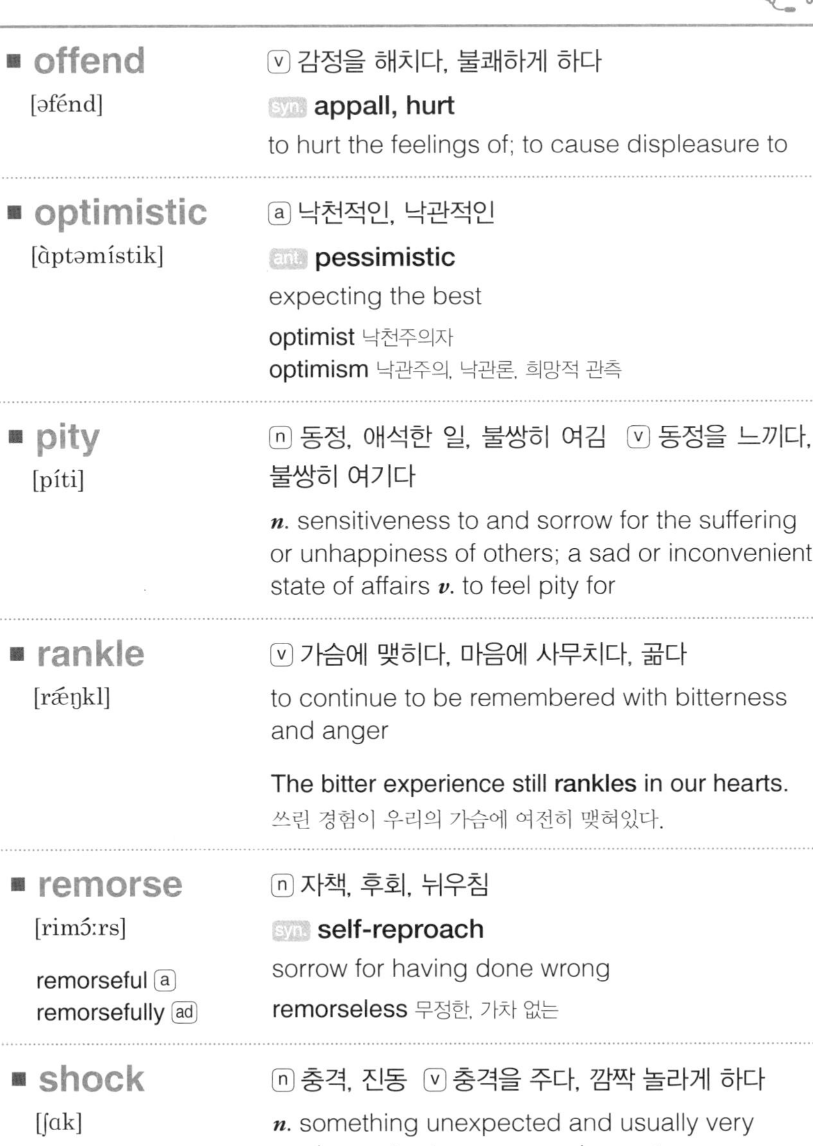

■ **offend** [əfénd]

ⓥ 감정을 해치다, 불쾌하게 하다

syn. **appall, hurt**

to hurt the feelings of; to cause displeasure to

■ **optimistic** [ɑ̀ptəmístik]

ⓐ 낙천적인, 낙관적인

ant. **pessimistic**

expecting the best

optimist 낙천주의자
optimism 낙관주의, 낙관론, 희망적 관측

■ **pity** [píti]

ⓝ 동정, 애석한 일, 불쌍히 여김 ⓥ 동정을 느끼다, 불쌍히 여기다

n. sensitiveness to and sorrow for the suffering or unhappiness of others; a sad or inconvenient state of affairs ***v.*** to feel pity for

■ **rankle** [rǽŋkl]

ⓥ 가슴에 맺히다, 마음에 사무치다, 곪다

to continue to be remembered with bitterness and anger

The bitter experience still **rankles** in our hearts.
쓰린 경험이 우리의 가슴에 여전히 맺혀있다.

■ **remorse** [rimɔ́:rs]

remorseful ⓐ
remorsefully ⓐⓓ

ⓝ 자책, 후회, 뉘우침

syn. **self-reproach**

sorrow for having done wrong

remorseless 무정한, 가차 없는

■ **shock** [ʃɑk]

shocking ⓐ

ⓝ 충격, 진동 ⓥ 충격을 주다, 깜짝 놀라게 하다

n. something unexpected and usually very unpleasant ***v.*** to cause unpleasant or angry surprise

shockproof (시계 등을 충격에서 보호하는) 내진성의

■ sympathy

[símpəθi]

sympathize ⓥ
sympathetic ⓐ
sympathetically ⓐⓓ

ⓝ 동정, 공감

syn. **fellow feeling, understanding**

the expression of pity for the sufferings of other people; agreement in or understanding of the feelings of others

I feel **sympathy** about the accident.
그 사고에 동정을 표합니다.

■ temper

[témpər]

ⓝ 성품, 기질, 성질

a particular state or condition of the mind; an angry state of mind

Watch your **temper!** 성질 좀 죽이시지!
fly(get) into a **temper** 갑자기 화내다
keep one's **temper** 노여움을 참다
lose one's **temper** 화내다, 흥분하다
bad-**tempered** 성미가 까다로운
even-**tempered** 차분한

■ wonder

[wʌ́ndər]

ⓝ 경이로움, 놀라움 ⓥ 놀라다, ~가 아닐까 생각하다, 알고 싶어 하다

n. a feeling of strangeness, surprise, and admiration ***v.*** to be surprised and want to know why; to express a wish to know

The small boy's face filled with **wonder** at the sight of the fireworks.
그 어린 소년의 얼굴은 불꽃놀이 광경을 보고 경이로움으로 가득 찼다.

wonderful 이상한, 놀랄만한
wondering 이상하게 여기는, 놀란
wondrous 놀랄만한, 불가사의한
wonder-stricken 놀라움에 사로잡힌, 아연실색한

13 인내

■ **abstain**
[əbstéin]

ⓥ (쾌락, 술 따위를) 삼가다, 그만두다, 기권하다

syn. **desist, refrain**

to keep oneself from doing something

abstainer 절제하는 사람, 금주가

■ **annoy**
[ənɔ́i]

annoyance ⓝ

ⓥ 괴롭히다, 불쾌해 하다, 성가시게 굴다

to cause someone trouble

She is **annoyed** that her neighbor opened her mail.

이웃이 자신의 우편물을 열었다는 것이 그녀를 불쾌하게 했다.

■ **anxious**
[ǽŋkʃəs]

anxiously ⓐⓓ

ⓐ 걱정스러운, 불안한, 열망하는

feeling or causing worry; having a strong wish to do something

---

■ **boring**
[bɔ́:riŋ]

ⓐ 지루한, 재미없는

syn. **dull, tedious, tiresome**

not exciting or interesting

■ **burden**
[bə́:rdn]

ⓝ 무거운 짐 ⓥ 무거운 짐을 지우다

ant. **unburden**

n. a heavy load ***v.*** to load or trouble

He chose not to **burden** his parents with the news.

그는 부모님에게 무거운 짐을 지우지 않으려고 그 소식을 전하지 않기로 했다.

■ **devote**
[divóut]

devoted ⓐ
devotedly ⓐⓓ
devotion ⓝ

ⓥ (노력, 돈 따위를) 바치다

syn. **commit, dedicate, give**

to give wholly or completely to

devote oneself to ~에 바치다, 헌신하다

■ **dull**
[dʌl]
dully ad
dullness n

a (색이) 탁한, 둔한, 활기 없는 v 고통을 완화시키다

She is wearing a **dull** brown dress.
그녀는 탁한 갈색 드레스를 입고 있다.

■ **duty**
[djú:ti]

n 의무, 임무

duty-bound 의무로서 ~ 해야 하는
on [off] **duty** 근무시간 중 [외]

■ **embrace**
[embréis]
embracement n

v 포옹하다, 포함하다

When the soldier saw his family, he **embraced** his mother and father.
가족을 보았을 때, 그 병사는 어머니와 아버지를 포옹했다.

■ **limit**
[límit]
limitation n

n 한계 v 제한하다

limiting 제한하는 limited 제한된

■ **meditative**
[médətèitiv]
meditation n

a 심사숙고하는, 명상의, 명상에 잠기는

syn. **contemplative, pensive, reflective**
thoughtful; showing deep thought

■ **skeptical**
[sképtikəl]

a 회의적인, 의심 많은

unwilling to believe a claim or promise
skeptic 회의론자, 의심 많은 사람 skepticism 의심, 회의

■ **suffer**
[sʌ́fər]
suffering a

v (병을) 앓다, 겪다, 나빠지다

sufferer 고통 받는 사람 war sufferer 전쟁 피해자

■ **tedious**
[tí:diəs]

a 지루한, 따분한, 장황한

It was a **tedious** discourse.
그것은 지루한 대화였다

25 Day

14 안정
15 정확
16 전진

14 안정

■ **awry**
[ərái]

ad 비틀려서, (사람의 행동이나 사물이) 잘못되어,
a 구부러져, 구부러진, 비틀어진

syn. **amiss, askew**

turned or twisted to one side; away from the correct or expected course

■ **comfortable**
[kʌ́mfərtəbl]

a 편안한, 기분 좋은

ant. **uncomfortable**

having or providing comfort

■ **cozy**
[kóuzi]

coziness n

a 안락한, 편안한

warm and comfortable

We had dinner at a **cozy** restaurant with a fireplace.
우리는 벽난로가 있는 안락한 레스토랑에서 식사를 했다.

■ **crisis**
[kráisis]

n 위기, (위험한) 고비

moment of great danger or difficulty

a financial **crisis** 금융 위기
crisis management 위기 관리 (위기 상황에 대처하는 방법)

■ **disaster**
[dizǽstər]

disastrous a

n 재해, 재난, 피해

syn. **calamity, catastrophe, tragedy**

a sudden great misfortune

■ **disturb**
[distə́:rb]

disturbance n
disturbed a

v 방해하다, 혼란스럽게 하다, 불안하게 하다,

syn. **agitate, interrupt, stir up**

to break in upon; to change the usual or natural condition of; to worry

■ **distraught** [distrɔ́:t]

ⓐ 혼란스러운, 미친 듯한, 정신 나간

syn. **agitated, overwrought**

very anxious and troubled

I became terribly **distraught** with grief.
나는 슬픔으로 마음이 너무나 혼란스러웠다

■ **excite** [iksáit]

excitement ⓝ

ⓥ 흥분시키다, 자극시키다, 흥미 따위를 일으키다

syn. **energize, rouse, stimulate**

to cause someone to lose calmness and to have strong feelings

■ **fasten** [fǽsn]

ⓥ 고정하다, 묶다

syn. **fix, secure, tighten** ant. **unfasten**

to make or become firmly fixed or joined

■ **harsh** [hɑ:rʃ]

harshly ad
harshness ⓝ

ⓐ 사나운, 혹독한

syn. **brutal, cruel, rough**

showing cruelty or lack of kindness; unpleasant in causing pain to the senses

■ **hypocrite** [hípəkrìt]

hypocrisy ⓝ

ⓝ 위선자 ⓐ 위선(자)의

syn. **phony, pretender**

a person who says one thing and does another

Do not play the **hypocrite**.
위선자 노릇을 하지 마라.

■ **independent** [indipéndənt]

independently ad
independence ⓝ

ⓐ 독립한, 자주의

syn. **autonomous, self-reliant**

ant. **dependent, subordinate**

not governed by another country; not needing other things or people

jeopardy
[dʒépərdi]

ⓝ 위험, (피고의) 유죄가 될 위험성

syn. **danger, hazard, peril**

danger

The ship was in **jeopardy** of being wrecked.
그 배는 난파될 위험에 처해 있었다.

jeopardize 위험에 빠뜨리다

leak
[li:k]

leakage ⓝ
leaky ⓐ

ⓝ 새는 곳, 샘 ⓥ 새다, 새어 나오다

n. a small accidental hole or crack, esp. in a container, pipe, etc. through which something flows in or out ***v.*** to let a liquid, gas, etc. in or out of

meditate
[médətèit]

meditation ⓝ
meditative ⓐ

ⓥ 숙고하다, 묵상하다, 계획하다

syn. **contemplate, ponder, speculate**

He did not want to **meditate** on his misfortunes.
그는 자신의 불운에 대해 숙고하기를 원치 않았다.

neat
[ni:t]

ⓐ 산뜻한, 훌륭한

good, in good order; cleaver, effective

He gave us a **neat** description of the scene.
그는 장면을 우리에게 훌륭히 묘사해 주었다.

nervous
[nə́:rvəs]

ⓐ 신경질적인, 불안해 하는

afraid, worried; of or relating to the nervous system of the body

nervous breakdown 신경쇠약
nervous system 신경계

pretext
[prí:tekst]

ⓝ 핑계, 구실, 변명

syn. **guise, pretence**

a reason given for an action in order to hide the real intention

■ **prosperous** [prάspərəs]

prosper ⓥ
prosperity ⓝ

ⓐ 순탄한, 번영하고 있는, 성공한

syn. **auspicious, comfortable, flourishing, prospering**

successful

You live in very **prosperous** years.
너는 대단히 순탄한 시절을 보내고 있다.

■ **risk** [risk]

risky ⓐ

ⓝ 위험, 모험 ⓥ 위험을 무릅쓰고 ~하다

n. a danger *v.* to place in danger

at one's own **risk** 자기 책임 하에
at **risk** 위험 상태에 있는
at the **risk** of something ~의 위험을 무릅쓰고

■ **save** [seiv]

ⓥ 구하다, 모으다, 절약하다

to make safe from danger; to keep for later use

saving grace 구원의 은혜, 다른 결점을 메우는 장점

■ **secure** [sikjúər]

security ⓝ

ⓐ 안전한, 닫힌, 확고한 ⓥ 안전하게 하다

a. protected against danger; closed, firm, or tight enough for safety; having no doubt or anxiety *v.* to make safe

■ **serene** [sərí:n]

serenely ad
serenity ⓝ

ⓐ 조용한, 차분한, 평화로운

syn. **calm, tranquil**

completely calm and peaceful

It was a **serene** summer night.
조용한 여름밤이었다.

■ **stain** [stein]

ⓝ 얼룩, 오점 ⓥ 얼룩지게 하다, 더럽히다

n. a stained place or spot *v.* to change the color of, in a way that is lasting

stainless 녹슬지 않는, 때 끼지 않은
stained glass 구워서 착색한 유리

■ **steady** [stédi]

steadily (ad)
steadiness (n)

(a) 고정된, 안정된, 한결같은 (v) 안정되게 하다

ant. **unsteady**

a. sure in position or movement; moving or developing evenly *v.* to make or become steady, regular, or less changing

Belief is the **steady** foundation of our company.
믿음이 우리 회사의 안정된 기반이다.

■ **support** [səpɔ́:rt]

supportive (a)

(v) 지탱하다, 지지하다, 원조하다 (n) 버팀, 원조, 후원

v. to bear the weight of; to be loyal to, be in favor of; to provide money for a person to live on *n.* the act of supporting; money to live; encouragement and help

---

■ **tidy** [táidi]

tidily (ad)
tidiness (n)

(a) 깔끔한, 정연한

ant. **untidy**

neatly arranged

■ **tranquil** [trǽŋkwil]

tranquilize (v)
tranquility (n)

(a) 평화로운, 조용한, 평온한

syn. **calm, peaceful, placid, still**

completely calm and peaceful

He enjoyed a **tranquil** retirement.
그는 평화로운 은퇴 생활을 즐겼다.

■ **tremble** [trémbl]

trembling (n) (a)
tremblingly (ad)

(v) 흔들리다, 염려하다, 떨다

syn. **shake, shiver**

to shake uncontrollably; to feel fear or anxiety

■ **unavoidable** [ʌ̀nəvɔ́idəbl]

(a) 피할 수 없는, 무효로 할 수 없는

syn. **inescapable, inevitable** ant. **avoidable**

impossible to avoid

■ **upset**
[ʌpsèt]
upsetting ⓐ

ⓥ 뒤엎다, 당황케 하다 ⓐ 혼란한, 뒤집힌 ⓝ 혼란
v. to knock over, causing confusion ***a.*** feeling unhappy ***n.*** the act of upsetting, or state of being in confusion
upset stomach 위장 장애

■ **worry**
[wə́:ri]

ⓥ 걱정하다, 고민하다 ⓝ 걱정, 고생
v. to be or make anxious ***n.*** a feeling of anxiety
worrisome 귀찮은, 성가신, 잔걱정을 하는
worrywart 사소한 일로 쓸데없이 걱정하는 사람

■ **yell**
[jel]

ⓥ (큰소리로 날카롭게) 소리치다, 고함치다
syn. **cry, holler, scream, shout**

Do not **yell** at a child.
아이한테 소리치지 마라.

15 정확

■ **accurate**
[ǽkjurət]
accuracy ⓝ
accurately ⓐⓓ

ⓐ 정확한, 정밀한
ant. **inaccurate**
careful and exact
an accurate statement 정확한 진술

■ **ambiguous**
[æmbígjuəs]
ambiguously ⓐⓓ
ambiguity ⓝ

ⓐ 애매모호한, 두 가지 이상의 뜻이 있는
syn. **ambivalent, uncertain**
ant. **unambiguous, unequivocal**
able to be understood in more than one way; of unclear meaning

I got an **ambiguous** reply from him.
나는 그로부터 애매모호한 답을 받았다.

■ **approximate** [əprάksəmèit]

ⓥ (~에) 가까워지다, (~을) 접근시키다
ⓐ 대략의, 근사한

v. to come near to ***a.*** almost correct but not exact

approximately 대략적으로
approximation 접근, 유사한 것

■ **assume** [əsjúːm]

assumption ⓝ

ⓥ 추측하다, (임무 등을) 맡다, (질, 양상을) 띠다, (~라고) 가정하다

Jack **assumed** that Michael is a criminal.
잭은 마이클이 범인이라고 추측했다.

■ **classify** [klǽsəfài]

ⓥ 분류하다, 기밀 취급하다

syn. **assort, sort**

to arrange or place animals, plants, books, etc. into classes or groups; to declare as unavailable

■ **clue** [kluː]

ⓝ 실마리, 단서

something that helps to find an answer to a question, difficulty, etc.

There is no **clue** to solve the problem.
문제를 해결하기 위한 실마리가 없다.

not have a **clue** 전혀 알지 못하다

■ **correct** [kərékt]

correction ⓝ

ⓐ 옳은, 정확한 ⓥ 수정하다, 바로잡다

syn. **accurate, exact, precise**

ant. **falsify, incorrect, wrong**

a. right, without mistake ***v.*** to make right or correct

■ **definite** [défənit]

definitely ⓐⓓ

ⓐ 명확한, 확실한

ant. **indefinite**

clear; without any uncertainly

■ **describe**
[diskráib]
description ⓝ
descriptive ⓐ

ⓥ 묘사하다, 기술하다
syn. **account, delineate, depict**
to say what something is like; to give a picture of in words

■ **distinct**
[distíŋkt]
distinction ⓝ
distinctive ⓐ

ⓐ 전혀 다른, 독특한, 명백한
different; clearly seen, heard, understood, etc.

Platinum is **distinct** from gold.
백금은 금과 전혀 다르다.

■ **distinguish**
[distíŋgwiʃ]

ⓥ 구분하다, 특징지우다, 유명하게 하다
distinguishable 구별할 수 있는, 분간할 수 있는
distinguished 두드러진, 현저한, 저명한, 기품있는

■ **elaborate**
[ilǽbərət] ⓐ
[ilǽbərèit] ⓥ
elaboration ⓝ
elaborately ⓐⓓ

ⓐ 상세한 ⓥ 상세히 말하다, 정교하게 만들다
a. full of detail ***v.*** to add more detail

We have made **elaborate** plans for New Year's Day.
우리는 정월 초하루 계획을 상세하게 짰다.

an **elaborate** pattern 정교한 무늬

■ **exact**
[igzǽkt]
exactly ⓐⓓ

ⓐ 정확한, 꼼꼼한
correct and without mistakes; marked by thorough consideration or careful measurement of small details of fact

exactitude 정확성, 정밀도

■ **faint**
[feint]

ⓐ 힘없는, 희미한, 아련한 ⓥ 기절하다
a. weak and about to lose consciousness; lacking clearness, strength ***v.*** to lose consciousness

He suddenly felt **faint** from the pain.
그는 고통 때문에 갑자기 힘이 없는 것을 느꼈다.

■ **hesitate**
[hézətèit]

hesitation ⓝ
hesitant ⓐ

ⓥ 망설이다, 주저하다

syn. **pause, waffle**

to pause in or before an action; to be unwilling

She **hesitated** whether to go or not.
그녀는 갈까 말까 망설였다.

■ **identity**
[aidéntəti]

ⓝ (~와) 동일, 신분, 정체성

exact sameness; the distinct personality of an individual regarded as a persisting entity

identity crisis 자기 정체감의 위기

■ **measure**
[méʒər]

measurable ⓐ
measurement ⓝ

ⓥ 재다, (~의 정도를) 나타내다 ⓝ 치수, 한도, 수단

He **measured** the weight of meat.
그는 고기의 무게를 쟀다.

take **measures** 조치를 취하다
measure up 기대, 표준에 달하다

■ **method**
[méθəd]

ⓝ 방법, 조리, 체계

method in one's madness 무모한 행동 속에 감춰진 조리
methodical 조직적 방식의, 질서 정연한, 규칙적인

■ **obvious**
[ɑ́bviəs]

obviously ⓐⓓ

ⓐ 분명한, 명백한

syn. **apparent, evident, overt, prominent**

easy to see and understand; which must be recognized

■ **outright**
[áutráit]

ⓐⓓ 완전히, 거리낌 없이, 분명한 ⓐ 완전한

syn. **completely, openly, without any delay, complete**

She asked him **outright** for a divorce.
그녀는 거리낌 없이 이혼을 요구했다.

■ **precise**
[prisáis]

precision ⓝ
precisely ⓐⓓ

ⓐ 정확한, 정밀한

syn. **accurate, correct, exact** ant. **imprecise**

Precise calculations tells us the exact time we can observe an eclipse.
정확한 계산으로 우리는 언제 일식(월식)을 관찰할 수 있는지 알 수 있다.

■ **probable**
[prábəbl]

probability ⓝ

ⓐ 예상되는, 있음직한

syn. **likely, plausible**

ant. **improbable, unlikely**

a. that has a good chance of being true or correct

■ **proof**
[pru:f]

ⓝ 증명, 증거 ⓐ (~에) 견디는

n. (a) way of showing that something is true
a. giving or having protection against something harmful or unwanted

a bullet**proof** vest 방탄 조끼
a water**proof** fabric 방수 직물

■ **suggest**
[səgdʒést]

ⓥ 암시하다, 제안하다, 생각나게 하다

to drop a hint; to say or write an idea to be considered

I **suggest** that you submit a proposal.
나는 네가 제안서를 제출 할 것을 제안한다.

■ **vivid**
[vívid]

vividly ⓐⓓ
vividness ⓝ

ⓐ 선명한, 생생한

(of light or color) bright and strong; that produces sharp clear pictures in the mind

She has **vivid** red hair.
그녀는 선명한 빨간 머리를 가졌다.

a **vivid** description 생생한 묘사

16 전진

■ **attempt** [ətémpt]

ⓥ 시도하다 ⓝ 시도

syn. **effort, endeavor**

v. to make an effort at ***n.*** an effort made to do something

attempted 미수의

■ **attend** [əténd]

ⓥ ~에 참석하다, 주의해서 듣다, ~에 수반하다

to be preset at; to give one's attention to; to go with

attendance 출석, 출석자 수, 수행
attendant 수행원, 참석자, 부수적으로 생기는 일

■ **avert** [əvə́:rt]

ⓥ (눈, 생각 등을) 돌리다, 막다, 피하다

syn. **avoid, prevent**

to turn away one's eyes, thoughts, etc.; to prevent from happening

---

■ **board** [bɔ:rd]

ⓝ 식사, 판자 ⓥ 올라타다, 판자를 대다

n. food or meals in general; a long thin flat piece of cut wood ***v.*** to go on board to; to cover with boards

---

■ **circulate** [sə́:rkjəlèit]

ⓥ 여기저기 걸어 다니다, 순환하다, 유통되다

syn. **circle, pass around**

circulation 순환, 발행 부수
in circulation 유통되고 있는, 활동하고 있는

■ **circumvent** [sə̀:rkəmvént]

circumvention ⓝ

ⓥ 어려움 등을 회피하다

syn. **dodge, elude, sidestep**

to avoid something by going around it

■ dispel
[dispél]

ⓥ (공포, 불안 등을) 떨쳐버리다, 쫓아버리다, 흩뜨리다

syn. **disperse, scatter**

to rid of by or as if by scattering

Perhaps we can **dispel** some misconceptions.
아마 우리는 약간의 오해를 떨쳐낼 수 있을 것이다.

■ evolve
[iválv]

evolution ⓝ
evolutionary ⓐ

ⓥ 발전하다, 진화하다

syn. **develop**

to develop gradually

the theory of evolution 진화론

■ extend
[iksténd]

ⓥ 뻗다, 내밀다, 늘어나다, 친절을 베풀다

to reach, stretch, or continue; to give or offer help, friendship, etc. to someone

Her power **extends** beyond the seas.
그녀의 세력은 해외로 뻗쳐 있다.

■ flee
[fli:]

ⓥ 도망치다, 달아나다

to run away; to escape by hurrying away

They **fled** the town because of the plague.
그들은 전염병 때문에 마을에서 도망쳤다.

■ hop
[hap]

ⓥ 뛰다, 껑충 뛰어오르다 ⓝ 도약, 토끼뜀

v. to jump on one leg; to get quickly onto, into or into ***n.*** the act of hopping

■ improve
[imprú:v]

improvement ⓝ

ⓥ 개선하다, 개량하다

syn. **ameliorate, better**

to become better

Improving yourself is necessary for the future.
너 자신을 개선시키는 것은 미래를 위해 필수적인 것이다.

inevitable
[inévitəbəl]
inevitability ⓝ

ⓐ 피할 수 없는, 필연적인, 변함없는, 예사로운
syn. **inescapable, necessary, predictable, unavoidable**

It was an **inevitable** result.
그것은 피할 수 없는 결과이다.

---

interrupt
[ìntərʌ́pt]
interruption ⓝ

ⓥ 저지하다, 중단시키다, 가로막다
syn. **break up, cut off, disrupt, disturb**
to break the flow of something continuous

---

leave
[li:v]

ⓥ 남기다, 남기고 가다, 떠나다
to allow to remain; to fail to take or bring, especially by accident; to go away

They **left** just 30 dollars.
그들은 30달러만 남겼다.

---

march
[mɑ:rtʃ]

ⓥ 진군(행진)하다, 끌고 가다 ⓝ 행진, 행군
v. to walk with a regular, especially forceful, step like a soldier; to force to walk ***n.*** the act of marching

The parade has **marched** for 2 hours.
행렬은 2시간 동안 진군했었다.

---

progress
[prágres]
progressive ⓐ

ⓝ 진보, 전진 ⓥ 진보하다, 전진하다
syn. **advance**
n. continual improvement or development; journey onward ***v.*** to improve; to advance

---

queue
[kju(:)]

ⓝ 줄, 열 ⓥ 줄을 서다
syn. **line up**
n. a line of people waiting for their turn
v. to form or join a line while waiting

■ **reach** [riːtʃ]

ⓥ 도착하다, 손발을 뻗치다 ⓝ (영향, 작용 따위가) 미침, 손을 내뻗침

syn. **arriveat, get to, extend to, grasp, stretch**

I **reached** church at 5.
나는 5시에 교회에 도착했다.

■ **route** [ruːt]

ⓝ 길, 노선, 항로

syn. **itinerary, path, road**

Let's select a different **route.**
다른 길을 선택하자.

■ **slacken** [slǽkən]

ⓥ 속도를 늦추다, 게을리하다, 느슨해지다

syn. **slow down**

to reduce in activity, force, or tightness

■ **soothe** [suːð]

soothing ⓐ

ⓥ 진정시키다, 달래다

syn. **comfort, console** ant. **irritate**

to make less angry or painful

This aspirin can **soothe** the pain.
이 아스피린은 통증을 진정시킬 수 있다.

■ **stay** [stei]

ⓥ 머무르다, ~인 채로 있다 ⓝ 체류, 머무름

v. to live in a place for a while; to continue to be
n. a limited time of living in a place

■ **stream** [striːm]

ⓝ 시내, 흐름 ⓥ 흐르다

mainstream culture 주류문화
stream-of-consciousness 의식의 흐름 (소설의 기법의 하나)

■ **wander** [wɑ́ndər]

ⓥ 헤매다, 유랑하다, 엉뚱한 소리를 하다

syn. **roam, walk, stroll, prowl**

wanderlust 방랑벽

PART 03 어원별

26 Day

01 us(e), uti
02 equ(i), iqu, par
03 bar(r)
04 beni, bene
05 ser(ve)
06 domin
07 cad, cas, cid
08 sed, sid, sess
09 sign
10 tempor
11 claim, clam
12 apt, ept
13 firm
14 ali, alter, altru, ulter
15 art

01 us(e), uti : use

■ **abuse**
[əbjúːs]

ab (away) + use
ⓝ 남용, 오용
syn. **misuse**
improper or excessive use or treatment
drug **abuse** 약물 남용 child **abuse** 아동 학대

■ **abusive**
[əbjúːsiv]

ab (away) + us + **ive** (형용사형 어미)
ⓐ 악담하는, 학대하는
using insults and curses; of wrong use

■ **peruse**
[pərúːz]

per (completely) + use
ⓥ 정독하다, 숙독하다
to read carefully

■ **utilitarian**
[juːtìlətɛ́əriən]

uti + **litar** + **ian** (형용사형 어미)
ⓐ 실리적인, 공리적인
intended to be useful rather than beautiful

02 equ(i), iqu, par: equal

■ **adequate**
[ǽdikwət]

ad (toward) + equ + **ate** (형용사형 어미)
ⓐ 충분한, 적절한, 타당한
ant. **inadequate**

■ **equator**
[ikwéitər]

equ(a) + **tor** (명사형 어미)
ⓝ 적도, 균분원

■ **equidistant**
[ìkwidístənt]

equi + **dis(t)** (apart) + **ant** (형용사형 어미)
ⓐ 등거리의, 같은 거리의
equally distant

■ **equity**
[ékwəti]

equi + **ty** (명사형 어미)
ⓝ 공평, 공정
syn. **fairness, impartiality** ant. **inequity**

■ **equilibrium**
[ìkwəlíbriəm]

equi + **libr** (balance) + **ium** (명사형 어미)
ⓝ 평온, 균형, 평형
syn. **stability, equanimity, calm**
ant. **disequilibrium**

■ **equivalent**
[ikwívələnt]

equi + **val** (value) + **ent** (형용사 / 명사형 어미)
ⓐ 동등한 ⓝ 등가물
syn. **parallel** ant. **unequivocal**
a dollar bill or its **equivalent** in coins 1달러 지폐나 동등한 가치의 동전들

■ **equivocal**
[ikwívəkəl]

equi + **voc** (voice) + **al** (형용사형 어미)
ⓐ 불확실한, 의미가 이중적인
syn. **ambiguous**
an **equivocal** answer 불확실한 대답

■ **inequity**
[inékwəti]

in (not) + equi + **ty** (명사형 어미)
ⓝ 불평등, 불공정
syn. **unfairness** ant. **equity**
the **inequity** of a rigid racially segregated system 인종차별이 강한 체제의 불평등

■ **iniquity** [iníkwəti]

in (not) + iqu(i) + **ty** (명사형 어미)

ⓝ 부정, 불법

syn. **wrongdoing**

an unfair thing; a wicked deed

■ **parity** [pǽrəti]

par + **ity** (명사형 어미)

ⓝ 동가, 동질, 동량

equality of value, quality, amount

03 bar(r) : bar, ban

■ **bar** [bɑ:r]

ⓥ 금지하다, 가로막다, 방해하다

ant. **unbar**

to forbid; to confine or shut in by or as if by bars; to prevent

■ **barrier** [bǽriər]

barr + **ier** (명사형 어미)

ⓝ 장벽, 방해물

syn. **obstacle**

something that blocks passage

■ **barricade** [bǽrəkèid]

barr(ic) + **ade** (명사형 어미)

ⓥ 바리케이드를 치다 ⓝ 바리케이드, 장애물

syn. **barrier, obstacle**

an obstruction to check the advance of enemy

■ **embargo** [embɑ́rgou]

em (make) + bar(go)

ⓝ 봉쇄, 선박 억류, 통상 정지 ⓥ 출항금지를 명하다

syn. **prohibition, block, restrict**

04 beni, bene : good

■ **benign**
[bináin]

beni + **gn** (birth)
ⓐ 상냥한, 인자한
syn. **kind, gentle, mild** ant. **malignant**
not harmful

■ **benediction**
[bènədíkʃən]

bene + **dict** (say) + **ion** (명사형 어미)
ⓝ 축복, 감사기도
syn. **malediction**
the act of blessing; expression of good wishes

■ **benefit**
[bénəfìt]

bene + **fit** (do)
ⓝ 이익, 은혜
syn. **help, profit**
a good deed; a kind act

■ **beneficial**
[bènəfíʃəl]

bene + **fici** (make) + **al** (형용사형 어미)
ⓐ 이익(도움)이 되는, 유리한
syn. **helpful, advantageous**
productive of good

■ **benefactor**
[bénəfæ̀ktər]

bene + **fact** (do) + **or** (person)
ⓝ 후원자, 은인
syn. **patron** ant. **malefactor**

■ **beneficiary**
[bènəfíʃièri]

bene + **fic(i)** (done) + **ary** (person)
ⓝ 수익자, 수혜자
a person who receives benefits or advantages

- **benevolent** [bənévələnt]

  bene + **volent** (willing, wishing)

  ⓐ 인정 많은, 선의의

  syn. **kind** ant. **malevolent**

  actively generous; doing good deed

05 ser(ve) : serve, keep

- **servile** [sə́rvil]

  serv + **ile** (형용사형 어미)

  ⓐ 비굴한, 노예적인

  syn. **faint, abject, slavish** ant. **unservile**

  like a slave

  a servile employee 비굴한 피고용인

- **conserve** [kənsá:rv]

  con (intensive prefix) + serve

  ⓥ 보존하다, 아끼다

  to prevent waste or misuse

- **reserve** [rizə́rv]

  re (back) + serve

  ⓥ 보유하다, 예약하다, 남겨두다

- **subservient** [səbsə́rviənt]

  sub (under) + serv + **ient** (형용사형 어미)

  ⓐ 비굴한, 도움이 되는, 종속적인

  syn. **obedient**

06 domin : master

■ **dominant** [dámənənt]

domin + **ant** (형용사형 어미)

ⓐ 지배적인, 우세한

syn. **predominant, controlling**

exercising the most authority; most noticeable

■ **domineering** [dὰməníəriŋ]

domin(eer) + **ing** (형용사형 어미)

ⓐ 고압적인, 거만한, 횡포의

showing a desire to control others, usually without showing consideration of their feelings or wishes

■ **predominate** [pridámənèit]

pre (before) + domin + **ate** (동사형 어미)

ⓥ 지배력을 가지다, 우위를 차지하다

to be superior in power, influence, number, or degree; to overbear

07 cad, cas, cid : fall, happen by chance

■ **accident** [ǽksədənt]

ac (toward) + cid + **ent** (명사형 어미)

ⓝ 사고, 우연

syn. **chance, mishap**

an unexpected happening; something that happens by chance

■ **casual** [kǽʒuəl]

cas(u) + **al** (형용사형 어미)

ⓐ 우연한, 임시의, 아무런 관심이 없는

syn. **careless, accidental, random**

casual visit 우연한 방문

■ **casualty**
[kǽʒuəlti]

cas(u) + al + ty (명사형 어미)
ⓝ 사상자, 피해자
a rapid increase in automobile **casualties** 자동차 사고 사상자의 급격한 증가

■ **coincident**
[kouínsədənt]

co (together) + in (on) + cid + ent (형용사형 어미)
ⓐ 동시에 일어난, 일치하는
syn. harmonious

■ **decadent**
[dékədənt]

de (apart, down) + cad + ent (형용사형 어미)
ⓐ 퇴폐적인, 제멋대로인
syn. declining

■ **incident**
[ínsədənt]

in (on) + cid + ent (명사형 어미)
ⓝ 사건, (소설 등의) 삽화
an even or occurrence

■ **occasion**
[əkéiʒən]

oc (down, away) + cas + ion (명사형 어미)
ⓝ 기회, 경우, 행사
syn. opportunity, chance
a favorable time; the time of an event

08 sed, sid, sess : sit, settle

■ **dissident**
[dísədənt]

dis (apart) + sid + ent (형용사 / 명사형 어미)
ⓐ 의견을 달리하는 ⓝ 반체제자
syn. dissenter, nonconformist
a **dissident** faction within the party
당 내의 의견이 다른 파벌

insidious [insídiəs]
in (in) + sid + ious (형용사형 어미)
ⓐ 잠행성의, 흉계의

preside [prizáid]
pre (before) + sid(e)
ⓥ 통솔하다, 사회를 보다
to sit in authority; to act as chairman

residue [rézədjù]
re (back) + sid(ue)
ⓝ 잔여, 나머지

resident [rézədənt]
re (back) + sid + ent (명사 / 형용사형 어미)
ⓐ 거주하는 ⓝ 거주자

sedentary [sédntèri]
sed + ent (ing) + ary (형용사형 어미)
ⓐ 앉아 있는, 움직임이 적은

session [séʃən]
sess + ion (명사형 어미)
ⓝ 회의, 회합
a single meeting of an organized group
question-answer session 질의응답 회의

subsidiary [səbsídièri]
sub (under) + sid(i) + ary (명사 / 형용사형 어미)
ⓐ 보조의 ⓝ 보조물
a. supplemental; additional; secondary or subordinate *n.* an addition

subsidize [sʌ́bsədàiz]
sub (under) + sid + ize (make)
ⓥ 보조금을 지급하다
to provide financial aid; to make a financial contribution

■ **supersede**
[sù:pərsíd]

super (over) + sed(e)

ⓥ 지위를 빼앗다, 대체하다

to take the place of; to supplant; to make obsolete

09 sign : mark

■ **signify**
[sígnəfài]

sign + **(i)fy** (make)

ⓥ 표시하다, 의미화하다

to indicate; to convey meaning; to mean; to suggest

■ **significant**
[signífikənt]

sign + **(i)fic** (make) + **ant** (형용사형 어미)

ⓐ 나타내는, 중요한

syn. **meaningful, important, momentous**

ant. **insignificant**

a **significant** event 중요한 사건

■ **designate**
[dézignèit]

de (out) + sign + **ate** (동사형 어미)

ⓥ 지정하다 ⓐ 지명된

v. to indicate and set apart for a specific purpose, office, or duty ***a.*** it happens at the time that was decided in advance

■ **resign**
[rizáin]

re (away) + sign

ⓥ 사임하다, 단념하다

to give up a position, office, etc.; to submit calmly

10 tempor : time

■ **temporal**
[témpərəl]

tempor + **al** (형용사형 어미)

ⓐ 일시적인, 현세의

syn. **noneternal**

■ **temporize**
[témpəràiz]

tempor + **ize** (make)

ⓥ 시간을 끌다, 임시변통하다, 우물쭈물하다

■ **contemporary**
[kəntémpərèri]

con (together) + tempor + **ary** (형용사 / 명사형 어미)

ⓐ 동시대의, 최신의 ⓝ 동시대인

11 claim, clam : cry, shout

■ **claim**
[kleim]

ⓥ 권리를 요구하다, 주장하다

to ask someone for something that you have a legal right to have

■ **clamorous**
[klǽmərəs]

clam(o) + **rous** (형용사형 어미)

ⓐ 떠들썩한, 시끄러운

syn. **tumultuous, vociferous**

noisily insistent

the busy **clamorous** market 바쁘고 떠들썩한 시장

■ **acclaim**
[əkléim]

ac (toward) + claim

ⓝ 호평, 갈채 ⓥ 환호하다

syn. **applause**

to praise publicly and enthusiastically

■ **counterclaim**
[káuntərklèim]

counter (against) + claim

ⓝ 반대 소송

an opposing claim; a claim by a defendant against a plaintiff in a legal action

■ **exclaim**
[ikskléim]

ex (out) + claim

ⓥ 외치다, 소리 지르다

to cry out; to shout; to speak loudly

■ **disclaim**
[diskléim]

dis (not) + claim

ⓥ 책임을 부인하다, 기권하다

■ **proclaim**
[proukléim]

pro (forward) + claim

ⓥ 선포하다, 나타내다

syn. **announce, declare, indicate**

to cry something out before people; to make clear

■ **reclaim**
[rikléim]

re (again) + claim

ⓥ 교정하다, 개간하다, 재생 이용하다

syn. **tame, civilize**

to reform; to make uncultivated areas of land fit for cultivation

12 apt, ept : fit

■ **apt**
[æpt]

ⓐ 적절한, 기민한, ~하기 쉬운

syn. **appropriate, likely**

fitted or qualified; suited to a purpose

■ **aptitude**
[ǽptətùd]

apt(i) + **tude** (명사형 어미)

ⓝ 소질, 경향, 적성

syn. **inaptitude**

capacity for learning; natural ability

■ **adapt**
[ədǽpt]

ad (to) + apt

ⓥ 적응시키다, 각색하다, 적합하게 하다

to adjust, to modify; to regulate; to make suitable

■ **adept**
[ədépt]

ad (to) + ept

ⓐ 정통한, 숙련된 ⓝ 숙련자

syn. **expert**

a. thoroughly proficient; highly skilled or trained
n. a person with great skill

■ **inept**
[inépt]

in (not) + ept

ⓐ 서투른, 부적절한

syn. **clumsy, incompetent, inappropriate**

lacking in skill or aptitude

13 firm : strong

■ firm
[fərm]

ⓐ 탄탄한, 견고한

syn. **solid, compact, stable, resolute, constant**

as firm as a rock 바위처럼 단단한
firm friendship 탄탄한 우정

■ affirm
[əfə́rm]

a (on) + (f)firm

ⓥ 단언하다, 긍정하다

to state something to be true; to declare positively; to approve

■ confirm
[kənfə́rm]

con (together) + firm

ⓥ 확실하게 하다, 확립하다, 확인하다

syn. **ratify, verify**

to make firm

■ infirmary
[infə́rməri]

in (not) + firm + **ary** (명사형 어미)

ⓝ 의무실, 진료실

a place for the treatment of sick people

14 ali, alter, altru, ulter : other

■ **alienate** [éiljənèit]

ali(en) + **ate** (make)

ⓥ 소외시키다, 양도하다

to cause to feel unwelcome or unloved

■ **alter** [ɔ́:ltər]

ⓥ 변경하다, 고치다

to change one part of something in order to make it better or more suitable; make different

■ **altercation** [ɔ̀:ltərkéiʃən]

alter(c) + **ation** (명사형 어미)

ⓝ 언쟁, 격론

a heated argument, fight, or quarrel; a hot debate

■ **altruism** [ǽltruìzm]

altru + **ism** (주의)

ⓥ 이타주의, 이기심

syn. **selflessness, generosity**

devotion to others' interests

■ **adulterate** [ədʌ́ltərèit]

ad (add) + ulter + **ate** (make)

ⓥ 불순하게 하다, 질을 나쁘게 하다

■ **unalterable** [ʌ̀nɔ́ltərəbəl]

un (not) + alter + **able** (possible)

ⓐ 변경할 수 없는, 불변의

syn. **alterable**

not capable of being altered or changed

15 art : art, skill

■ **artful**
[ɑ́rtfəl]

art + **ful** (full)

ⓐ 교활한, 기교가 뛰어난, 솜씨 있는

syn. **crafty, dexterous, adroit, wily, sly**

■ **artifice**
[ɑ́rtəfis]

art(i) + **fice** (to make)

ⓝ 술책, 절묘한 고안, 기교

an ingenious device; a clever trick; cunning

■ **artificial**
[ɑ̀rtəfíʃəl]

art(i) + **fic(i)** (to make) + **al** (형용사형 어미)

ⓐ 인공적인, 인조의

syn. **manmade**

not made of natural materials; humanly contrived

27 Day

16 spir
17 norm, nom
18 later
19 ceive
20 sens, sent
21 cre, cresc
22 fec(t), fic, fac(t), feit
23 ple, plet, plen
24 gn(i), gno, noto
25 min(i)
26 doc, dox, doct
27 doub, dub(i)
28 eco
29 don, dow
30 dur(e)

16 spir : breathe

■ **aspiration**
[æ̀spəréiʃən]

a (toward) + spir + **ation** (명사형 어미)

ⓝ 소망, 열망

great hope or high ambition

■ **expiration**
[èkspəréiʃən]

ex (out) + (s)pir + **ation** (명사형 어미)

ⓝ 날숨, 만료

the expiration of a lease 임대 기간의 만료

■ **inspire**
[inspáiər]

in (in) + spir(e)

ⓥ 불어넣다, 격려하다

syn. **expire**

to stir deeply; to arouse to action; to arouse a feeling, idea, etc. in someone

■ **transpire**
[trænspáiər]

trans (though) + (s)pir(e)

ⓥ 누설되다, 발산하다

to become public or come to be known; to give off moisture or pass off vapor

17 norm, nom : rule, law

■ **abnormal**
[æbnɔ́rməl]

ab (away from) + norm + **al** (형용사형 어미)

ⓐ 비정상적인, 변칙의

syn. **strange, unnatural**

not usual; not normal

■ **anomaly** [ənámǝli]

an (not) + (n)om + **aly**

ⓝ 비정상, 이상

syn. **aberration, irregularity**

deviation from the common rule, type, or form

■ **autonomous** [ɔtánəməs]

auto (self) + nom + **ous** (형용사형 어미)

ⓐ 자치의, 자율적인

self–governing; acting independently

■ **agronomy** [əgránəmi]

agro (land, field) + nom + **y** (명사형 어미)

ⓝ 농업 경제학, 작물학

branch of agriculture dealing with crop production and soil management

18 later : side

■ **lateral** [lǽtərəl]

later + **al** (형용사형 어미)

ⓐ 측면의, 옆의

coming from the side or situated at, occurring

a **lateral** pass 측면 패스   a **lateral** branch 곁가지

■ **bilateral** [bailǽtərəl]

bi (two) + later + **al** (형용사형 어미)

ⓐ 쌍무적인, 양쪽의

having two sides

■ **collateral** [kəlǽtərəl]

col (together) + later + **al** (형용사형 어미)

ⓐ 부대적인, 나란한, 평행한 ⓝ 담보물

a. secondary or additional, parallel ***n.*** money or valuables put up as security for a loan

■ **trilateral**
[trailǽtərəl]

tri (three) + later + **al** (형용사형 어미)

ⓐ 삼변의, 삼자로 이루어진

trilateral roots in Semitic languages 셈족어의 세 가지 기원

■ **unilateral**
[jùnəlǽtərəl]

uni (one) + late + **al** (형용사형 어미)

ⓐ 편무의, 일방적인

involving one side only; one-sided; not mutual

19 ceive : take, hold, seize

■ **conceive**
[kənsív]

con (together) + ceive

ⓥ 생각을 마음에 품다, 상상하다, 착상하다

syn. **think, imagine, understand, grasp**

■ **deceive**
[disív]

de (off) + ceive

ⓥ 현혹하다, 속이다

syn. **mislead, trick, cheat** ant. **undeceive**

to lead astray; to take away from the truth

■ **perceive**
[pərsív]

per (through) + ceive

ⓥ 감지하다, 이해하다

to become aware of something through the senses

■ **receive**
[risív]

re (back) + ceive

ⓥ 받다, 접수하다

syn. **get, acquire**

to take back toward onesel

20 sens, sent : feel

■ **sensible**
[sénsəbl]

sens + ible (possible)
ⓐ 인식하는, 분별 있는
syn. **reasonable** ant. **insensible**
having or showing good sense and understanding; fully aware; cognizant to

■ **assent**
[əsént]

as (along with) + sent
ⓥ 인정하다, 동의하다
to agree or consent; to agreement or consent

■ **dissent**
[disént]

dis (apart) + sent
ⓥ 의견을 달리하다 ⓝ 반대
to disagree; to withhold approval

■ **consensus**
[kənsénsəs]

con (together) + sens(us)
ⓝ 여론, 합의
unanimity or general agreement

■ **presentiment**
[prizéntəmənt]

pre (before) + sent(i) + ment (명사형 어미)
ⓝ 예감, 육감
syn. **premonition, foreboding**
the feeling that something is about to happen

■ **resentment**
[rizéntmənt]

re (back) + sent + ment (명사형 어미)
ⓝ 분노, 분개, 원한

21 cre, cresc : grow

■ **crescent**
[krésnt]

cresc + **ent** (명사형 어미)
ⓝ 초승달, 초승달 모양

■ **crescendo**
[kriʃéndou]

cresc + **endo**
ⓝ 점강, 점고 ⓐⓓ 점점 세게
ant. **decrescendo**
a gradual increase in the intensity of anything; a gradual increase in the volume of a sound

■ **decrease**
[dikríːs]

de (down) + cre(ase)
ⓥ 감소하다, (온도계 등이) 내리다

■ **increment**
[ínkrəmənt]

in (in) + cre + **ment** (명사형 어미)
ⓝ 인상, 증가, 증분
syn. **increase** ant. **decrement**

■ **increase**
[inkríːs]

in (in) + cre(ase)
ⓥ 증가하다, 커지다
to grow in number, size, amount, or degree; to become greater or larger

■ **accretion**
[əkríːʃən]

ac (toward) + cre + **tion** (명사형 어미)
ⓝ 자연 증가, 증대
increase from a process of growth

22 fec(t), fic, fac(t), feit : do, make

■ **facile**
[fǽsil]

fac + **ile** (형용사형 어미)
ⓐ 유창한, 손쉬운, 잘 지껄이는
syn. **fluent, easy, handy**
easily achieved or performed
a **facile** victory 손쉬운 승리

■ **faction**
[fǽkʃən]

fac + **tion** (명사형 어미)
ⓝ 파벌 , 당파
a group, usually small part of a larger group

■ **factual**
[fǽktʃuəl]

fact(u) + **al** (형용사형 어미)
ⓐ 사실의, 사실에 입각한

■ **fiction**
[fíkʃən]

fic + **tion** (명사형 어미)
ⓝ 허구, 꾸며낸 이야기
syn. **nonfiction**

■ **affectation**
[æ̀fektéiʃən]

af (to) + fect(ta) + **tion** (명사형 어미)
ⓝ 가장, 겉꾸밈, 허식
syn. **pretense, pose**
an artificial display or manner

■ **beneficent**
[bənéfəsənt]

bene (good) + fic + **ent** (형용사형 어미)
ⓐ 자비로운, 인정 많은
syn. **benevolent, charitable**

counterfeit
[káuntərfìt]

counter (against) + feit

ⓥ 위조하다, 모조하다

to make to resemble some genuine thing with the intent to deceive

defect
[difékt]

de (down) + fect

ⓝ 부족, 결점, 흠

syn. **imperfection**

efficient
[ifíʃənt]

ef (out) + fic(i) + **ent** (형용사형 어미)

ⓐ 효과적인, 능률적인, 유능한

ant. **inefficient**

efficacious
[èfəkéiʃəs]

ef (out) + fic + **acious** (full)

ⓐ 효능, 효과, 효험이 있는

syn. **effective, capable** ant. **inefficacious**

malefactor
[mǽləfæ̀ktər]

male (ill, bad) + fact + **or** (person)

ⓝ 범인, 악인

syn. **criminal, evildoer** ant. **benefactor**

proficient
[prəfíʃənt]

pro (forth) + fic + **ient** (형용사형 어미)

ⓐ 능숙한, 숙달한

syn. **skillful**

thoroughly competent; very good at something

prolific
[prəlífik]

pro (forth) + **li** (nourish) + fic

ⓐ 다작의, 다산의

syn. **fruitful, fecund**

producing abundantly as offspring, fruit, books, etc.

■ **superficial** [sùpərfíʃəl]

super (over) + fic + ial (형용사형 어미)

ⓐ 표면상의, 피상적인

syn. **slight, cursory**

on the surface only; shallow; not thorough

■ **unification** [jùnəfikéiʃən]

uni (one) + fic + ation (명사형 어미)

ⓝ 통일, 단일화

the act, process or result of making one or unifying; the state of being one

23 ple, plet, plen : fill

■ **complete** [kəmplít]

com (together) + plet(e)

ⓐ 완성된, 완전한 ⓥ 완성하다, 채우다

ant. **incomplete**

a. wholly finished *v.* to make perfect

■ **complement** [kámpləmənt]

com (together) + ple + ment (명사형 어미)

ⓥ 보완하다 ⓝ 보완물, 보어

n. something that completes, fills up, or makes perfect *v.* to make complete, fit in with, or supply a lack in.

■ **deplete** [diplít]

de (away) + plet(e)

ⓥ 고갈시키다, 감소시키다

syn. **lessen, exhaust, drain, empty**

to reduce by using up

■ **implement** [ímpləmənt]

im (in) + ple + ment (명사형 어미)

ⓥ 이행(실행)하다 ⓝ 도구, 기구

- **replete** [riplít]

  re (intensive prefix) + plet(e)

  ⓐ 충분한, 완전한

  syn. **filled**

  abundantly supplied; well stocked

- **replenish** [ripléniʃ]

  re (again) + plen + **ish** (동사형 어미)

  ⓥ 다시 채우다, 보충하다

  to fill up again

- **supplement** [sʌ́pləmənt]

  sup (under) + ple + **ment** (명사형 어미)

  ⓝ 보충, 추가 ⓥ 보충하다

  v. to make additions to ***n.*** something that supplements

24 gn(i), gno, noto : know

- **agnostic** [ægnástik]

  a (not) + gno + **stic** (형용사/명사형 어미)

  ⓐ 불가지론의 ⓝ 불가지론자

  ant. **gnostic**

- **cognitive** [kágnətiv]

  co (with) + gni + **tive** (형용사형 어미)

  ⓐ 인식의, 인지되는

  dealing with how we know the world around us through our senses

- **cognizant** [kágnəzənt]

  co (with) + gni(z) + **ant** (형용사형 어미)

  ⓐ 인식하고 있는, 깨닫고 있는

  aware, conscious, informed incognizant having knowledge or understanding

■ **diagnostic**
[dàiəgnάstik]

dia (across) + gno + **stic** (형용사형 어미)

ⓐ 진단의, 증상을 나타내는

characteristic or indicative of a disease; concerned with identifying the nature or cause of some phenomenon

■ **incognito**
[ìnkαgnítòu]

in (not) + **co** (jointly) + gni(to) + **to**

ⓐ 익명의, 가명의

under an assumed name or identity

■ **notorious**
[noutɔ́riəs]

noto + **rious** (형용사형 어미)

ⓐ 악명 높은, 유명한(나쁜 의미로)

syn. **infamous**

famous for something bad

■ **prognosticate**
[prαgnάstikèit]

pro (before) + gno(stic) + **ate** (make)

ⓥ 예언하다, 예지하다

to foretell future events by present indications

■ **recognize**
[rékəgnàiz]

re (again) + **co** (together) + gn + **ize** (동사형 어미)

ⓥ 인식하다, 인정하다

to acknowledge the existence or validity

25 min(i) : small, lessen

■ **minimum**
[mínəməm]

mini(m) + **um** (명사형 어미)
ⓝ 최소한, 최소량
ant. **maximum**
the least quantity; the least of a set of numbers

■ **minimize**
[mínəmàiz]

mini(m) + **ize** (동사형 어미)
ⓥ 최소화하다, 축소하다
ant. **maximize**
to reduce or keep to a minimum

■ **diminish**
[dimíniʃ]

di (down) + mini(sh)
ⓥ 줄이다, 축소하다
to make or grow smaller or less in size, amount, or degree

■ **diminution**
[dìmənjúːʃən]

di (down) + min + **ution** (명사형 어미)
ⓝ 감소, 축소
the act or process of diminishing; reduction

■ **miniature**
[míniətʃər]

mini(a) + **ture** (명사형 어미)
ⓝ 축소형 ⓐ 소규모의
a very small portrait or replica

■ **minority**
[minɔ́rəti]

min + **or** (person) + **ity** (명사형 어미)
ⓝ 소수, 미성년
ant. **majority**
a minority party 소수당
a minority government 소수당 정부

■ **minute**
[mainjut]

min(ute)
ⓐ 미세한, 미소한
very small of small importance
a minute difference 미세한 차이
minute particles 미립자

■ **minuscule**
[mínəskjùl]

minusculus에서 파생
ⓐ 매우 적은, 하찮은
ant. **majuscule**
very tiny

■ **minutia**
[minjúʃiə]

min + **utia**
ⓝ 세부, 자질구레한 점
syn. **trivia, trifles**
small details of something

26 doc, dox, doct : opinion, teach

■ **docile**
[dásəl]

doc + **ile** (형용사형 어미)
ⓐ 온순한, 순종적인
syn. **obedient, servile, submissive**
a child as **docile** as a lamb 양처럼 온순한 아이

■ **doctrine**
[dáktrin]

doct + **rine** (명사형 어미)
ⓝ 교의, 교리
syn. **theory, dogma**
a principle or set of principles

■ **document** [dάkjəmənt]
doc(u) + ment (명사형 어미)
ⓝ 문서, 기록
evidence about something; something written that gives conclusive information

■ **heterodoxy** [hétərədὰksi]
hetero (different) + dox + y (명사형 어미)
ⓝ 이단, 이설
ant. orthodoxy

■ **indoctrinate** [indάktrənèit]
in (in) + doct(rin) + ate (make)
ⓥ 가르치다, 교의를 주입하다
to imbue with a partisan or sectarian opinion, point of view or principle

■ **paradox** [pǽrədὰks]
para (beside) + dox
ⓝ 역설, 모순된 일
a true statement or phenomenon that nonetheless seems to contradict itself

27 doub, dub(i) : uncertain, fear

■ **doubt** [daut]
dub(t)
ⓝ 의심, 불신
syn. suspect, disbelief

■ **dubious** [djúbiəs]
dubi + ous (형용사형 어미)
ⓐ 의심스런, 모호한
syn. uncertain, skeptical, doubtful, unconvinced, debatable, questionable
full of doubt

■ **indubitable** [indjúbətəbl]

in (not) + dubi(t) + able (possible)

ⓐ 명백한, 의심할 나위 없는

syn. indisputable, unquestionable, convincible, undeniable

not to be doubted

■ **redoubtable** [ridáutəbl]

re (intensive prefix) + doub(t) + able (possible)

ⓐ 가공할, 무서운

syn. formidable, fearsome, intimidating

inspiring fear or dread

an redoubtable enemy 가공할 적

28 eco : house, habitation

■ **ecology** [ikálədʒi]

eco + logy (study)

ⓝ 생태학, 자연(생태) 환경

■ **economic** [ìkənámik]

eco + nom[os] (manage) + ic (형용사형 어미)

ⓐ 경제의, 절약하는

an economic policy 경제 정책

■ **economical** [ìkənámikəl]

eco + nom[os] (manage) + ical (형용사형 어미)

ⓐ 절약이 되는, 경제적인

syn. sparing, thrifty

■ **ecosphere** [ékousfìər]

eco + sphere (globe)

ⓝ 생물 생존권, 생태권

■ **ecosystem** [íkousìstəm]

eco + system[a] (body, system)

ⓝ 생태계, 생태

29 don, dow : give

donor [dóunər]

don + or (person)

ⓝ 기부자, 기증자

syn. **contributor, giver, almsgiver**

one who gives

---

condone [kəndóun]

con (intensive prefix) + don(e)

ⓥ 묵과하다, 용서하다, 좌시하다

to overlook; to permit to happen; to forgive; to pardon

---

endow [endáu]

en (in) + dow

ⓥ 부여하다, 주다

to give qualities or abilities to

natural endowment 천부적 재능

30 dur(e) : last, hard

durable [djúərəbəl]

dur + able (ability)

ⓐ 오래 견디는, 항구적인

able to withstand decay; hardy and lasting

---

endure [endjúər]

en (make) + dure

ⓥ 견디다, 지탱하다, 참다

to withstand; to last; to tolerate; to bear

---

obdurate [ábdjurət]

ob (against) + dur(ate)

ⓐ 완고한, 고집 센

syn. **inflexible**

28 Day

31 her(e)
32 sect
33 mat
34 part
35 pater, patri
36 preci
37 sequ, secut
38 termin
39 val, vail
40 brev
41 grav
42 am(or), (i)m
43 ann(u), enn
44 pease, pac, plac
45 aud(i)

31 her(e) : stick

■ **adhere** [ædhíər]

ad (to) + here

ⓥ 들러붙다, 고수하다

to stick to; to be attached or devoted as to a faith or political party

■ **adherent** [ædhíərənt]

ad (to) + her + **ent** (명사 / 형용사형 어미)

ⓝ 지지자 ⓐ 부착력 있는

a follower or supporter of a cause, doctrine, or leader

■ **cohere** [kouhíər]

co (together) + here

ⓥ 일관되다, 밀착하다

syn. **cling, adhere**

■ **inherent** [inhíərənt]

in (in) + her + **ent** (형용사형 어미)

ⓐ 타고난, 고유의

syn. **intrinsic, innate**

32 sect : cut

■ **section** [sékʃən]

sect + **ion** (명사형 어미)

ⓝ 구역, 부분, 구획

a distinct part; the action of cutting or separating; a piece of land

■ **sectarian** [sektέəriən]

sect(a) + **rian** (형용사형 어미)

ⓐ 종파의

ant. **nonsectarian**

■ **bisect** [baisékt]

bi (two) + sect

ⓥ 양분하다, (길들이) 두 갈래로 갈라지다

to cut or divide into two parts

■ **dissect** [disékt]

dis (apart) + sect

ⓥ 해부하다, 상세히 분석하다

syn. **anatomize**

■ **intersect** [ìntərsékt]

inter (between) + sect

ⓥ 교차하다, 가로지르다, 엇갈리다

■ **trisect** [traisékt]

tri (three) + sect

ⓥ 삼등분하다

to cut or divide into three parts

33 mat : ripen

■ **mature** [mətjúər]

maturare(to ripen)에서 유래

ⓐ 성숙한 ⓥ 성숙시키다, 완성하다

ant. **immature**

a puppy and a **mature** dog 강아지와 성숙한 개

■ **premature** [prìmətjúər]

pre (before) + mat(ure)

ⓐ 미숙한, 조숙한, 시기상조의

34 part : part, divide

■ **partial**
[pά:rʃəl]

part(i) + al (형용사형 어미)
ⓐ 부분적인, 편파적인, 유달리 좋아하는
syn. incomplete, biased, prejudiced
ant. impartial
consisting of only a part

■ **impart**
[impά:rt]

im (in) + part
ⓥ 나누어 주다, 알리다
to bestow; to give

■ **partition**
[pα:rtíʃən]

part(i) + tion (명사형 어미)
ⓝ 분할, 칸막이
syn. division
dividing wall

■ **particle**
[pά:rtikl]

part(i) + cle (very small)
ⓝ 조금, 미립자, 극소량
a tiny piece; a tiny amount

35 pater, patri : father

■ **paternal**
[pətə́:rnl]

pater(n) + al (형용사형 어미)
ⓐ 아버지의, 부계의
of or relating to father or father's side

■ **paternalism**
[pətə́:rnəlìzm]

pater(n) + al + ism (주의)
ⓝ 온정주의, 가부장주의

- **patriarchy** [péitriὰrki]

patri + **archy** (system)

ⓝ 가부장제, 부권사회

a form of social organization in which a male is the family head and title is traced through the male line

- **patrimony** [pǽtrəmòuni]

patri + **mony** (signifying action, state, condition)

ⓝ 세습 재산, 유산

syn. **legacy**

an inheritance, especially from a father

- **patron** [péitrən]

patr + **on** (person)

ⓝ 후원자, 고객

one who supports and fosters an artist or enterprise; a regular customer

36 preci : price

- **appreciate** [əpríʃièit]

ap (to) + preci + **ate** (make)

ⓥ 값을 올리다, 평가절상하다

to increase in value; to make more valuable

- **depreciate** [dəpríʃièit]

de (down) + preci + **ate** (make)

ⓥ 평가절하하다, 경시하다

syn. **belittle, devalue, lower**

to make or become less valuable

37 sequ, secut : follow

■ **consequence** [kɑ́nsəkwèns]

con (with) + sequ + **ence** (명사형 어미)

ⓝ 중요성, 결과, 귀결

syn. **importance, outcome, result, conclusion**

ant. **inconsequence**

■ **inconsequential** [inkɑ̀nsikwénʃəl]

in (not) + **con** (with) + sequ(ent) + **ial** (형용사형 어미)

ⓐ 중요하지 않은, 하찮은

syn. **unimportant, trivial**

an **inconsequential** decision 중요하지 않은 결정

■ **obsequious** [əbsíkwiəs]

ob (after) + sequ + **ious** (형용사형 어미)

ⓐ 아첨하는, 순종적인

syn. **fawning, flattering, servile**

■ **persecute** [pə́rsikjù:t]

per (through, wrongly) + secut(e)

ⓥ 박해하다, 괴롭히다

■ **subsequent** [sʌ́bsikwənt]

sub (under) + sequ + **ent** (형용사형 어미)

ⓐ 후속적인, 이후의

coming after; following in time, place or order

38 termin : end

■ **terminate** [tə́rmənèit]

termin + **ate** (make)

ⓥ 중단하다, 끝내다

to bring to an end; to come to an end

- **exterminate** [ikstə́rmənèit]
  ex (out) + termin + ate (make)
  ⓥ 근절하다, 몰살하다
  to make an end of disease, ideas, belief; to destroy completely; to wipe out completely

- **interminable** [intə́rmənəbl]
  in (not) + termin + able (possible)
  ⓐ 끝없는, 지루한
  unending or continuing

39 val, vail : strong, worth

- **valor** [vǽlər]
  valere(strong)에서 유래
  ⓝ 용맹, 용기, 무용
  strength of mind or spirit that enables a person to encounter danger with firmness

- **valid** [vǽlid]
  validus(strong, effective)에서 유래
  ⓐ 근거가 확실한, 법적인 효력이 있는
  syn. **convincing, reasonable** ant. **invalid**
  legally binding

- **invalidate** [invǽlədèit]
  in (not) + val(id) + ate (make)
  ⓥ 무효화 하다, 무력하게 하다
  syn. **annul, discredit** ant. **validate**
  to make worthless or invalid

- **ambivalent** [æmbívələnt]
  ambi (both) + val + ent (형용사형 어미)
  ⓐ 양가적인, 상극인
  having simultaneous and contradictory attitudes or feelings

- **prevail**
  [privéil]

  pre (before) + vail
  ⓥ 우세하다, 압도하다
  to triumph; to overcome rivals

40 brev : short

- **brevity**
  [brévəti]

  brev + **ity** (명사형 어미)
  ⓝ 간결, 짧음
  syn. **briefness, shortness**

- **abbreviate**
  [əbríviѐit]

  ab (to) + brevi + **ate** (make)
  ⓥ 줄여 쓰다, 간략히 쓰다
  to shorten; to make briefer

41 grav : heavy

- **aggravate**
  [ǽgrəvѐit]

  ag (on) + grav + **ate** (make)
  ⓥ 악화시키다, 괴롭히다
  to make worse; to arouse anger

- **grave**
  [greiv]

  gravis(heavy, weighty, serious)에서 유래
  ⓐ 심각한 ⓝ 무덤, 죽음
  serious; solemn; dignified; somber

- **gravity**
  [grǽvəti]

  grav + **ity** (명사형 어미)
  ⓝ 중력, 중요성, 진지함
  the force that causes material objects to fall toward the center of the earth

42 am(or), (i)m : love, pleasant, friend

■ **amorous** [ǽmərəs]
amor + ous (형용사형 어미)
ⓐ 사랑에 빠진, 호색적인
being in love, loving, strongly moved by love

■ **amateur** [ǽmətʃùər]
am(a) + teur (person)
ⓝ 애호가, 비숙련자

■ **amiable** [éimiəbəl]
am(i) + able (possible)
ⓐ 상냥한, 사랑스러운
lovable, pleasant and agreeable

■ **amity** [ǽməti]
am + ity (명사형 어미)
ⓝ 친선 관계, 친목
friendly relations (esp. between nations), friendship

■ **amenity** [əménəti]
am(en) + ity (명사형 어미)
ⓝ 쾌적함, 편의 시설

■ **enamored** [inǽmərd]
en (in) + amor + ed (형용사형 어미)
ⓐ 사랑에 빠진, 매혹된
captivated in love, charmed, inflamed with love

■ **enmity** [énməti]
en (not) + m + ity (명사형 어미)
ⓝ 적의, 앙심
deep hatred, ill will, animosity

■ **inimical** [inímikəl]
in (not) + imic + al (형용사형 어미)
ⓐ 적대적인, 반목하는
syn. **hostile, unfavorable, detrimental**

43 ann(u), enn : year

- **annals** [ǽnlz]

ann + **al** (pertaining) + **s** (복수형 어미)

ⓝ 연감, 연대기, 사료

records in general; yearly records

- **annual** [ǽnjuəl]

annu + **al** (형용사형 어미)

ⓐ 연례의, 해마다, 1년에 걸치는

- **biannual** [baiǽnjuəl]

bi (two) + annu + **al** (형용사형 어미)

ⓐ 1년에 두 번의, 격년의

syn. **semiannual**

occurring twice a year

- **biennial** [baiéniəl]

bi (two) + enn + **ial** (형용사형 어미)

ⓐ 2년에 한 번 일어나는, 2년 동안 지속되는, 2년생의

occurring every two years

- **centennial** [senténiəl]

cent (hundred) + enn + **ial** (형용사형 어미)

ⓝ 100주년 기념일 ⓐ 백 년간의

n. a 100th anniversary ***a.*** having period of 100 years

- **perennial** [pəréniəl]

per (through) + enn + **ial** (형용사형 어미)

ⓐ 영구한, 1년 내내 지속되는, 다년간 지속되는

syn. **permanent, everlasting**

44 pease, pac, plac : peace, soothe

■ **appease** [əpíːz]

ap (to) + pease

ⓥ 충족시키다, 달래다, 진정시키다

to soothe; to make calm or peaceful, placate; to alleviate

■ **pacify** [pǽsəfài]

pac + **ify** (make)

ⓥ 진정시키다, 평화를 회복하다

to calm someone down; to placate; to soothe

■ **complacent** [kəmpléisnt]

com (intensive prefix) + plac + **ent** (형용사형 어미)

ⓐ 만족한, 흡족한

self-satisfied; overly pleased with oneself

■ **placate** [pléikeit]

plac + **ate** (make)

ⓥ 달래다, 위로하다

to calm or appease the anger of; to pacify; to soothe

45 aud(i) : hear

■ **auditión**

[ɔdíʃən]

audi + **tion** (명사형 어미)

ⓝ 오디션, 음성 테스트

a test performance to appraise an entertainer's merits

■ **auditor**

[ɔ́dətər]

audi(t) + **or** (person)

ⓝ 감사원, 방청인

a person authorized to examine and verify accounts

■ **auditorium**

[ɔ̀dətɔ́:riəm]

audi(t) + **or** (person) + **ium** (place)

ⓝ 강당, 청중석

■ **auditory**

[ɔ́dətɔ̀:ri]

audi(t) + **ory** (형용사형 어미)

ⓐ 청각의, 귀의

of relating to, or through hearing

■ **inaudible**

[inɔ́dəbl]

in (not) + aud + **ible** (possible)

ⓐ 들리지 않는, 알아들을 수 없는

ant. **audible**

not loud enough to be heard

29 Day

46 cen(s)
47 pli(c), ply, ple
48 prehen(d), prieve
49 counter, contra, contro
50 cumb, comb
51 mov(e), mo(t), mote
52 vor(e), vour
53 cord
54 pass(e)
55 flu, flux
56 forc(e), fort
57 gen(e), gn, geni(t)
58 greg(i)
59 crimin
60 jud, jur

46 cen(s) : assess

- **censor** [sénsər]
  cens + **or** (명사형 어미)
  ⓥ 검열하다 ⓝ 검열관

- **censure** [sénʃər]
  cen + **sure** (certain)
  ⓝ 비난, 책망 ⓥ 견책하다
  n. blame; reproach *v.* to disapprove; to condemn

- **census** [sénsəs]
  cens + **us** (done)
  ⓝ 인구조사, 국세조사
  to complete enumeration of a population

47 pli(c), ply, ple : fold, weave, bend

- **complicate** [kάmpləkèit]
  com (together) + plic + **ate** (make)
  ⓥ 복잡하게 하다, 뒤얽히게 하다

- **complicated** [kάmpləkèitid]
  com (together) + plic + **ate** (make) + **ed** (형용사형 어미)
  ⓐ 난해한, 복잡한
  syn. **difficult, complex**

- **explicit** [iksplísit]
  ex (out) + plic(it)
  ⓐ 명백한, 뚜렷한
  ant. **implicit, inexplicit**
  folded out; clearly expressed; straightforward

- **implicate** [ímpləkèit]
  im (in) + plic + ate (make)
  ⓥ 연루시키다, 포함하다
  to show or prove to be involved or concerned; to connect

- **imply** [implái]
  im (in) + ply
  ⓥ 암시하다, 내포하다
  syn. hint, infer, assume
  to suggest without stating

- **multiplication** [mʌ̀ltəplikéiʃən]
  multi (many) + plic(a)[re] + tion (명사형 어미)
  ⓝ 곱셈, 증가

- **pliable** [pláiəbl]
  pli + able (ability)
  ⓐ 유순한, 휘기 쉬운
  persuade, or mold, flexible; easy to bend; easy to convince

- **replica** [réplikə]
  re (again) + plic(a)
  ⓝ 복제, (음악) 반복
  a copy of an original picture or statue

- **supplication** [sʌ̀pləkéiʃən]
  su(b) (under) + (p)plic(a) + tion (명사형 어미)
  ⓝ 간청, 탄원

- **triple** [trípl]
  tri (three) + ple
  ⓐ 3중의, 세 배의, 삼자간의
  made up of three

48 prehen(d), prieve : seize, take

■ **apprehend** [æ̀prihénd]
ap (to) + prehend
ⓥ 체포하다, 이해하다

■ **apprehensive** [æ̀prihénsiv]
ap (to) + prehen + sive (형용사형 어미)
ⓐ 걱정하는, 염려하는
syn. worried, anxious

■ **misapprehension** [mìsæ̀prihénʃən]
mis (wrong) + ap (to) + prehen + sion (명사형 어미)
ⓝ 오해, 잘못 생각하기
syn. misunderstanding

■ **reprieve** [riprív]
re (back) + prieve
ⓥ 집행을 연기하다, 잠시 경감하다

■ **reprehensible** [rèprihénsəbl]
re (back) + prehen(si) + (a)ble (deserving)
ⓐ 비난할 만한, 부끄러운
syn. deplorable
deserving blame or censure

49 counter, contra, contro : against, contrary

■ **counter** [káuntər]
ⓐ 반대로, 거꾸로
in the opposite direction

■ **counteract** [kàuntərǽkt]
counter + act (act)
ⓥ 낮추다, 거스르다, 중화하다
to make ineffective; to restrain or neutralize the effects of by an opposite force

- **counterbalance** [kàuntərbǽləns]
  counter + **ba** (twice) + **lance** (scale)
  ⓥ 상쇄하다, 대등하게 하다
  to neutralize; to oppose or balance with an equal weight or force

- **counterfeit** [káuntərfìt]
  counter + **feit** (do, make)
  ⓐ 위조의, 모조의 ⓥ 위조하다, 흉내 내다
  a. forged; feigned ***v.*** to forge; to imitate or feign with intent to deceive

- **countermand** [kàuntərmǽnd]
  counter + **mand** (order)
  ⓥ 반대 명령으로 취소하다, 철회하다
  to cancel by issuing a contrary order; to retract

- **contraband** [kántrəbæ̀nd]
  contra + **band** (prohibit)
  ⓝ 밀수품, 불법거래
  merchandise imported or exported contrary to law; smuggled goods

- **controversy** [kántrəvə̀rsi]
  contro + **versy** (line of writing, turn)
  ⓝ 논쟁, 언쟁
  syn. **dispute, debate, quarrel**

- **incontrovertible** [ìnkantrəvə́rtəbl]
  in (not) + contro + **vert** (line of writing, turn) + **ible** (ability)
  ⓐ 반박할 수 없는, 명백한
  syn. **unquestionable, certain**
  not able to be turned against or disputed

50 cumb, comb : lie, lean, obstacle

■ **cumber**
[kʌ́mbər]

cumb(er)
ⓥ 막다, 방해하다 ⓝ 방해물

v. to hinder; to hamper ***n.*** something that hinders; hindrance

rocks cumbering the road 도로 위를 막고 있는 바위들

■ **encumber**
[enkʌ́mbər]

en (in) + cumb(er)
ⓥ 방해하다, 막다

to hold back; to hinder; to hamper

■ **incumbent**
[inkʌ́mbənt]

in (on) + cumb + **ent** (형용사 / 명사형 어미)
ⓐ 현직의, 기대는 ⓝ 재임자

syn. **obligatory**

lying or resting on someone as an obligation

■ **recumbent**
[rikʌ́mbənt]

re (back) + cumb + **ent** (형용사형 어미)
ⓐ 기댄, 쉬는, 뒤로 드러누운

syn. **leaning, resting**

suggestive of repose

■ **succumb**
[səkʌ́m]

suc (under) + cumb
ⓥ 쓰러지다, 굴복하다

to yield; to give way underneath; to submit

51 mov(e), mo(t), mote : move

■ **motion**
[móuʃən]

mot + **ion** (명사형 어미)
ⓝ 움직임, 거동

■ **motivate**
[móutəvèit]

mot(iv) + **ate** (make)

ⓥ 동기를 부여하다, 자극하다

to provide with an incentive or goal; to incite; to encourage

■ **mobile**
[móubəl]

mo + **bile** (possible)

ⓐ 변화무쌍한, 기동성 있는

easily moved; capable of changing or responding easily

■ **immovable**
[imúvəbl]

im (not) + mov + **able** (ability)

ⓐ 확고한, 움직이지 않는

incapable of being moved; not capable of being moved emotionally

■ **demote**
[dimóut]

de (down) + mot(e)

ⓥ 좌천하다, 격하하다

ant. **promote**

to reduce to a lower grade or rank; to relegate to a less important position

■ **emotion**
[imóuʃən]

e (out) + mot(ion)

ⓥ 감정, 정서

a strong surge of feeling that is expressed outwardly

■ **commotion**
[kəmóuʃən]

com (together) + mot(ion)

ⓝ 소란, 폭동

a condition of civil unrest or insurrection; mental excitement or confusion

- **promote** [prəmóut]
  pro (forward) + mote
  ⓥ 승진시키다, 진척시키다
  ant. demote
  to contribute to the progress or growth of something; to advance someone

- **remote** [rimóut]
  re (back, away) + mote
  ⓐ 먼, 외딴
  located far away from a specified place; distant

- **remove** [rimúv]
  re (back, away) + move
  ⓥ 치우다, 옮기다
  to take or move away; to move back; to extract

52 vor(e), vour : eat

- **devour** [diváuər]
  de (down) + vour
  ⓥ 게걸스레 먹다, 멸망시키다, 탐독하다
  to eat up greedily or ravenously; to use up or destroy as if by eating

- **carnivore** [kɑ́:rnəvɔ̀:r]
  carni (flesh) + vore
  ⓝ 육식동물, 식충식물
  animals which eat meat

- **herbivore** [hə́rbəvɔ̀r]
  herbi (plant) + vore
  ⓝ 초식동물, 유제류
  animals which eat plants

- **insectivore** [inséktəvɔ̀r]
  in (into) + **secti** (cut, divide) + vore
  ⓝ 식충동물, 식충식물

■ **omnivorous** [ɑmnívərəs]

omni (all) + vor + ous (형용사형 어미)

ⓐ 잡식성의, 남독하는

eating meat and plants

53 cord : heart

■ **accord** [əkɔ́rd]

ac (to, at) + cord

ⓥ 일치하다 ⓝ 일치

v. to be of one heart; to agree; to be harmonious
n. agreement

■ **concord** [káŋkɔrd]

con (together) + cord

ⓝ 조화, 일치, 협정

syn. **harmony, agreement, treaty**
ant. **discord**

unity of feeling

■ **cordial** [kɔ́:rdʒəl]

cord + ial (형용사형 어미)

ⓐ 진심의, 마음에서 우러나는

syn. **hearty, friendly, warm, sincere**

■ **discordant** [diskɔ́rdənt]

dis (not) + cord + ant (형용사형 어미)

ⓐ 조화롭지 않은, 사이가 나쁜, 불협화음의

syn. **disharmonious** ant. **accordant**

lacking agreement or unity; harsh or disagreeable in sound

54 pass(e) : step, pass

encompass [inkʌ́mpəs]

en (make) + **com** (together) + pass

ⓥ 포함하다, 둘러싸다

to enclose or contain; to surround

impasse [ímpæs]

im (not) + passe

ⓝ 난국, 곤경, 궁지

a situation from which there is no escape

trespass [tréspəs]

tres (across) + pass

ⓥ 침해하다, 침입하다

syn. **violat, invade, infringe**

to encroach; to enter unlawfully upon the land of another

55 flu, flux : flow

fluent [flúənt]

flu + **ent** (형용사형 어미)

ⓐ 유창한, 거침없는

ready in speech and writing; showing smoothness or effortless in speech

flux [flʌks]

ⓝ 유동, 흐름

a continuous flowing out; constant movement or change

a **flux** of new publications of magazines for men
남성 잡지의 창간 흐름

■ **affluent**
[ǽfluənt]

af (to) + flu + **ent** (형용사형 어미)
ⓐ 부유한, 풍족한
syn. **rich, abundant, prosperous, wealthy**

■ **effluence**
[éfluəns]

ef (out) + flu + **ence** (명사형 어미)
ⓝ 방출, 방산
syn. **outflow, efflux** ant. **influx**
something that flows out

■ **fluid**
[flúːid]

flu + **id** (접미형 어미)
ⓝ 유체, 유동체 ⓐ 유동적인, 유동성의
syn. **flexibility, liquid**
not solid; capable of flowing

■ **influence**
[ínfluəns]

in (in) + flu + **ence** (명사형 어미)
ⓝ 영향, 작용
a flowing in of one person's thought upon others

■ **influx**
[ínflʌ̀ks]

in (in) + flux
ⓝ 유입, 쇄도
syn. **effluence, efflux**
a coming in
an **influx** of tourists 여행객들의 유입

■ **mellifluous**
[məlífluəs]

melli (honey) + flu + **ous** (형용사형 어미)
ⓐ 감미로운, 유창한
sweetly flowing

56 forc(e), fort : strong

■ **force** [fɔrs]

ⓝ 힘, 무력, 군대

syn. **strength, violence, power, army**

the **force** of gravity 중력 resort to **force** 무력에 의존하다 the air **force** 공군

■ **effort** [éfərt]

ef (out) + **fort**

ⓝ 노력, 수고

conscious exertion of power; a serious attempt

■ **enforce** [enfɔ́rs]

en (make) + **force**

ⓥ 강요하다, 실시하다, 강화하다

syn. **constrain, compel**

to give force to; to strengthen; to effect or gain by force

■ **fortitude** [fɔ́rtətùd]

fort + **itude** (명사형 어미)

ⓝ 불굴, 꿋꿋함

syn. **endurance**

courage in facing danger, hardship or pain

■ **fortify** [fɔ́rtəfài]

fort + **ify** (make)

ⓥ 요새화하다, 강화하다, 확증하다

to make strong; to give physical strength, courage, or endurance; to encourage; to confirm

---

■ **reinforce** [rìinfɔ́rs]

re (again) + **in** (into) + **force**

ⓥ 강화하다, 보충하다

to strengthen or increase by fresh additions; to encourage

57 gen(e), gn, geni(t) : be born, produce

■ **gene**
[dʒin]

ⓝ 유전자, 유전인자

the part of a cell in a living thing which controls its physical characteristics, growth, and development

■ **gender**
[dʒéndər]

gendre(kind, sort)에서 유래

ⓝ 성별, 성

the behavioral, cultural, or psychological traits typically associated with one sex

■ **generate**
[dʒénərèit]

gene(r) + **ate** (make)

ⓥ 발생시키다, 초래하다

to bring into existence; to procreate; to beget

■ **genealogy**
[dʒìniǽlədʒi]

gene(a) + **logy** (study)

ⓝ 계보학, 가계, 혈통

a record or table showing the descent of a person or family from a certain ancestor

■ **genesis**
[dʒénəsis]

gene + **sis** (process)

ⓝ 기원, 발생, 창세기

syn. **creation, beginning**

the birth or origin of anything

■ **genuine**
[dʒénjuin]

genuinus(native, natural)에서 유래

ⓐ 진짜의, 순종의, 틀림없는

syn. **real, native, original, authentic**

■ **congenial** [kəndʒíːnjəl]

con (together) + **geni** + **al** (형용사형 어미)

ⓐ 적합한, 같은 성질의, 마음이 맞는

ant. **uncongenial**

■ **cognate** [kάgneit]

co (together) + **gn** + **ate** (형용사 / 명사형 어미)

ⓐ 같은 기원 [어족]의 ⓝ 혈족, 같은 어원의 말

cognate languages 같은 기원의 언어

■ **engender** [endʒéndər]

en (make) + **gen(der)**

ⓥ 발생시키다, 낳다

to produce; to beget; to generate

■ **eugenics** [juːdʒéniks]

eu (good) + **gen** + **ics** (study)

ⓝ 우생학, 인종개량법

a science that deals with the improvement of hereditary qualities of a race or breed

■ **homogeneous** [hòumədʒíːniəs]

homo (same) + **gene** + **ous** (형용사형 어미)

ⓐ 동질적인, 동일성의

ant. **heterogeneous**

having the same composition, structure or character

■ **indigenous** [indídʒənəs]

indi (in) + **gen** + **ous** (형용사형 어미)

ⓐ 토착의, 재래의, 지역 고유의

syn. **native**

originating in that area

■ **ingenious** [indʒíːnjəs]

in (in) + **geni** + **ous** (형용사형 어미)

ⓐ 영리한, 독창적인

showing originality in its conception or execution; having inventiveness and skill

■ **progenitor** [proudʒénətər]

pro (before) + geni + **tor** (명사형 어미)

ⓝ 조상, 창시자

syn. **ancestor, forebear, forefather, primogenitor**

58 greg(i) : flock, mob

■ **gregarious** [grigɛ́əriəs]

greg(ar) + **ious** (형용사형 어미)

ⓐ 무리를 지어 있는, 집단을 좋아하는, 사교적인

ant. **ungregarious**

sociable; enjoying the company of others

■ **egregious** [igríːdʒəs]

e (out) + greg + **ious** (형용사형 어미)

ⓐ 지독한, 괘씸한

extremely bad; flagrant

■ **segregate** [ségrigèit]

se (apart) + greg + **ate** (make)

ⓥ 분리하다, 차별하다

ant. **desegregate**

to place apart from others or the rest

59 crimin : charge, offense, guilty

■ **crime** [kraim]

crimen(offense)에서 유래

ⓝ 범죄, 죄악

throw(put) a **crime** upon ~에게 범죄를 덮어씌우다

■ **incriminate** [inkrímənèit]

in (to) + crimin(i) + **ate** (make)

ⓥ 유죄를 증명하다, 연루시키다

- **recrimination** [rikrìmənéiʃən]

re (back, again) + crimin(a) + tion (명사형 어미)

ⓝ 되받아 비난함, 맞고소

60 jud, jur : judge, law

- **jurisdiction** [dʒùərisdíkʃən]

jur(is) + dic (order) + tion (명사형 어미)

ⓝ 사법권, 재판권

the legal right to exercise official authority

summary **jurisdiction** 즉결 사법권
consular **jurisdiction** 영사재판권

- **judicious** [dʒudíʃəs]

jud(ic) + ious (형용사형 어미)

ⓐ 현명한, 사리 분별이 있는

ant. **injudicious**

having, showing, or exercising good judgment

- **adjudge** [ədʒʌ́dʒ]

ad (to) + jud(ge)

ⓥ 판결(선고)하다, 재판하다

to decide or rule upon as a judge

- **adjudicate** [ədʒúdikèit]

ad (to) + jud(ic) + ate (make)

ⓥ 판결하다, 재결(裁決)하다

to settle judicially; to act as judge

30 Day

61 luc, lumin
62 op(t), oculic
63 quis, quire, quisit
64 fus(e), fut
65 pun, pugn, pen
66 cit(e)
67 lev(i)
68 scend
69 par
70 turb
71 vac, vas, void
72 ver

61 luc, lumin : light

- **lucid**
[lúsid]
lucidus에서 유래
ⓐ 명쾌한, 투명한
easily understood; clear

- **elucidate**
[ilúsədèit]
e (ex : out) + luc(id) + ate (make)
ⓥ 명료하게 하다, 밝히다
to explain; to make clear

- **illuminate**
[ilúmənèit]
il (in) + lumin + ate (make)
ⓥ 밝게하다, 비추다, 해명하다
to light up; to explain; to make clear

- **luminous**
[lúmənəs]
lumin + ous (형용사형 어미)
ⓐ 빛나는, 빛을 내는
bright; giving off light; glowing

62 op(t), oculic : eye

- **optometrist**
[ɑptɑ́mətrist]
opt(o) + metr (guage) + ist (person)
ⓥ 검안사, 시력 측정사
a person trained to measure visual ability and to prescribe corrective lenses

- **myopic**
[maiɑ́pik]
my (short) + op(ic)
ⓐ 근시의, 근시안적인
nearsighted; lack of foresight

■ **synopsis** [sinάpsis]

syn (together) + op + **sis** (process)

ⓝ 개요, (소설 등의) 줄거리

summary or outline

63 quis, quire, quisit : ask, seek

■ **acquire** [əkwáiər]

ac (ad- : to) + quire

ⓥ 얻다, 취득하다

to obtain something by one's own efforts

■ **exquisite** [ikskwízit]

ex (out) + quisit(e)

ⓐ 아주 아름다운, 절묘한, 예민한

■ **inquire** [inkwáiər]

in (intensive prefix) + quire

ⓥ 조사하다, 묻다

syn. **enquire**

■ **require** [rikwáiər]

re (again) + quire

ⓥ 요구하다, 필요하다

to demand; to order; to insist upon

■ **requisite** [rékwəzit]

requisitus에서 유래

ⓐ 필요한, 필수적인 ⓝ 필수품, 필요조건

syn. *a.* **necessary, required, essential**
n. **requirement, necessity**

64 fus(e), fut : pour, melt

- **fusion**
  [fjúʒən]

  fus + **ion** (명사형 어미)
  ⓝ 용해, 연합
  a melting or blending together

- **confuse**
  [kənfjúz]

  con (together) + fuse
  ⓥ 혼동하게 하다, 당황하게 하다
  to mix up; to jumble; to perplex

- **diffuse**
  [difjúz]

  di (away) + (f)fuse
  ⓥ 퍼지다, 발산하다, 보급하다
  to spread about in all directions

- **effusive**
  [ifjúsiv]

  ef (out) + fus + **ive** (형용사형 어미)
  ⓐ 넘쳐나는, 심정을 토로하는
  overflowing with sentiment or enthusiasm; highly emotional

- **suffuse**
  [səfjúz]

  suf (under) + (f)fuse
  ⓥ 가득하게 하다, 뒤덮다
  syn. **perfuse**
  to spread over as with a vapor; to cover

- **transfuse**
  [trænsfjúz]

  trans (across) + fuse
  ⓥ 불어넣다, 주입하다
  to pass from one to another; to transmit

65 pun, pugn, pen : punish, fight

■ **punish**
[pʌ́niʃ]

puniss(punish)에서 유래
ⓥ 처벌하다, 응징하다
to make them suffer in some way because they have done something wrong

---

■ **punitive**
[pjúnətiv]

pun(it) + **ive** (형용사형 어미)
ⓐ 처벌의, 응보의
syn. **retributive, corrective**
inflicting punishment
punitive damages 처벌적 손해배상금
punitive justice 인과응보

■ **impugn**
[ìmpjún]

im (against) + pugn
ⓥ 반박하다, 이의를 제기하다
to attack; to attack the truth or integrity of something

■ **impunity**
[impjúnəti]

im (against) + pun + **ity** (명사형 어미)
ⓝ 벌을 받지 않음, (형사) 면책
freedom from punishment or harm

66 cit(e) : summon, cause to move, arouse, call

■ **cite**
[sait]

ⓥ 인용하다, 언급하다, 소환하다
to quote as authority or illustration

- **incite** [insáit]
  in (in) + cite
  ⓥ 선동하다, 자극하다
  to spur on to action; to stir up

- **recite** [risáit]
  re (back, again) + cite
  ⓥ 낭송하다, 읊다, 구두로 대답하다
  to repeat from memory or read aloud publicly

- **solicitous** [səlísətəs]
  soli (whole, entire) + cit + ous (형용사형 어미)
  ⓐ 열심인, 염려하는
  eager and attentive; anxiously caring

67 lev(i) : light, lift

- **alleviate** [əlívièit]
  al (to) + levi + ate (make)
  ⓥ 완화하다, 고통을 덜다
  to relieve temporarily; to make bearable

- **levity** [lévəti]
  lev + ity (명사형 어미)
  ⓝ 경솔, 변덕
  syn. **lightness, frivolity**

68 scend : climb

- **ascend** [əsénd]
  a (up) + scend
  ⓥ 올라가다, 승진하다
  to climb up; to go up

- **descend** [disénd]
  de (down) + scend
  ⓥ 내려가다, 전해지다
  go from a higher level to a lower one

- **transcend** [trænsénd]
  tran (beyond) + scend
  ⓥ 초월하다, 능가하다
  to go beyond or outside the range of human experience, reason, belief, power of description

69 par : appear

- **apparent** [əpǽrənt]
  ap (to) + par + ent (형용사형 어미)
  ⓐ 겉보기에, 외관상의, 명백한
  easily perceived by the mind or the eyes

- **apparition** [æ̀pəríʃən]
  ap (to) + par(i) + tion (명사형 어미)
  ⓝ 환영, 유령
  a visual appearance of a disembodied spirit

- **transparent** [trænspέərənt]
  trans (through) + par + ent (형용사형 어미)
  ⓐ 빤히 속이 보이는, 투명한

70 turb : agitate, disorder

- **disturbance** [distə́rbəns]
  dis (completely) + turb + ance (명사형 어미)
  ⓝ 교란, 방해
  the act of interrupting, bothering, or upsetting
  a **disturbance** of public peace 공공 안녕의 교란

■ **imperturbable** [ìmpərtə́rbəbl]

im (not) + **per** (through) + turb + **able** (ability)

ⓐ 동요하지 않는, 침착한

syn. **calm**

incapable of being disturbed or agitated

■ **perturb** [pərtə́:rb]

per (through) + turb

ⓥ 혼란스럽게 하다, 교란하다

to confuse; to disturb greatly; to agitate badly

■ **turbulent** [tə́rbjulənt]

turb(u) + **lent** (ing)

ⓐ 격한, 휘몰아치는

syn. **furious, violent, confused**

71 vac, vas, void : empty

■ **vacancy** [véikənsi]

vac(an) + **cy** (state)

ⓝ 빈방, 빈자리

the state of being empty

■ **devoid** [divɔ́id]

de (out, away) + void

ⓐ 결여된, 결핍된

syn. **destitute**

not possessing

■ **devastate** [dévəstèit]

de (completely) + vas + **ate** (make)

ⓥ 황폐하게 하다, 압도하다

to lay waste by war, fire, or flood; to ravage; to desolate; to destroy

72 ver : true

■ **aver** [əvə́r]

a (to) + ver

ⓥ 단언하다, 주장하다

to declare as true; to assert; to affirm

■ **veracity** [vərǽsəti]

ver(ac) + ity (명사형 어미)

ⓝ 정직, 진실성

syn. truthfulness

■ **verisimilitude** [vèrəsimílətjùd]

ver(is) + simili (like, similar) + tude (ness)

ⓝ 진짜 같음, 유사함, 박진성

■ **veritable** [vérətəbl]

ver(it) + able (ability)

ⓐ 분명한, 진실의, 틀림없는

syn. actual, real, genuine

■ **verify** [vérəfài]

ver + ify (make)

ⓥ 입증하다, 확신하다

to show the truth of something; to confirm; to establish as true

30일만에 끝내는 즉석 영단어 3000

오규상 | 국반판 | 496쪽
8,900원

30일만에 끝내는 즉석 영숙어 900

오규상 | 국반판 | 464쪽
8,900원

초급 Junior Voca 3000

이홍배 저 | 188*258mm | 300쪽
12,000원

중급 College Voca 5000

이홍배 저 | 188*258mm | 496쪽
14,000원

고급 최상위 Voca 2400

최예름 저 | 188*258mm | 304쪽
14,000원(mp3 파일 무료 제공)

어린왕자(The Little Prince)
(한글+영문)

앙투안 생텍쥐페리 | 138x200mm
한글판 136쪽, 영문판 136쪽 | 9,500원

동물농장(Animal Farm)
(한글+영문)

조지 오웰 | 138x200mm
한글판 120쪽, 영문판 160쪽 | 9,500원

위대한 개츠비(The Great Gatsby)
(한글+영문)

스콧 피츠제럴드 | 138x200mm
한글판 271쪽, 영문판 143쪽 | 9,500원

오만과 편견(Pride and Prejudice)
(한글판+영문판)

제인 오스틴 | 138x200mm
한글판 208쪽, 영문판 220쪽 | 12,000원

데미안(Demian)
(한글판+영문판)

헤르만 헤세 저 | 138x200mm
한글판 209쪽, 영문판 224쪽 | 12,000원

제인 에어(Jane Eyre)
(한글판+영문판)

샬롯 브론테 저 | 138x200mm
한글판 168쪽, 영문판 164쪽 | 12,000원